《家事法研究》学术顾问

巫昌祯（中国政法大学教授）

杨大文（中国人民大学教授）

刘素萍（中国人民大学教授）

张贤钰（华东政法大学教授）

陈明侠（中国社会科学院法学研究所研究员）

夏 珍（山西大学教授）

《家事法研究》编委会

主　　编　夏吟兰　龙翼飞

执行主编　陈　苇

编委会委员（以姓氏笔画为序）：

马忆南　王歌雅　龙翼飞　李明舜

陈　苇　张学军　林建军　夏吟兰

郭　兵　扈纪华　程新文　蒋　月

蒋月娥　曹诗权　雷明光　薛宁兰

穆红玉

中国法学会婚姻家庭法学研究会会刊

2016年卷

家事法研究

Researches on Family Law

VOL.2016

主　　编　夏吟兰　龙翼飞
执行主编　陈　苇
执行副主编　曹贤余

社会科学文献出版社
SOCIAL SCIENCES ACADEMIC PRESS (CHINA)

卷首语

2015年10月22日至23日，家庭法地区性国际会议"21世纪家庭法和家事司法：实践与变革国际研讨会"在中国重庆市西南政法大学召开。本次国际研讨会由中国法学会婚姻家庭法学研究会和西南政法大学共同主办，由西南政法大学民商法学院和外国家庭法及妇女理论研究中心联合承办。与会者有来自美国、英国、波兰、日本、韩国、马来西亚等国的专家学者，有来自中国各地的专家学者、法官、律师、妇联干部以及西南政法大学的师生共计60余人。此次会议研讨的内容分为五个专题：家庭法基本理论前沿；妇女儿童权益法律保护；结婚离婚制度；家事司法；老年人权益保障及其他问题。①

2015年10月24至25日，"中国法学会婚姻家庭法学研究会2015年年会——暨中国民法典之婚姻家庭编立法研讨会"在中国重庆西南政法大学召开。此次会议由中国法学会婚姻家庭法学研究会和西南政法大学共同主

---

① 此次会议与会者发言研讨的主要观点，参见陈苇、陈钊《21世纪家庭法和家事司法之实践与变革——2015年"21世纪家庭法和家事司法：实践与变革国际研讨会"会议综述》，《中华女子学院学报》2015年第6期。

办，由西南政法大学民商法学院和外国家庭法及妇女理论研究中心联合承办。出席会议的人员有来自祖国各地的中国法学会婚姻家庭法学研究会的会员和司法实务界的法官、律师等，以及西南政法大学的部分师生共计200余人，收到会议交流论文72篇。与会者通过会议主旨发言和小组专题讨论，积极发言，围绕《中国民法典·婚姻家庭编》的制定等进行研讨，建言献策。我们从此次年会的交流论文中精选部分论文，并增设"域外专论"专栏进行约稿，然后将这些论文汇集形成《家事法研究》2016年卷，其主要内容包括五个专题：第一部分为《中国民法典·婚姻家庭编》立法研讨；第二部分为防治家庭暴力研讨；第三部分为司法实务；第四部分为域外专论；第五部分为咨政建言及其他。

第一部分《中国民法典·婚姻家庭编》立法研讨专栏，共收录三篇文章：分别为邓丽的《论我国民法总则与婚姻法的协调立法：宏观涵摄，微观留白》，马忆南的《论夫妻人身权利义务的发展和我国法律的完善》，王礼仁的《论我国现行离婚制度的修改与完善》。这些论文或研讨民法总则与婚姻法的协调立法，需要民法总则有自省式的定位，而婚姻法则有选择性的出位；或论证未来修改我国婚姻家庭法时，应当完善有关夫妻人身关系的权利义务的制度；或探讨我国离婚制度的修改构想。

第二部分防治家庭暴力研讨专栏，共收录四篇文章：王勤芳等的《直击家庭暴力处罚——对李彦案的反思》，于晓丽的《对受暴妇女以暴制暴犯罪的法律思考》，曹贤余的《我国儿童受虐之法律对策探析》，李琼宇等的《刍议我国家庭暴力民事认定中的警察参与》。这四篇文章对不同角度研究分析我国家庭暴力引发的社会后果，建议加大法律惩罚力度，保护妇女、儿童等弱势群体的合法权益；建立健全社会及非社会支持系统，需要警察参与作为辅助性力量介入家庭暴力民事认定程序等。

第三部分司法实务专栏，共收录四篇文章：姜虹的《公安机关在收养

《中国民法典·婚姻家庭编》立法研讨

论我国民法总则与婚姻法的协调立法：宏观涵摄，微观留白
.... 邓　丽 / 003
论夫妻人身权利义务的发展和我国法律的完善 .... 马忆南 / 028
论我国现行离婚制度的修改与完善 .... 王礼仁 / 051

防治家庭暴力研讨

直击家庭暴力处罚
　　——对李彦案的反思 .... 王勤芳　林晓雪 / 067
对受暴妇女以暴制暴犯罪的法律思考 .... 于晓丽 / 076
我国儿童受虐之法律对策探析 .... 曹贤余 / 084
刍议我国家庭暴力民事认定中的警察参与 ... 李琼宇　贺栩溪 / 096

司法实务

公安机关在收养工作中所面临困境与改进路径探究 .... 姜　虹 / 105
论法律及实务中对离婚自由权的保护
　　——以大陆、台湾地区通婚为例 .... 国　熙 / 118

论离婚时按揭房产的法律处置
——以2012年到2014年中国重庆市某基层法院离婚案件
判决书为样本的实证研究 …………………… 李 俊 朱晓旭 / 130
从"父债子还"到"夫债妻还" ………………………………… 何丽新 / 147

域外专论

论当代外国成年监护制度的发展趋势 ………………………… 李 霞 / 165
日本离婚法的修改新动向及其启示 …………………………… 赵 莉 / 194
意大利未成年人收养法改革评述 ……………………………… 罗冠男 / 207
论韩国监护制度的新改革 ……………………………………… 姜海顺 / 221

咨政建言及其他

中国法学会婚姻家庭法学研究会《关于民法典体系下监护制度
　完善建议报告》………………… 执笔人 夏吟兰 林建军 黄 晶 / 237
中国法学会婚姻家庭法学研究会《关于民法总则监护制度的立法建议》
　　　　　　　　　　　　　　　　　　…………… 执笔人 薛宁兰 / 245
《中国民法典·婚姻家庭编》制定的思考与建议
　——中国法学会婚姻家庭法学研究会2015年年会综述
　………………………………………… 陈 苇 董思远 司艳露 / 248
防治家庭暴力 促建和谐家园
　——评《我国防治家庭暴力情况实证调查研究——以我国六省市被抽样
　调查地区防治家庭暴力情况为对象》 …………………… 林 英 / 266

工作中所面临困境与改进路径探究》，国熙的《论法律及实务中对离婚自由权的保护——以大陆、台湾地区通婚为例》，李俊等的《论离婚时按揭房产的法律处置——以2012年到2014年中国重庆市某基层法院离婚案件判决书为样本的实证研究》，何丽新的《从"父债子还"到"夫债妻还"》。这四篇文章从收养中公安机关发挥的作用，海峡两岸通婚中涉及的离婚自由权，离婚按揭房的处理以及夫妻共同债务清偿四个方面存在的问题进行研讨，并结合司法实践提出相关的建议及对策。

第四部分域外专论专栏，共收录四篇文章：李霞的《论当代外国成年监护制度的发展趋势》，赵莉的《日本离婚法的修改新动向及其启示》，罗冠男的《意大利未成年人收养法改革评述》，江海顺的《论韩国监护制度的新改革》。这四篇文章分别评述国外不同国家家庭法修改的新动向，包括：现代外国成年监护制度的发展趋势——从医疗监护模式转向人权监护模式，从全面监护转向部分监护，制度利用者扩大化，保护与支援措施多元化，意定监护为主法定监护为辅；日本离婚法修改中的共同亲权制度、探望权制度；意大利未成年人收养制度的立法背景和改革内容；韩国成年监护制度的改革目的及修改内容等，为我们了解外国家庭法的改革动向提供了一个平台，拓展了我们的视野。

第五部分咨政建言及其他专栏，共收录五篇文章：中国法学会婚姻家庭法学研究会《关于民法典体系下监护制度完善建议报告》与《关于民法总则监护制度的立法建议》，陈苇等的《〈中国民法典·婚姻家庭编〉制定的思考与建议——中国法学会婚姻家庭法学研究会2015年年会综述》，林英的《防治家庭暴力　促建和谐家园——评〈我国防治家庭暴力情况实证调查研究——以我国六省市被抽样调查地区防治家庭暴力情况为对象〉》。这五篇文章或对民法典与民法总则中的监护制度完善提出建议，或就2015年10月下旬在中国重庆西南政法大学召开的家庭法学术研讨会的主要观点进行综述，或对我国六省市防治家庭暴力情况实证调查的学术前沿著作进行评介。

目前，我国正在大力进行法治国家建设，21世纪"中国民法典"正在编纂之中，家事审判制度改革的试点也正在进行之中。本学术论文集汇集了我国婚姻家庭法领域的专家学者和法律实务工作者对婚姻家庭法的理论和司法实务之新情况、新问题的研究成果。我们希望本书的出版能够为《中国民法典·婚姻家庭编》的制定提供有益的参考，能够为我国家事审判制度改革的试点提供有益的参考。

最后，对于社会科学文献出版社刘骁军编审和其他编辑老师对《家事法研究》2016年卷的出版所付出的辛勤编辑工作，我表示衷心的感谢！

执行主编：陈苇

2016年5月28日

Legislative Discussions of Marriage and Family Law Among Chinese Civil Code

On the Harmonious Legislation with the General Rules of Civil Law and
  Marriage Law: Macro Subsumed and Micro Blank
                                              Deng Li ／ 003
On the Development of Husband and Wife's Personal Rights and
  Obligations and the Perfection of Our Country's Laws
                                           Ma Yinan ／ 028
Modification and Improvement of Current Divorce System in China
                                         Wang Liren ／ 051

Seminar of the Prevention and Treatment of Domestic Violence

Watch Punishment of the Domestic Violence—A Reflection of Li Yan's Case
                              Wang Qinfang, Lin Xiaoxue ／ 067
Legal Thoughts on Battered Women Fighting Against Violence with
  Violence Crime
                                          Yu Xiaoli ／ 076

Analysis of Battered Children's Legal Countermeasures

Cao Xianyu / 084

Discussion on Police Involvement in Civil Identification of
Domestic Violence

Li Qiongyu, He Xuxi / 096

Judicial Practice

An Exploration on the Dilemma and Improving Ways of Adoption Work by
Public Security Organs

Jiang Hong / 105

Legal and Practical Protection for the Right to Freedom of Divorce
—In Mainland China, Taiwan Intermarriages Case

Guo Xi / 118

The Legal Treatment of Mortgage Real Estate at the Time of Divorce
—The Empirical Study in the Divorce Case Judgment at A Grass-roots
Court from 2014 to 2016 as Samples in Chongqing, China

Li Jun, Zhu Xiaoxu / 130

From "Son Paying His Father's Debts" to "Wife Paying Her
Husband's Debts"

He Lixin / 147

Extra-Territorial Monograph

On the Developmental Trend of Modern Foreign Adult Guardianship System

Li Xia / 165

The New Trends of the Modified Japanese Divorce Law and Its
Enlightenment

Zhao Li / 194

Reviews on the Reform of the Minors Adoption Law in Italy

Luo Guannan / 207

On the New Reform of the Guardianship System in Korea

Jiang Haishun / 221

Policy and Others

Report on Improving Guardianship System Under the Civil Code by Marriage and Family Law Research Association of China Law Society

Xia Yinlan, Lin Jianjun, Huang Jing / 237

Legislative Proposals on Guardianship System Within the General Rules of Civil Code by Marriage and Family Law Research Association of China Law Society

Xue Ninglan / 245

Thoughts and Suggestions on Stipulating Marriage and Family Law in China Civil Code

—Summary of the Annual Conference of Marriage and Family Law Research Association of China Law Society in 2015

Chen Wei, Dong Siyuan, Si Yanlu / 248

Prevention and Treatment of Domestic Violence and Promoting Harmonious Home

—Commenting the Book Called Empirical Research on Domestic Violence Prevention of China-Targeted at Domestic Violence Prevention in the Investigated Areas in the Six Provinces and Municipalities in China

Lin Ying / 266

2016年卷 总第12卷
家事法研究
RESEARCHES ON FAMILY LAW

《中国民法典·婚姻家庭编》立法研讨

论我国民法总则与婚姻法的协调立法：宏观涵摄，微观留白[*]

邓 丽[**]

【内容摘要】探讨婚姻法与民法总则的关系，是在肯认婚姻法属于民法典组成部分的前提下，进一步明确婚姻法与民法总则之间的内在逻辑，辨析婚姻法律制度与民法总则具体制度之间的异同，以期应用于民法典的起草工作。在意旨上，民法总则通过界定调整对象、规定基本原则和阐释价值理念对婚姻法进行涵摄和指引。在体例上，身份法与人格法的分离是民法总则得以构建的重要前提，而身份法与财产法之间的实质性差异也决定了婚姻法的独立自洽是必然的。整体而言，两者的协调立法，需要民法总则有自省式的定位，而婚姻法则有选择性的出位。就条文设计而言，民法总则在界定调整对象、规定基本原则时应充分考虑婚姻法的制度特性和立法诉求。

【关 键 词】婚姻法　民法总则　身份法　财产法　基本原则

---

[*] 本文系国家社会科学基金"民法典体系中婚姻家庭法新架构研究"项目（09B FX038）阶段性成果，载《北方法学》2015年第4期。
[**] 邓丽，法学博士，中国社会科学院法学研究所副研究员。

在我国婚姻法律体系的构建和婚姻法学研究的推进中，围绕着婚姻法与民法的关系（尤指婚姻法与民法总则的关系）历来有立场不一的各种论争和思考。随着我国民法典编纂工作的迫近，如何认识和处理婚姻法与民法的关系对于整合立法、科学立法更是显得紧要和重要。考量婚姻法与民法的关系，可以从多个角度进行，选择不同的角度就意味着在不同的范畴、不同的预设、不同的方法下得出不同的论断。从部门法的划分来说，婚姻法既可归属于大民法的范畴又可自成一体自立门派；从法律架构的安排来说，有民法典传统的大陆法系国家大多把婚姻法吸纳于各国民法典之中。①而从民法典的结构和内容来说，婚姻法与民法的关系又可具体细分为婚姻法与民法总则的关系、婚姻法与物权法的关系、婚姻法与侵权行为法的关系等。但我们也要看到，不同的分析框架之间互有联系难以遽分，比如在制度层面展开的对婚姻法与民法总则两者关系的探讨和定位往往又关联到婚姻法与民法在法律部门层面的分合。本文的论题就在这样一个微妙的背景下展开，在法律制度与法律部门两个不同层面之间穿插往来，所以首先要厘清基本概念、明确理论预设。

一　概念界定与理论预设

（一）概念界定

关于婚姻家庭法律制度，我国法学界有多种指称，或全面表述为"婚姻家庭法"，或简约概括为"婚姻法"，或用大陆法系的"亲属法"指代，或用英美法系的"家庭法"相称。但总的来说，用"婚姻法"通称婚姻家

---

① 俄罗斯联邦民法典例外，它不包含婚姻家庭法的内容。这里还要着重说明的是，之所以单在大陆法系国家范围内作论断，自然是因为大陆法系国家有编纂民法典的传统，有此法律传统才有安排法律架构之必要。若严格从本文论题"民法总则与婚姻法"两者关系出发，论域还可进一步缩小至大陆法系潘德克顿立法模式，因为只有在这一立法模式下，民法典才设总则编，才会产生民法总则与婚姻法的关系。但如果深入探讨制度层面的协调与衔接，似以放宽论域至大陆法系为宜，此中考量请在文中"概念界定"部分详论。

庭法律制度较为普遍。① 本文采通说，所言"婚姻法"既包括婚姻法律制度，也包括亲子法律制度，但不包括收养法律制度和继承法律制度。与之相应，这里的婚姻法属于部门法的概念，以《中华人民共和国婚姻法》（以下简称《婚姻法》）为基础、为统帅，但并不局限于这部法律文件。

所谓"民法总则"，系指从民法具体制度中抽象、提炼出来的共同规则体系。民法总则的创设，始于德国民法典在潘德克顿法学的影响下对人法与物法之共同规则的概括。这一创新是理论研究影响和推动实践立法的典范，鲜明地表现出"系统化精神与抽象的倾向"，② 所以这个概念本身带着深深的学理烙印。理解这一点，对于我们在中国现行法律体制下把握民法总则的体系和内容具有特别重要的意义。学界研讨之中存在诸多相似却又相异的概念：我国实证法上的"民法通则"、德国民法典中的"民法总则"、德国民法学者所著之"民法通论"和我国经典教科书之"民法总论"。归纳起来，"民法总则"和"民法通则"都是实证法中的用法：前者重在以抽象制度设计总括、涵摄民法分则的具体规范；后者重在以简约篇幅形塑、顺通民法领域的各种规则体系。"民法总论"和"民法通论"则是学理上的称谓：前者重在从学理上讨论民法领域具有全局性、总括性的问题，往往是在极抽象极概括的层面揭示民法的理念与精神之后，转向对民法总则具体制度的阐述；后者重在从学理上梳理整个民法制度的内在逻辑，往往以民法总则具体制度为线索串联起民法各领域的主要制度，其在阐述民法总则具体制度时会向民法分则的相关内容延伸。所以，我国实证法层面的《民法通则》不能等同于民法总则，同样，学术论著层面的"民法总论"也不能等同于民法总则。

本文所说的民法总则实际上是从立法角度进行考量和规划的学理概念：之所以说是立法角度，是因为民法总则这个称谓本身就意味着实证法层面的存在，它应当出现在具有法律效力的民法典之中；之所以说是学理概念，是因为我们实证法层面的民法总则还在酝酿之中，还仅仅停留在学理探讨

---

① 这里有实证法层面的原因：1950 年我国婚姻家庭领域的基本法《中华人民共和国婚姻法》出台，此后这部法律的内容被替代、被修改，但名称一直因循至今，故而学界也惯于以婚姻法概称婚姻家庭法律制度。

② 〔法〕勒内·达维德：《当代主要法律体系》，漆竹生译，上海译文出版社，1984，第 84 页。

的层面。但另一方面，我们所讨论的民法总则虽然尚未成型，却亦非无迹可寻，我国《民法通则》、德国民法典之"总则"部分、我国有代表性的民法典草案之"总则"的表述①以及中外民法学者关于"民法通论""民法总论"的阐述都是我们借以规划和设计我国民法典之总则的重要线索和借鉴。以此为据，本文所言的"民法总则"主要包括如下几个方面的制度，即民法基本原则、民事法律关系、民事主体、民事权利、民事客体、法律行为、代理、期限与诉讼时效等。不过本文的主旨在于讨论婚姻法与民法总则的关系，为了厘清两者关系可能会选取一些主要制度进行分析，或者逸出民法总则的具体范围讨论一些更为抽象的理念问题，至于对民法总则本身进行全面的阐述，却非本文所能承载。

（二）理论预设

在民法典的语境下讨论婚姻法与民法总则的关系，至少隐含着这样两个逻辑前提：1. 婚姻法属于民法典的组成部分；2. 这里所言民法典是指设立民法总则的民法典。关于我国民法典是否设立总则，似乎整个法学界都已达成肯定的共识，学者提出的民法典专家建议稿也都按照总则、分则的模式来进行编排。这里重点讨论婚姻法属于民法典组成部分这个论断。

是否肯认婚姻法属于民法典的组成部分，关涉到在部门法层面如何看待婚姻法与民法的关系。在我国法学研究领域，这是一个争议不断历久弥新的经典理论问题。来自民法领域的学者立场较为一致：婚姻法当然属于民法的范畴，无论是《法国民法典》还是《德国民法典》抑或《瑞士民法典》，②无不包括婚姻法的内容。《法国民法典》承继《法学阶梯》的编纂模式，稍加调整后形成"人法""物法"和"债法"的三编制，婚姻法的主要制度体现在"人法"当中（但不完全，比如关于婚姻财产的一些内容

---

① 这里所说的有代表性的民法典草案计有：全国人大法工委 2002 年公布的《中华人民共和国民法（草案）》、梁慧星教授主持撰写的《中国民法典草案建议稿》、王利明教授主持撰写的《中国民法典学者建议稿及立法理由》、徐国栋教授主持撰写的《绿色民法典》等。

② 除特别说明外，本文所引外国民法条文源自如下译本：罗结珍译，《法国民法典》，北京大学出版社，2010；郑冲、贾红梅译，《德国民法典》，法律出版社，2001；金玉珍译，《韩国民法典》，北京大学出版社，2009；渠涛译，《最新日本民法：日本民法典（2006 最新版）》，法律出版社，2006；殷根生、王燕译，《瑞士民法典》，中国政法大学出版社，1998。

规定在第二编"物法"中)。《德国民法典》篇章结构是由《学说汇纂》模式发展而来的，其内容分为五编，依次为总则、债的关系法、物权法、亲属法、继承法，婚姻法的内容即体现在亲属法部分。

但是在婚姻法领域，学者对这个问题的认识并不一致。部分原因在于新中国的法制建设进程有一定的特殊性，1950年颁布首部《婚姻法》，事隔三十余年，1986年才出台《民法通则》，所以一定时期内国人皆知有婚姻法而不知有民法。反映在学界认知上，就是20世纪50、60年代形成了婚姻法是独立法律部门的思维定式，《民法通则》颁布后又突破前见，开始论证婚姻法在法律体系上归位于民法，理由大致如下：在调整对象的外延上，婚姻法与民法具有同一性；在调整对象的内涵上，婚姻法与民法具有一致性，两者构成了"私法"的完整内容；在法的作用上，婚姻法与民法具有统一性。在现代市民社会中，身份关系渐趋弱化，婚姻法在原则上不断向民法靠近。婚姻法学界的主流声音把这种立场归纳为"回归大陆法系民法典体系的趋势"，但同时坚持婚姻法有其身份法的固有特点，在民法中具有相对独立的性质。① 近年来，关于婚姻法是否属于民法、是否回归民法产生了一些不同声音的争鸣：有观点认为，婚姻家庭是人与人全面合作的伦理实体，婚姻家庭关系具有强烈的伦理性，其调整方法也迥异于一般民事关系，并不随着市场经济的建立而发生本质改变，婚姻法独立于民法是法学史上的进步，应保持并发展婚姻法独立部门法传统；② 也有观点详细探讨了民法和婚姻法的种种不同，如调整对象不同、调整手段不同、法律的性质与特点不同、法律关系的内涵不同、立法理念不同、价值取向不同、道德导向不同、立法追求的目标不同等，认为两者在部门法意义上实则是并列关系，从属于民事法律这一共同的上位概念。③

本文探讨婚姻法与民法总则的关系，实际上已经预设了婚姻法在部门法意义上应从属于民法、在法律条文的设计上应归位于民法典这样的前提。

---

① 杨大文、马忆南：《新中国婚姻家庭法学的发展及我们的思考》，《中国法学》，1998年第6期。

② 巫若枝：《三十年来中国婚姻法'回归民法'的反思——兼论保持与发展婚姻法独立部门法传统》，《法制与社会发展》2009年第4期。

③ 吴洪、王冰、刘利华、张宁：《婚姻法与民法关系的梳理——婚姻法问题师生访谈录（一）》，载《家事法研究》（2011年卷），社会科学文献出版社，2011，第95、96页。

但是考虑到婚姻法学界尚未对此论断达成完全的共识，我们在展开讨论时可能会超出民法总则的范围，对民法理念、民法精神对婚姻法有何影响等宏观层面的问题有所回应，以保持讨论的开放性。

二 理念与精神层面：民法总则对婚姻法的涵摄与指引

民法的调整对象、基本原则乃至理念与精神等都集中反映在民法总则的一般规定中，正是这些宏观的、抽象的、指导性的立法决策和价值取向决定了民法总则与婚姻法的基本关系。

（一）民法调整对象对婚姻家庭关系的涵摄

民法确立其部门法的地位，是以市民社会的现实基础和公私法的学理划分为前提的。民法所调整的私人关系可分为身份关系和财产关系。其中的身份关系，经历了近代社会"从身份到契约"的变迁之后，主仆关系、师徒关系、领主与侍从的关系乃至地主与佃户等次第衰微，或者转变为单纯的财产关系，只有夫妻关系、亲子关系、亲属之间的关系、收养关系等仍然保有浓厚的身份色彩，在法律上作为身份关系加以肯认和规范。① 规范身份关系的内容即构成民法中的身份法，主要体现在婚姻家庭法律体系中。

在我国语境下讨论民法调整对象，《民法通则》第2条是一个必引的条文，该条规定"中华人民共和国民法调整平等主体的公民之间、法人之间、公民和法人之间的财产关系和人身关系。"据考证和归纳，我国法律界对"人身关系"内涵的认识经历了由单纯的"知识产权人的身份关系"到"知识产权人的身份关系与具体人格权"，最后到"人格关系与身份关系"（包括婚姻家庭与知识产权中的身份关系）三个发展阶段。② 实际上，知识产权中所包含的非财产性质的权益是否属于身份权仍受到学者的质疑，而婚姻家庭领域的非财产性质法律关系却获得一致肯认，明晰了其身份关系的定位，从而也确立了婚姻法为现代身份法主体制度的地位。

---

① 史尚宽：《亲属法论》，中国政法大学出版社，2000，第4页。
② 准确地说，这里所引结论系尹田教授在徐国栋教授考证的基础上归纳而得。参见尹田《民法典总则之理论与立法研究》，法律出版社，2010，第79页。

所以，无论从公私法划分的理论体系来说，还是从我国民法调整范围的表述来说，在部门法意义上婚姻法都理应归属于民法。此论断不仅对于维护民法作为私法体系的完整性殊为重要，对于婚姻法保持平等、自由、公正的价值导向和制度走向也具有决定性的意义。

（二）民法基本原则在婚姻法中的投射

民法基本原则是民法理念和精神更为具体和明确的表达，同时又是对民法具体制度的抽象和概括。从外国立法例来看，是否对民法基本原则进行立法表述，以及此种立法表述应集中、翔实到何种程度，并无一定之规。

《法国民法典》对民法基本原则的阐释散落在不同的篇章和条文中，"序编"第6条确立了公序良俗原则，第一编"民事权利"第8条可归纳为平等原则，第16条宣示人的尊严不可侵犯，此外还有许多条文在具体制度语境中彰显法律的立场和准则。而以首创总则编而著名的《德国民法典》开篇即切入有关"人"的规定，并未在代表抽象逻辑的总则部分对民法的基本价值、基本原则进行集中的阐述和归纳。《瑞士民法典》虽不设总则编，却在"导编"中着意对民法基本原则进行阐述，其第2条是诚实信用原则和禁止权利滥用原则的明确表述，但其平等原则是放在权利能力条文中表达的，并不集中。《日本民法典》独具风格，其在总则编开篇之首第1条即明示"基本原则"，下设三项分别规定公共福利原则、诚实信义原则和禁止滥用权利原则，这是一种明确而集中地规定民法基本原则的模式，尤其值得称道的是，其在"解释的基准"中所强调的个人尊严、两性平等对于婚姻法来说具有直接而权威的指导意义。

我国《民法通则》第一章标题即为"基本原则"，第3条至第7条集中规定了平等原则，自愿、公平、等价有偿、诚实信用原则，民事权益受法律保护原则，遵守法律和政策原则和禁止权利滥用原则。学界对实证法层面的这些规定并非完全认同，比如等价有偿这样一个僵化的物质标准是否适合作为整个民法的基本原则受到广泛的质疑。目前我国法学界能够达成共识的民法基本原则大体包括"平等""意思自治""诚实信用""公序良俗"和"禁止权利滥用"这样几个方面。

放在婚姻法语境里，这几项原则亦有阐释之余地：平等原则昭示夫妻之间、父母子女之间的人格独立与人格平等；意思自治原则昭示婚姻关系的缔结、婚姻事务的处理等应尽量尊重当事人意思自由、维护私人生活的安宁，避免国家过多干预私人空间；诚实信用原则昭示婚姻关系当事人应以诚相待重诺相守，共同努力经营和谐美好的家庭环境；公序良俗原则昭示婚姻家庭关系具有超越当事人意志自由的社会意义，不得有违社会公共秩序和善良风俗；禁止权利滥用原则昭示婚姻家庭当事人应合理行使权利，不得在权利行使中恶意损害他方利益。实际上，我国现行《婚姻法》第2条所确立的"婚姻自由、一夫一妻、男女平等"的原则正是平等原则和意思自治原则的具体表现，"保护妇女、儿童和老人的合法权益"实则是秉持社会道义对弱势群体合法权益进行强调，颇有"诚实信用"和"公序良俗"之风派，亦有防止妇女、儿童和老人的合法权益被他人以行使权利之名加以侵害的制度功能，此又是"禁止权利滥用"原则的体现。由是观之，民法总则与婚姻法的基本原则具有一致的价值取向和一定的逻辑关联。

有学者深刻地指出：将来我国民法典的亲属编是否保留现行婚姻法的基本原则，关涉如何看待亲属编与总则编的关系问题。总则编与亲属编之间构成一般法与特别法的关系，总则编规定的基本原则与各分则编的基本原则之间构成上下位阶的关系，总则编规定的基本原则须由各分则编（包括亲属编）规定的基本原则予以具体化，同时由于亲属编着重规范非功利性的亲属人伦关系，故而又有专门规定其具体原则的必要。[1] 此论持见公允，殊值赞同。

（三）民法理念的演变引领婚姻法的价值导向

民法调整对象将婚姻家庭法律关系涵摄其中，民法基本原则投射在婚姻家庭领域产生婚姻法上的具体原则，民法与婚姻法的一体化使得婚姻法的价值导向深受民法精神与理念的影响。而民法总则正是民法精神与理念之集中体现，正因如此，在传统民法的领域划分中，较之物权法、债法或侵权行为法等，婚姻法与民法总则在基本的价值取向上更加契合和一致。

以最精要的概括而言，民法的传统理念主要体现为两点：其一，个人

---

[1] 薛宁兰、金玉珍主编《亲属与继承法》，社会科学文献出版社，2009，第30、31页。

本位；其二，权利本位。虽然民法在其发展历程将法人也纳入"人"的范畴，对其进行调整和规范，但是民法从未放弃其对于个体的人文关怀和终极关怀。《法国民法典》第 16 条明确宣示人的尊严不可侵犯。《德国民法典》虽未明示，但德国民法学界对于"人"在法律上的内涵有深刻的探讨和阐释。卡尔·拉伦茨在《德国民法通论》中援引了康德的观点，称人的理性奠定了人的绝对价值，即人的"尊严"，又重申黑格尔的警句："法的命令是，做一个人，并尊敬他人为人。"拉伦茨对于"人"的认识与"权利"的概念密切相关，他认为法律意义上的人可视为其享有的"权利范围"的核心，不能在理念上把人简单地从他的权利范围中分离出来。[①] 总的来说，民法对人的价值的尊崇，是以人的理性为前提，而以人的权利为载体，所以民法以个人为本位、以权利为本位的理念实则是合乎逻辑地统一在一起的。但是从近代民法发展到现代民法，由于受到新的社会形势和社会问题的冲击，对实质正义的追求使得传统民法理念发生了较大的转变和调整，原来单一的个人本位视角加入了新的社会本位的考量，原来绝对的权利本位的立场也趋于中庸，法律开始在越来越多的方面肯认对权利进行合理限制是正当的。民法传统理念的转向与发展通常被概括为"民法的社会化"。

从法制史的角度来看，婚姻法的发展可能滞后于民法理念的演变，但无可置疑地受到民法理念的巨大影响。1791 年法国宪法郑重宣称："法律上承认婚姻是一种民事契约。"此后，1804 年法国民法典第 146 条明确规定："未经双方同意，不得成立婚姻。"由此开始了婚姻关系民事化的历史进程。较之同时代民法理念的发展，这一历史进程显得缓慢而迟滞，无论是法国民法典还是德国民法典，在其肯认婚姻为民事关系之后，都在相当长的历史时期内保留了夫权地位的优越性，与其所宣称的民事主体平等原则、所尊崇的个人本位和权利本位理念非常不协调。在日本民法典的起草过程中，家制问题始终是新旧思潮的斗争焦点，其激烈程度甚至超出法律编纂的界限，成为政治斗争的表现形式。与社会层面的变革相比，婚姻家庭领域的变革必然要温和一些、缓慢一些，受到民族固有文化的更多掣肘。但我们

---

① 〔德〕卡尔·拉伦茨：《德国民法通论》（上册），王晓晔、邵建东、程建英等译，法律出版社，2003，第 34～37 页。

不应忽视，即便法典文本采取了保守的姿态，无往不至的社会思潮却始终在涌动，不断地冲击和涤荡那些过时的旧习俗和旧观念。一旦婚姻从宗教和封建的藩篱中获得宣示性的解放，对人的尊严、价值的尊重和对自由权利的向往必然对现实中的婚姻关系产生深刻的影响，进而产生法律诉求。在这种诉求的推动下，各国婚姻家庭制度的改革缓慢却势不可当地向纵深进行：《法国民法典》屡经修订，现在已经摒弃了夫妻之间的不平等，德国也通过1957年的《男女平等权利法》和1976年的《改革婚姻法和亲属法的第一部法律》实现了两性在婚姻家庭领域的平等。从20世纪60年代后半期至80年代后半期的20年间，美国、英国（英格兰、威尔士）、法国、西德、瑞典等国家都对离婚制度进行了旨在使离婚走向容易化的较大改革。直到此刻，这场旨在推进性别平等、婚姻自由、家庭民主的温和革命也仍未停息，而且加入了新的时代内容。随着民法理念对个人权利的尊崇发生转向，婚姻法开始反思对自由的过度放纵，更加注重从家庭价值、子女利益的角度对制度体系进行评估和改进。从某种意义上来说，我们已步入"家庭社会化"的新时代。

三　体例与规则层面：婚姻法在民法总则之外的独立与自洽

（一）身份法与人格法的分离是民法总则得以设立的重要前提

在民法典的体例发展史上，1900年《德国民法典》成就斐然，总则编的设置、债法与物权法的区分以及继承编的独立都是其独树一帜的贡献。与1804年《法国民法典》相比，《德国民法典》的亲属法也显得清晰而完整。在《法国民法典》中，有关婚姻家庭身份关系的规则基本都集中在第一编"人"的内容之中，但是关于婚姻财产的制度安排则放在第三编"取得财产的各种方法"中，使得整个婚姻家庭法律规则呈现出分裂的状态，同时也使第三编招致措辞激烈的负面评价，认为其混乱、缺乏逻辑。而在1900年《德国民法典》中，伴随令人惊艳的民法总则一同面世的，还有内容完整体系井然的第四编"亲属法"。民法总则的设置与亲属法的整合同时发生并非偶然，它是立法技术的必然抉择。

在 1804 年《法国民法典》的结构中，第一编"人"除了规定婚姻家庭法律规则之外，还有大量的内容是彰显"一切法国人均享有民事权利"理念的人法，比如民事权利的享有及丧失、身份证书、住所等。当然，这个历史阶段的人法只把个人作为民事主体，并不包含法人的相关内容。百年之后的《德国民法典》有许多的创新，比如要设立民法总则，要赋予法人民事主体地位等。为了把法人纳入民事主体制度，就必须把婚姻家庭身份关系的相关内容与规定人格、民事权利能力等有关内容剥离，因为法人无论如何不可能享有婚姻家庭权益。实现了身份法与人格法的分离，就同时实现了民事主体制度和婚姻法的整合，《德国民法典》由此也获得了建构其"总则"的第一块基石。① 从这个意义上来说，婚姻法成为民法典中的独立分则与民法总则的横空出世是相伴相生、互为因果的。

（二）身份法与财产法的相异是婚姻家庭制度自成体系的根本原因

市民社会的私人关系大致可分为身份关系和财产关系两类，据此又可将民法分为身份法和财产法两大部分。这种分类标准本身就蕴含着一种判断：身份关系和财产关系具有实质的不同，身份法和财产法因而也有本质的差异。时至今日，简单地以身份法来界定婚姻法的性质，恐失于轻率。婚姻法律制度的整合，尤其是对婚姻财产制度的吸纳，使得婚姻法已经成为一个综合性的法学领域，既有单纯的身份关系，又有基于身份关系而产生的财产关系（可称为身份财产关系，以区别于单纯的财产关系），并且财产关系的比重和内容越来越显要。正如学者所形容的，现代法上之亲子关系，必有亲子财产法，婚姻关系，亦有夫妻财产制为其基础。但即便如此，婚姻法基础的、本质的部分，在于纯粹身份关系而不在身份财产关系。② 身份关系是婚姻家庭结构的基础关系，身份关系之不同于财产关系的特质使得婚姻法区别于财产法，也使得婚姻法上处理身份财产关系的准则不同于财产法上处理纯粹财产关系的准则。

我国传统民法理论认为，身份关系和财产关系的不同主要是当事人的

---

① 尹田：《民法典总则之理论与立法研究》，法律出版社，2010，第 20 页。
② 陈棋炎：《亲属、继承法基本问题》，三民书局，1980，第 6～15 页。

诉求和利益不同。由此,身份法和财产法的差异也很明显:1. 身份法上的权利义务关系不以利害得失为转移,财产法上的权利义务关系则根源于利益追逐;2. 身份法上的权利义务不能依当事人意志随意处分(无论是抛弃还是转让),而财产法上的权利义务则可由当事人自由处分,转移或者让与都是可以的;3. 身份法上的救济手段受到较多的限制,许多与人身相关的义务不能强制履行,而财产法上的救济手段比较灵活,以强制履行为首要选择,其次是损害赔偿;4. 身份法上的强制性规范较多,国家借此进行较多的干预,而财产法上比较强调当事人的自由意志,国家干预较少;5. 身份法除了受经济基础制约之外,更多地受到道德观念、民族习惯、文化传统等因素的影响,而财产法则主要受经济基础的影响和制约,要及时反映和应对经济基础的变化。①

如此概括身份法与财产法的不同,堪称平实而全面,但也镌刻着论者的时代烙印,比如说预设身份关系有着高于物质利益的诉求。笔者以为,以动机来论身份关系和财产关系并不那么可靠,尤其是在当前价值多元化的时代。此外身份法和财产法的国家干预,也不宜简单地用多或少来比较,因为国家干预在这两个领域的侧重点和表现形式不尽相同。近年来主张婚姻法独立于民法的论者对身份关系和身份法的独特性着墨甚多,一致强调身份关系的伦理性、长期性等。笔者亦曾在论著中强调,婚姻关系决不同于以理性的物质利益交换为主的商业关系,它含有深刻的精神内容和伦理色彩;婚姻关系中的权利义务是非常广泛的,除了法律概括规定的那些之外,还有相当一部分处于不确定状态,这种不确定性是由婚姻的长期性、身份关系的广泛性、婚姻中利益交换无须对等以及当事人特殊的"订约"方式决定的……②但一个根本性的问题是:身份关系的特殊性是否必然导致婚姻法与民法的彻底分野,通过民法分则的处理方式是否足以应对这种特殊的制度需求?

在笔者看来,彻底脱离民法,将使得婚姻法的逻辑体系和价值取向无从附着,并使得私法制度体系产生割裂,与婚姻生活与市民生活的交融状

---

① 谢怀栻:《外国民商法精要》,法律出版社,2002,第134~140页。
② 邓丽:《婚姻法中的个人自由与社会正义》,知识产权出版社,2008,第76~77页。

态相背离，不利于法律诸多功能的实现，比如高效而妥帖地调整和规范社会关系，以具有普遍性、富含逻辑的价值取向引导社会观念等。所以身份法和财产法的相异是婚姻法自成体系的根本原因，但婚姻法的相对独立应以融入宏大民法典为前提。

（三）民法总则在婚姻法中的适用原则

关于民法总则具体制度是否适用于婚姻法领域，非断然一个"是"或"否"所能回答的。有学者归纳了各方学说，认为存在"适用说""不适用说""区别适用说"三种观点，但从所举例证来看，这三种观点的区分稍嫌武断了些。[①] 譬如，论者强调民法总则是其他分编的共同规则，总体上应适用于各分编的内容，仅此并不足以认定其主张在婚姻法领域完全适用民法总则，因为论者在专注于谈论民法总则时忽略对某具体领域的细致考察，并不代表其对未及言明的内容持绝对立场。

以逻辑而论，民法总则既被尊为共同规则，在内容上必具一定的包容性，在效力上必具一定的通行性，所以对分编的内容包括婚姻法领域应有适用之余地。但从另一个角度来说，既然在总则之外还要设分则，就说明总则不足以解决全部问题，必需分则之具体而翔实的规范，所以总则在分编领域的适用不能僵化或教条化。合理边界或在于：分则有规定的适用分则，分则无规定的则寻最相贴切之规则予以适用，无论该最相贴切规则身处总则还是分则；但自情理而论，分领域的规则往往更贴近分领域之法律关系的特质。

四 民法总则具体制度与婚姻法关联规则的比较与分析

民法总则不仅对民法的调整范围及基本原则等一般性法律适用问题进行规定，也包含实质性的制度归纳，比如民事主体制度（包括民事能力规则）、民事权利制度、法律行为制度、代理制度、条件与期限、时效制度

[①] 王礼仁：《民法总则在婚姻法中适用问题研究》，《家事法研究（2011年卷）》，社会科学文献出版社，2011，第98、99页。

等。总体上来说，民法总则确立的制度框架决定了分领域法律规则的建构，比如在婚姻法上就表现为婚姻主体制度、婚姻行为制度、婚姻权利义务等。我们可以选取若干具体制度来探讨民法总则与婚姻法关联规则之同与不同。

（一）婚姻行为能力为特殊民事行为能力

在民法总则中，对于民事主体的权利能力、行为能力和责任能力的系统规定构成了完整的民事能力制度体系，其中权利能力一律平等是民法平等原则的重要体现，责任能力一般不在法典中直接规定，学理上往往依恃行为能力来予以认定，所以民事能力体系中具有实质性规则意义的当属民事行为能力。对民事主体进行民事行为能力上的划分，实际上是对民事主体的理性水平进行认定，这与民法的基本认识是一致的：有理性的人才能为自己的行为承担责任。认定民事行为能力的标准可归结为两个方面：年龄是否达到一定岁数；精神状态是否健康正常。

婚姻行为是民事行为的一种，但它是非常特殊的民事行为：婚姻不仅是当事人之间人身关系、财产关系的亲密结合，它还具有显著的社会意义，承载着多重社会功能，比如满足个体生理欲望、扶助抚慰家庭成员等。婚姻行为的特殊性使得婚姻行为能力有着区别于一般民事行为能力的考量：一方面，婚姻行为对生理年龄的要求要高于一般民事行为能力；另一方面，出于保障弱势群体权益的考虑又要适当放松智力精神状况方面的能力要求（这里还涉及婚姻制度与生育制度的分离问题）。有鉴于此，各国民法都对婚姻行为能力进行专门的规定，以区别于一般民事行为能力。通常的做法是通过年龄要素对婚姻行为能力进行规定，但并不明示对智力精神状况的要求。

比如在德国民法上，法定婚龄并不比成年标准高，自1975年1月1日以来，年满18周岁即为成年人，成年即可以结婚，如果一方已成年另一方年满16周岁，也可经家庭法院批准后成婚。关于取得婚姻行为能力是否需要达到一定的智力精神标准，德国民法没有直接规定，从民法关于理性人的预设来说，通过婚姻行为缔结婚姻关系需要民事主体对于婚姻的基本意义有所认识和理解，这种认识能力和理解水平会体现在当事人对结婚意愿的表达和声明中，这或许可以视为婚姻行为能力在智力精神要素方面不言而喻的要求。需要说明的是，《德国民法典》第1411条规定了限制行为能力人和无行为能力人签订婚姻合同的问题,这说明婚姻关系的法律效力不因当事人行为能力上的瑕疵而有减损,但也不能据此认为德国民法对婚姻行为能力不做智力精神层面要求。确定这种模糊不明的界限需要在个人权益与公共利益之间寻找平衡。

《日本民法典》的有关规定要更加明确一些。关于婚姻行为能力在年龄上的要求,第731条规定,男不满18岁女不满16岁者不得结婚。这里所规定的婚龄要低于总则编所规定的成年年龄20岁,但是有第737条的限制,即未成年的子女结婚,应经其父母同意,父母一方不同意或不明、死亡、不能表示其意思时,应有他方同意。关于婚姻行为能力在智力精神层面的要求,《日本民法典》没有做正面的规定,但是第738条规定,禁治产人结婚,无须经其监护人同意。根据总则编第7条的规定,禁治产人是心神丧失常态的人。由此看来,日本民法上的婚姻行为能力不在智力精神要素上做太高要求。

就我国法律制度而论,《婚姻法》对结婚行为能力也只规定了年龄方面的要求,即男性须年满22周岁,女性须年满20周岁,这比完全民事行为能力所要求的18周岁的成年界限要高一些。至于智力精神状态,《婚姻法》列举婚姻无效的情形时述及"患有医学上认为不适宜结婚的疾病",对这类疾病的界定,目前主要依据《母婴保健法》《传染病防治法》来确定,其中《母婴保健法》规定婚前医学检查对患有严重遗传性疾病或有关精神病在发病期内的,医师应当提出医学意见,当事人应暂缓结婚。这说明,我国在婚姻行为能力上对于智力精神状况是有要求的,但随着强制婚检制度的取消,如何落实这方面的要求、如何协调不同的价值需求(比如个体婚姻自由与公共健康福祉之间的冲突)成为有待破解的难题。而婚姻行为能力的考量与把握将决定问题的走向。显然,对于民法典的编纂而言,婚姻行为能力与一般民事行为能力的区分是重大的现实问题和社会政策,必须在制度设计上足够审慎和成熟。

(二) 婚姻行为效力不同于民事行为效力[①]

法律行为制度是民法总则的核心制度,有学者称"在物权与债权相互

---

① 民事行为是我国民法特有的概念,由于这一概念的存在,我国民事行为效力规则与德国、日本等国民法典中的法律行为制度略有差异,但法理逻辑和主要规则是相通的。

分离以及身份权获得独立的基础之上,'物权行为'与'债权行为'以及'身份行为'被同时发现,据此而被进一步抽象而成的'法律行为',自然被认为具有普遍适用于各种具体权利的性质,从而使《德国民法典》总则的设立获得了第二块重要的基石。"① 但是,"法律行为"这个概念可以涵盖"身份行为",并不意味着法律行为制度能够全部适用于身份行为。这里,身份行为是指形成身份关系的法律行为,包括结婚、离婚、收养、解除收养等。

  法律行为制度的意义不仅在于其抽象技术为民法总则的设立提供了条件,还在于其具体规则为意思自治明晰了边界。《德国民法典》在民法总则中规定了法律行为的无效及撤销制度,但在家庭法一编中仅规定了婚姻的撤销,无论是不符合法律规定的婚姻行为能力要求,还是当事人的意思表示存在瑕疵,都通过撤销机制来否定婚姻的效力。根据第1313条的规定,婚姻只可以由基于申请所作之法院判决予以撤销,婚姻随判决发生法律效力而解除。根据学者的归纳,德国模式和意大利、法国均可视为不区分婚姻的无效和可撤销,而日本、瑞士等国则对婚姻的无效和可撤销进行了区分。一般而言,重婚、近亲婚等违反结婚禁止性规定的,为无效婚姻,存在胁迫、误解等违反当事人真意的,为可撤销婚姻。但在法律后果上,婚姻被认定为无效或被撤销,都不发生溯及既往的效力,而且尽可能适用离婚制度处理当事人之间的利益关系,以避免对善意当事人产生不公平的后果。② 相对于法律行为的效力规则来说,婚姻行为的效力规则显然是大不相同的,这正凸显出成熟的民法思维对身份行为之特质的肯认和应对。诚如史尚宽先生所言:"身份行为注重方式,既成事实应尽量予以维持,苟具备方式而成立,应许意思与方式之事后结合,即应许无效行为之追认,以谋身份关系之安定。"③

  在我国,由于《民法通则》使用了"民事行为"的概念,在学理上往往也以此为基点构建民事法律行为制度。概要而言,即区分民事行为的成立与生效,前者对民事行为是否存在进行事实判断,后者对民事行为是否

---

① 尹田:《民法典总则之理论与立法研究》,法律出版社,2010,第23页。
② 夏吟兰、何俊萍:《现代大陆法系亲属法之发展变革》,《法学论坛》2011年第2期。
③ 史尚宽:《亲属法论》,中国政法大学出版社,2000,第19页。

合法进行价值判断，合法的民事行为能够发生当事人所预期的法律效果，此即为民事法律行为。民事行为的效力瑕疵大体可分为：无效、可撤销、效力待定。由于《民法通则》和《合同法》相关规定存在出入，准确认定民事行为的法律效力需要进行细致的考证和专业的分析，但是也可以抽象出一般规则，比如说损害公共利益或违反法律强制性规定的民事行为通常归于无效（自始、当然、绝对无效），违反当事人意思自由的民事行为通常被视为可撤销民事行为，欠缺权限的当事人所进行的民事行为通常被作为效力待定来处理，有待当事人获得授权或有权主体追认后发生法律效力。

确定婚姻行为的效力主要依据《婚姻法》及相关司法解释来进行。无效婚姻的事由包括四种：①重婚的；②有禁止结婚的亲属关系的；③婚前患有医学上认为不应当结婚的疾病，婚后尚未治愈的；④未到法定婚龄的。确认婚姻无效应由有权主体（婚姻当事人及利害关系人）申请，由人民法院宣告无效，一经判决，即时生效。撤销婚姻的事由只有一种即胁迫，现在司法实践中掌握的标准是，行为人以给另一方当事人或者其近亲属的生命、身体健康、名誉、财产等方面造成损害为要挟，迫使另一方当事人违背真实意愿结婚即构成胁迫。受胁迫一方向婚姻登记机关或人民法院申请撤销婚姻须在法定期限内行使权利。无效或被撤销的婚姻自始无效，当事人不具有夫妻的权利和义务。

从我国婚姻行为效力认定规则来看，其法律逻辑与民法上的民事行为效力规则大体相似而偏于守成，比如说婚姻无效的四种情形皆为法律明确禁止结婚的情形，其中第③种情形在法律禁令之外考虑了婚后治愈的可能性，意在豁免婚前患病婚后治愈的情形。撤销婚姻的事由仅限定于胁迫情形，那么在其他意思表示不真实（如欺诈、误解等）的情形下，法律仍着力维持婚姻效力。这可以视为我国婚姻法试图维持身份关系安定的一种努力，但也在一定程度上牺牲了当事人的救济路径。关于婚姻无效或被撤销的效果，我们目前是一概认定为自始无效，这与民事行为效力规则保持了高度统一，但显然忽略了身份关系的特质。对于人身结合而言，恰似覆水难收，绝非一纸判决就能够恢复原状的，完全否定共同生活的正当性对于善意当事人的付出的确有失公平。

如果把婚姻行为效力规则作整体观，我们会发现，当前我国立法在婚姻行为效力的认定上,实际上有一种过于维护身份结合之要式的倾向,换言之,也是一种极力推崇国家婚姻管理秩序的立场。在此立场之下,对当事人婚姻自由意思的考量往往让位于对婚姻登记程序的依赖。但是,在某些情形下简单地以婚姻登记形式要件为标准可能会导致当事人利益严重失衡,如一方的合法婚姻关系尚未解除,又与善意第三方在国外登记结婚,后婚按照我国 2011 年 4 月 1 日起生效的《中华人民共和国涉外民事关系法律适用法》获得认可,旋即又因为构成重婚而归于无效,无疑会导致善意第三方处于极为不利的处境。关于无效婚姻、可撤销婚姻问题,制度改良的方向应是更加注重从身份行为的特质出发规范婚姻行为的效力,不必与民法总则中的法律行为制度强求一致。

(三) 婚姻行为与婚姻关系中代理制度的禁与行

民法上的代理制度是法律行为制度的延伸,旨在解决民事主体行为能力欠缺或分身乏术的问题,帮助民事主体在更广泛的范围内参与民事活动。依学理而论,代理制度可分为法定代理、指定代理和意定代理,其中法定代理和指定代理主要解决民事主体行为能力不足的问题,意定代理则是完全行为能力人以自主意愿授予代理人一定权限代其从事民事行为的法律制度。由于婚姻家庭领域的主体法律关系即夫妻关系及父母子女关系同时也是监护权、法定代理权的首要权利来源,所以民法总则中的法定代理和指定代理制度与婚姻家庭制度设计有不可分割的内在关联,并且毫无阻碍地在婚姻家庭领域通行。

但是意定代理制度在婚姻法领域的适用需要具体分析。依学理而论,婚姻行为应禁止代理。因为对于任何一个诚实理智的民事主体来说,缔结婚姻关系或解除婚姻关系对其法律权利与法律处境都有着非同一般的影响,涉及人身的结合、经济利益的混合等,所以婚姻意思必须由本人清楚、明确地表达,不能通过意定代理予以转达。婚姻行为不得代理的原则在很多国家得到肯认。如《德国民法典》第 1310 条第 1 款规定,结婚必须由结婚人在户籍官员面前声明相互结婚之意愿。第 1311 条强调,结婚人必须同时在场并亲自做出上述声明。《日本民法典》第 739 条规定,婚姻申报,应由当事人双方及二人以上的成年证人,以言词或署名的书面进行。这里,无论言词或书面形式，都要求是本人行为，而非代理行为。我国《婚姻法》第 8 条规定，要求结婚的男女双方必须亲自到婚姻登记机关进行结婚登记。依理，申请离婚也必须由当事人亲自进行意思表示。

有学者认为从韩国、智利等国家的民法典来看，结婚也可以代理，进而根据我国最高人民法院行政审判庭做出的《关于婚姻登记行政案件原告资格及判决方式有关问题的答复》（以下简称《答复》）推论，他人代理婚姻登记行为，只要没有违背本人结婚意愿，则不影响婚姻的成立或效力。① 但实际上，《韩国民法典》第 812 条的规定与《日本民法典》第 739 条的规定相似，要求婚姻申报应提交当事人双方及成年证人 2 人共同签名的书面材料。《智利民法典》第 103 条的规定要求委任他人代为缔结婚姻的，应以公文书的方式载明婚姻缔结人和委任人的姓名、职业和住所。笔者以为，这里需要对"婚姻行为"与"婚姻登记行为"进行区分。缔结婚姻本身必须是当事人自己的意思表示，为宣示婚姻行为的严肃和谨慎，往往要求当事人亲自履行婚姻登记或申报手续，我国《婚姻法》的规定正是如此，但学理上还是有必要澄清两者是不同的概念，对当事人必须亲自进行婚姻登记行为进行豁免，并不意味着婚姻行为本身可以代理。至于最高院《答复》所言："婚姻关系双方或一方当事人未亲自到婚姻登记机关进行婚姻登记，且不能证明婚姻登记系男女双方的真实意思表示，当事人对该婚姻登记不服提起诉讼的，人民法院应当依法予以撤销。"笔者认为，解释机关的本意应更加倾向于否定未亲自办理登记的婚姻，因为要证明婚姻登记系未出场的当事人真实意思表示恐非易事，更何况当事人还对婚姻登记不服。

对于婚姻事务的处理，意定代理制度应有适用之余地，如同其他民事主体之间的委托代理关系。此外，婚姻法还存在一种特别的代理制度，即家事代理制度。因为婚姻生活往往表现为同财共居的状态，这种状态下会有很多琐碎细小的事务需要双方当事人分担合作，所以通过法律设定当事人之间互享家事代理权有利于减少当事人之间的代理成本、明晰婚姻关系的对外法律效力。《德国民法典》第 1357 条第 1 款规定，婚姻的任何一方

---

① 王礼仁：《民法总则在婚姻法中适用问题研究》，《家事法研究》（2011 年卷），社会科学文献出版社，2011，第 113 页。

均有权处理使家庭的生活需求得到适当满足并且其效力也及于婚姻对方的事务。婚姻双方皆通过此种事务而享有权利和承担义务,但是如果根据情况得出另外的结论则除外。第 2 款规定,婚姻一方可以限制或排除婚姻另一方处理其效力及于自己的事务的权利;如果此种限制或排除无充足理由,则经申请,由监护法院撤销之。此种限制或排除仅依照本法第 1412 条的规定进行有关登记或已为第三人所知,方对第三人有效。第 3 款规定,如果婚姻双方分居,则双方不再享有上述家事代理权。我国《婚姻法》没有对家事代理权进行规定,学理上一般把最高人民法院关于《婚姻法》的司法解释(一)第 17 条规定解读为夫妻日常家事代理权的规定。在筹备民法典的过程中,实有必要对夫妻间的家事代理制度进行系统的设计,包括其在理论体系上的完善以及在实际适用中的可操作性等等。

(四) 婚姻行为与婚姻关系对条件与期限的排斥

条件和期限都是当事人用来控制民事行为生效时间的附加条款,从某种意义上来说也是当事人意思自治的工具和手段。但是基于身份行为与身份关系的特质,婚姻法上一般不允许当事人在进行意思表示时附加条件或期限。《德国民法典》第 1311 条规定,结婚人向户籍官员面前声明相互结婚之意愿时,不得附条件和期限。德国《婚姻法》第 13 条第 2 款明确规定,条件不适用于婚姻。迪特尔·梅迪库斯用这个例子来说明总则编的抽象规则并非绝对适用于所有分领域,并解释说,因附条件而产生的不确定性有悖婚姻对婚姻状况产生的影响力。[①] 的确,婚姻关系是一种深度契合的法律关系,当事人的投入和付出需要有稳定的心理预期,即使在离婚率攀高的现代社会,社会制度和社会观念仍然坚持把婚姻预设为终身的法律关系(虽然是可解除的),而附条件带来的不确定性可能会令婚姻关系背离其制度价值。

不过,这里还有个问题要思考:民法总则所规定的条件与期限是有差别的,前者是不确定是否发生的事实,后者则是确定到来的事实,简言之,条件具有不确定性,而期限则是确定的,如果说条件的不确定性与婚姻预

---

① 〔德〕迪特尔·梅迪库斯著:《德国民法总论》,邵建东译,法律出版社,2000,第 32 页。

期相悖，那么为什么婚姻法上也排斥具有确定性的期限呢？笔者认为，其间的道理在于人身的不可强制性。典型如婚约问题，双方许诺于某期限到来之际成婚，可是期限真正到来时并未实际成婚，可不可以强制执行呢？当然不可以。目前各国立法例都规定婚约是不能强制执行的。《德国民法典》第1297条规定，不得因订婚而提起要求成婚之诉，对于婚姻未成之情形支付违约金的允诺无效。所以婚姻意思表示应当是确定的、即时的真意表达，附条件或附期限没有意义，还可能侵害到婚姻自由。这与民法总则中公序良俗原则的适用也有关联。我国实证法层面尚未对这一问题加以明确，可以考虑将来以简约而适当的表述充实到结婚制度中。

（五）婚姻法上某些权利的行使受到期限和时效的制约

对于现代法律制度而言，效率与秩序都是其重要价值理念。期限和时效的制度功能就是促使当事人积极行使权利，及早确定法律关系和法律秩序。婚姻法于其本质而言，旨在规范和引导婚姻秩序达到岁月静好的境界，但作为法律它亦承担着解决纠纷、救济权利的功能，也要运用期限和时效制度来促成婚姻争议及时得以解决，从而稳定婚姻秩序和社会生活秩序。

在立法例上，各国民法都会在婚姻家庭法部分直接针对具体事项规定有关期限和时效问题。具体来说，期限包括期日和期间。时效则包括取得时效和消灭时效。民法总则侧重规定时效制度，但在婚姻法上适用较多的是期间制度，尤其是除斥期间。涉及婚姻关系之变更、消灭的请求权不应适用诉讼时效制度，比如宣告婚姻无效之诉、离婚之诉等，包括以身份关系为基础的财产性请求权如抚养请求权、扶养请求权、赡养请求权等尽皆不受诉讼时效的限制。但是并不是说，婚姻关系变更请求权的行使没有任何时间限制。几乎所有规定可撤销婚姻制度的国家都会通过除斥期间对婚姻撤销权的行使进行限制。婚姻撤销权在法律性质上属于形成权，单方行使即会使法律关系发生变化，因此有必要敦促撤销权人及早行使权利，超出法律规定的期限则权利即告消灭。仍以《德国民法典》为例，根据该法典第1317条规定，撤销婚姻的申请须自发现错误或欺诈或者自强迫状态消除之时起一年之内提出，对于无行为能力当事人及其法定代理人，以及未成年人，期限的起算点有变通规定。时效的中止，适用民法总则的相关规则。此外,该法典第 1565 条、1566 条关于分居期间的规定也是期间制度适用于婚姻法的例证。我国《婚姻法》第 11 条规定,受胁迫的一方撤销婚姻的请求,应当自结婚登记之日起一年内提出。此亦为除斥期间的规定。

但是有必要廓清一个问题,婚姻关系不适用诉讼时效的规定并不意味着婚姻法上不适用诉讼时效的规定。比如《德国民法典》第四编家庭法第 1302 条规定,行使第 1298 条至第 1301 条规定的退婚赔偿请求权或返还赠礼请求权时效为二年,自解除订婚之时开始。这显然属于诉讼时效的规定,但它并非针对婚姻关系请求权,而是在婚姻关系不成立的情形下针对退婚赔偿请求权及返还赠礼请求权所做的规定。把婚约纠纷规定在婚姻家庭编,是比较普遍的一种立法安排,所以我们不能在婚姻法领域完全排除诉讼时效的适用。

五 婚姻法与民法总则的立法协调与条文设计

(一) 民法总则的自省式定位与婚姻法的选择性出位

《德国民法典》始创民法总则编,以其系统化精神与抽象的倾向打通了身份法与财产法之间的壁垒,使两者统一于法律行为理论,共同构成一个有机的制度体系,整个民法典在更高层次的理性水平上得以整合,呈现出五编制的经典结构。从行文与表达上来说,总则编也有精约简省之功,成功地避免或减少了分则中对于相同问题的重复规定,使得民法典能够以可接受的篇幅尽可能广泛地涵盖民事生活领域的诸多法律问题。

虽然有如此夺目的成就,但民法总则编的建构一直也遭到质疑,非议最多的话题就是:民法总则究竟能在多大程度上代表诸项分则的共同规则?怀疑论者可以从两个不同的方向对这个问题进行追问:其一,诸项分则究竟有无共同规则?其二,民法总则能否毫无障碍地通行于各分领域?没有肯定而明确的答案。德国法学界警醒地认识到总则编的不足,迪特尔·梅迪库斯在《德国民法总论》中毫不讳言地说,设置总则编至少具有两大缺点:一是抽象与例外。总则编的规则应具有一定的普遍性,同时又不能过于泛化而失去意义,因此就必须容忍例外的存在。必须承认,总则编的许多规定都会有一些个别的偏离，比如有关意思表示错误的规则，不适用于婚姻或遗嘱。二是理解上的困难。总则编概括出的一般规则，往往不足以直接地、全面地解决具体问题，因此要针对现实问题做出可靠的法律解答，就需要瞻前顾后，同时查阅民法典的许多地方。这使得民法典可能不适合非专业人士阅读理解。[1]

如果我们在编纂民法典时，能够像明智的德国法学界那样对民法总则的有效性和有限性都有充分而清醒的认识，将非常有助于妥善处理民法总则与各分则的关系。以民法总则与婚姻法的关系来说，一方面，民法总则的建构应尽量着眼于对身份法和财产法的共同提炼和概括，避免过于偏重财产法的思维方式和价值取向，同时还要有"雅量"包容分领域的例外规则和补充规则，尤其是在以身份关系为基础的婚姻法领域。另一方面，婚姻法对于自身的伦理特质和价值需求应有明确的认识和定位，不惮于在涉及身份关系及存在独特价值追求的具体制度中突破民法总则的抽象规则，力求在民法典的框架下做到身份法的独立自洽，同时又与财产法保持良好的衔接关系。总之，要做到两者的协调立法，不仅需要有高明的法律洞见，还需要有高超的立法技术。

（二）基于婚姻法视角对民法总则条文设计提出建议

上文立足于婚姻法视角，分别从抽象的法律精神与理念层面和具体的法律体例与制度层面对民法总则与婚姻法的关系进行了探讨，旨在为民法典架构下婚姻法与民法总则的协调立法尽绵薄之力。落实到条文设计上，就要考虑立法技术问题。针对婚姻法与民法总则的关系，首先要确定婚姻法上区别于民法总则的具体规则究竟应当放在婚姻法分则还是放在民法总则中加以规定？德国民法典的编纂经验是，"对于这些例外，民法典有时以明示的方式加以规定，通常是在规定例外的法律制度之时予以说明"。但是，"民法典以明示方式列出不同于总则编规定的特殊的例外性规定为数不多，在其他许多地方，人们必须将这些例外性规定认定为未成文法，或者

---

[1] 〔德〕迪特尔·梅迪库斯：《德国民法总论》，邵建东译，法律出版社，2000，第31~35页。

人们对是否存在这些例外性规定还持有不同看法"。① 诚哉斯言！倘若把一般规则的例外情形都在一般规则项下注明，那么民法总则还能否成为令人惊叹的抽象与概括着实可疑。

借鉴这些经验，笔者认为，婚姻法与民法总则在具体规则上的种种不同，宜规定在婚姻法分则中为好，如婚姻行为能力、婚姻行为效力规则、行使婚姻撤销权的除斥期间等归入婚姻的成立与生效制度，家事代理制度归入夫妻人身权制度。这里谨就民法调整对象和民法基本原则的条文设计提出浅见，以供臧否。

1. 关于民法调整对象

现有民法典草案有如下版本：

全国人大法工委 2002 年公布的《中华人民共和国民法（草案）》第 2 条规定："中华人民共和国民法调整平等主体的自然人之间、法人之间、自然人和法人之间的财产关系和人身关系。"

梁慧星教授主持撰写的《中国民法典草案建议稿》第 2 条规定："本法调整自然人、法人和非法人团体之间的财产关系和人身关系。"

王利明教授主持撰写的《中国民法典学者建议稿及立法理由》第 3 条规定："中华人民共和国民法调整平等主体的自然人、法人和其他组织之间的人身关系和财产关系。"

徐国栋教授主持撰写的《绿色民法典》第 3 条规定："民法调整主体之间的人身关系和财产关系。民事主体享有的民事权利，是政治国家权力的界限。"

尹田教授提出的《中华人民共和国民法典——总则编》草案建议稿第 2 条规定："本法调整民事主体之间的财产关系和基于婚姻、亲属产生的身份关系。"

笔者建议在我国民法典总则编中对民法调整对象简约规定如下："本法调整平等民事主体之间的人身关系和财产关系"。具体考量有四：①宣示民事主体地位平等。②回避民事主体具体范围的争议。③以我们习知的人身关系和财产关系概指民事关系较为全面，亦能涵盖婚姻法上之各类身份关

---

① 〔德〕迪特尔·梅迪库斯：《德国民法总论》，邵建东译，法律出版社，2000，第 31~35 页。

系及身份财产关系。④婚姻事项自应优先适用婚姻法分则内容,此系总则分则编制应有之义,似不必在民法总则中特意载明。

2. 关于民法基本原则

现有民法典草案有如下安排:

全国人大法工委2002年公布的《中华人民共和国民法(草案)》总则编第一章规定了"平等""自愿""公平""诚实信用""民事权利保护""公序良俗"等基本原则。

梁慧星教授主持撰写的《中国民法典草案建议稿》总则编第一章规定了"平等""意思自治""诚实信用""公序良俗""禁止权利滥用"等基本原则。

王利明教授主持撰写的《中国民法典学者建议稿及立法理由》总则编第一章规定了"平等""自愿""公平""诚实信用""公序良俗"等基本原则。

徐国栋教授主持撰写的《绿色民法典》序编第二章规定了"平等""意思自治""绿色""诚实信用""公序良俗""法律补充"等基本原则。

尹田教授提出的《中华人民共和国民法典——总则编》草案建议稿第一章规定了"平等""意思自治""诚实信用""公序良俗""禁止权利滥用"等基本原则。

笔者建议在我国民法典总则编中规定如下几项基本原则:"尊重人的尊严""平等"(释义涵盖性别平等及家庭关系平等)"意思自治""诚实信用""公序良俗""禁止权利滥用"。具体考量有四:①《民法通则》中所规定的等价有偿原则过于侧重财产法的思维方式和价值取向,不宜规定在总则编。②尊重人的尊严系民法作为人法和权利法的基本理念,应予宣示。③借鉴日本民法典总则编"第一条之二"的模式对平等原则进行阐释和深化,可从正面阐释性别平等及家庭关系平等,亦可从反面规定禁止一切形式的人格歧视。④意思自治为民法核心理念,诚实信用、公序良俗、禁止权利滥用等皆体现民法理念的最新发展,均予保留。

论夫妻人身权利义务的发展和我国法律的完善[*]

马忆南[**]

【内容摘要】 已婚妇女普遍使用自己的姓名。夫妻双方平等的住所决定权的实质是夫妻共同决定。我国婚姻法规定夫妻同居义务时,还应规定夫妻同居义务的免除事由。夫妻应当在婚姻共同生活中相互照顾、相互协助。当代英美法上配偶权仅有对外作用,配偶另一方可利用其提起配偶权损失之诉。我国婚姻法不宜用配偶权指称夫妻之间的权利义务,或特指夫妻忠实或性的权利义务。婚姻法应继续倡导"夫妻应当互相忠实",而不是确立"夫妻忠实义务"。对单纯通奸行为的干预,《婚姻法》所表达的克制态度应予尊重。主张夫妻平等的就业权、家庭事务管理权和承认家务劳动价值,避免妇女就业率低于男性、家务劳动负担重于男性的事实导致对妇女贡献的低评价。夫妻对于日常家事可由一方行使法定代理权,以便利日常生活。我国婚姻法应当确认夫妻有平等的生育权,并将重点放在行使生育权的冲突的解决上。

---

* 本文载《法学杂志》2014年第11期。
** 马忆南,女,北京大学法学院教授,研究方向为婚姻家庭法学。

【关 键 词】 夫妻人身权利义务　　配偶权　　忠实义务　　家庭事务管理权　　日常家事代理权

引　言

夫妻法律关系具有一系列的权利义务内容，即通常所谓的"夫妻间的权利和义务"，有关夫妻身份上的权利义务，如夫妻冠姓、同居义务、婚姻住所决定权、日常家事代理权等，我国婚姻法学理通常称为"夫妻人身权利义务"。我国《婚姻法》规定的夫妻人身权利义务，包括姓名权、人身自由权、计划生育义务等三个方面的内容。从世界上其他国家的法律规定看，夫妻人身权利义务，除与我国相似的"姓名权""就业自由权"外，主要有"住所决定权""同居义务""配偶权/忠实义务""家庭事务管理权""日常家事代理权"等。就夫妻人身权利义务的种类来看，我国法和外国法有一定差别；具体到各种权利义务的原则和内容，我国法和外国法也有较多不同。在关于完善我国夫妻人身关系法的议题中，有不少学者提出配偶权理论，① 主张在夫妻关系中明定夫妻的忠实义务，以此作为惩罚婚外恋和第三者的理论依据。还有很多学者提出我国婚姻法应增加规定夫妻"同居义务""家庭事务管理权""日常家事代理权"等内容。本文即以夫妻人身权利义务的发展和我国法律的完善为主题，从学理上探讨"配偶权/忠实义务""家庭事务管理权""日常家事代理权"等在现代法律制度中是否有其存在的价值，发展状况如何，试图较全面地、较深层次地针对我国夫妻人身关系立法发表一点意见和建议。

一　夫妻姓名权

姓名虽然只是用来表示个人的特定符号，但有无姓名权却是有无独立

---

① 参见李银河、马忆南主编《婚姻法修改论争》，光明日报出版社，1999，第259~292页。

人格的重要标志,尤其对已婚妇女而言。在我国封建社会,婚姻多实行男娶女嫁,女子婚后即加入夫宗,冠以夫姓而丧失姓名权(赘夫则冠以妻姓)。1930年国民党政府民法亲属编第1000条也规定:"妻以其本姓冠以夫姓。赘夫以其本姓冠以妻姓。但当事人另有订定者,不在此限。"这里虽有但书的规定,但仍带有明显的封建残余。直到1998年6月17日台湾地区民法亲属编第1000条被修正,改为规定:"夫妻各保有其本姓,但得以书面约定以其本姓冠以配偶之姓,并向户政机关登记。冠姓之一方得随时回复其本姓。但于同一婚姻关系存续中以一次为限"。

我国1950年和1980年两部《婚姻法》均规定:"夫妻双方都有各用自己姓名的权利。"这里虽然是夫妻并提,但其针对性主要是保护已婚妇女的姓名权和男到女家落户的婚姻中的男方的姓名权。在解释上,此规定并不妨碍夫妻就姓名问题另作约定。只要夫妻双方自愿,无论是夫妻别姓、夫妻同姓,或相互冠姓,均为法律允许。

近现代外国法关于夫妻姓名的立法大致有两种类型:第一种是坚持妻从夫姓的原则。意大利和瑞士规定,妻子须随夫姓或冠以夫姓。① 第二种是可以自由选择或约定。如德国、日本规定,夫姓或妻姓均可作为夫妻姓氏;② 英国和美国规定,妻子可以选择自己的姓氏。③

当代法律制度下,夫妻在法律上的地位已经平等,除少数国家外,有关夫妻姓名权的问题已越来越变成一个文化传统问题,与配偶是否具有独立人格的关系似乎渐行渐远。欧洲各国民法对于夫妻的姓氏,原来都采取妻用夫姓的原则,后因这一强制性规定有违男女平等原则,而修正为夫妻共同约定婚姓,无约定时,以夫姓为婚姓。这样的规定仍然难逃夫妻不平等的指责,所以各国又修改法律,倾向于男女双方约定婚姓,无约定时,

---

① 《意大利民法典》第143条附加条,费安玲、丁玫译,中国政法大学出版社,1997,第51页;《瑞士民法典》第160条,殷生根、王燕译,中国政法大学出版社,1999,第44页。
② 《德国民法典》第1355条,郑冲、贾红梅译,法律出版社,1999,第300~301页;《日本民法典》第750、751、767、771条,王书江译,中国人民公安大学出版社,1999,第131页、第133~135页。
③ 宋豫、陈苇主编:《中国大陆与港、澳、台婚姻家庭法比较研究》,重庆出版社,2002,第172页。夏吟兰:《美国现代婚姻家庭制度》,中国政法大学出版社,1999,第81页。Sanford N. Katz, Family Law in America, Oxford University Press, 2003, p. 64.

夫妻有权保留各自婚前的姓氏。

我国人民现实生活中，已婚妇女使用自己的姓名已蔚然成风，为巩固反封建成果，婚姻法只需规定"夫妻双方都有各用自己姓名的权利。夫妻双方也可确定一个共同的婚姻姓氏。"即可。

二　婚姻住所决定权

当代外国法实行夫妻平等，多数立法例采取婚姻住所"协商一致主义"。如法国和瑞士等国民法均规定婚姻住所应由夫妻双方共同决定，一方不同意他方的决定时，并无服从的义务。① 婚后住所实际上也是依从传统文化而为法律认可的一种现象。不论采用哪一种立法模式的国家，都不可能干预夫妻双方对住所的任意约定。

在中国的传统文化中，男娶女嫁，妻从夫居，婚后住所决定权专属于夫，这既是丈夫的权利，同时更是一种义务，即应由夫提供婚后住所。即使是在今天，许多青年人结婚后即脱离双方父母，成立自己的家庭，住所的提供在大多数人看来仍属夫家的"义务"。从我国民众婚嫁习惯来看，在城乡特别是在乡村一般是由男方准备结婚用房即不动产，女方准备家具、电器等日常生活用品即动产。② 迄今为止，我们尚未见到关于夫妻一方因侵犯对方"住所决定权"而被起诉的案例。相反，由于2011年最高人民法院《婚姻法解释（三）》的一些条款没有保护妇女对丈夫或公婆提供的婚房的权利③被指"不符合夫妻共同财产制的精神""没有考虑对妇女更为典型的经历和经验""貌似中立的法律推行起来却对男性更加有利"。呼吁"为了保证妇女的权利能够得到平等的保护和实现，有关离婚住房分割的法律规则应当对妇女的权利给予特别的关注。"④ 说明提供住所在现实生活中可能

---

① 《法国民法典》第215条，罗结珍译，中国法制出版社1999年版，第73页；《瑞士民法典》第162条，殷生根、王燕译，中国政法大学出版社，1999，第44页。
② 马忆南："何以用财产法规则处置"，《法制日报》2011年8月25日。
③ 最高人民法院《关于适用〈中华人民共和国婚姻法〉若干问题的解释（三）》第7条、第10条。
④ 马忆南："妇女权利视角下的司法解释三"，2011年8月30日《中国妇女报》。《离婚住房分割的历史考察》，《月旦民商法杂志》2012年第37期。

更被视为一种婚姻义务，而非权利。即使婚姻法修改后明确将夫妻双方平等的住所决定权规定为夫妻人身关系的内容之一，其实质仍然为夫妻共同决定，它既不是夫妻一方对另一方享有的权利，也不是应对另一方承担的义务。此外，考虑到我国很多地方特别是农村地区仍然保留着"男娶女嫁，妻从夫居"的传统，为鼓励婚姻定居方式的男女平等，可以保留现行婚姻法的规定：根据双方的约定，女方可以成为男方家庭的成员，男方可以成为女方家庭的成员。①

三 夫妻同居和相互帮助义务

夫妻同居，除了有共同的婚姻住所外，还包括夫妻间的性生活、夫妻共同的精神生活（相互理解、慰藉）、夫妻互相扶助（救助）等内容。法国民法规定，夫妻双方应相互帮助与救助。夫妻双方相互负有在一起共同生活的义务。所谓共同生活，是指夫妻在同一婚姻居所内共同起居饮食以及满足双方合理的性生活要求。② 意大利民法规定，夫妻应相互给予对方精神和物质扶助。③ 日本民法规定，夫妻互负同居义务。结婚后，夫妻应与对方共同生活。夫妻因婚姻而结合，应当在婚姻共同生活中相互照顾、相互协助，相互给予精神上的支持和物质上的扶助。④ 英国婚姻法规定，婚后，夫妻双方均负有与对方同居的义务，双方不得随意解除。只有法院依法定程序发出离婚令或分居令后，夫妻一方便不再负有与对方同居的义务。⑤

夫妻得因法定事由而停止同居。这些事由包括，一方擅自将住所迁至国外或在不适当的地点定居，一方的健康、名誉或经济状况因夫妻共同生活受到严重威胁，一方提起离婚或分居的诉讼以及婚姻关系已破裂等。如《墨西哥民法典》第163条规定：如果一方并非出于公务需要或社团业务需

---

① 《中华人民共和国婚姻法》第9条。
② 《法国民法典》第212、215、299条，罗结珍译，中国法制出版社，1999，第72~73页、第95页。
③ 《意大利民法典》第143条，费安玲、丁玫译，中国政法大学出版社，1997，第51页。
④ 《日本民法典》第752条，王书江译，中国人民公安大学出版社，1999，第131页。
⑤ 《英国婚姻诉讼和婚姻财产法（1970）》第40条第2款，参见《英国婚姻诉讼法》，丁保庆译，载任国钧等选编《外国婚姻家庭法资料选编》，中国政法大学民法教研室，1984，第49页。

要将自己的住所迁移至国外，或是在不卫生或不恰当的地点定居，法院可以因此免除配偶他方的这种（同居）义务。① 瑞士民法规定：配偶一方，在其健康、名誉或者经济状况因夫妻共同生活而受到严重威胁时……有权停止共同生活；提起离婚或分居的诉讼后，配偶双方在诉讼期间均有停止共同生活的权利。②

西方婚姻法理论一般认为，因婚姻关系的成立，夫妻应以配偶身份共同生活，这是婚姻本质上的当然效果。从西方国家立法例看，夫妻同居均以义务规范的形式出现，而不是将同居规定为夫妻的权利。而且，该项义务一般仅为宣誓性规范，并无形成效力。③ 当夫妻一方无正当理由不履行同居义务时，对方不得请求强制履行，因为这涉及当事人的人身自由权。对于无正当理由不履行同居义务的法律后果，多数立法例仅构成诉请别居或离婚的原因。④

公开而长期同居应当是结婚所要追求的一种合法目标。至于婚后是否同居，应当属于个人及家庭生活隐私的范畴，法律不宜加以过问。从法律上说，配偶双方是否同居也不影响婚姻的效力。如果我国婚姻法把夫妻同居规定为夫妻人身关系的内容之一，那么立法也应以义务为本位。且因涉及夫妻双方的人身自由，这一义务并无法律强制效力，即不能也不可能强制义务人履行同居义务。因为任何强制公民履行同居义务的法律，都是违背宪法所确认和保护的公民基本人身自由权利的，既不符合现代社会尊重和保护人权的基本理念，也构成违宪。对于夫妻一方不履行同居义务的法律后果，可认定为遗弃行为，构成离婚的原因。此外，我国婚姻法在规定夫妻同居义务时，还应规定夫妻同居义务之免除事由。如在异地工作、出差、身体健康不允许、事实分居或提起离婚诉讼后等。

法国、意大利、瑞士、日本等国民法都规定了夫妻有互相帮助的义

---

① 参见李志敏主编《比较家庭法》，北京大学出版社，1988，第103页。
② 《瑞士民法典》第175条，殷生根、王燕译，中国政法大学出版社，1999，第47~48页。
③ 王洪著：《婚姻家庭法热点问题研究》，重庆大学出版社，2000，第13页。
④ 《法国民法典》第242条，罗结珍译，中国法制出版社，1999，第80页；《瑞士民法典》第137－142条，殷生根、王燕译，中国政法大学出版社，1999，第39~40页；《日本民法典》第770条，王书江译，中国人民公安大学出版社，1999，第134页；英国1969年《离婚改革法》第1条，参见法学教材编辑部《离婚法教程》编写组《婚姻立法资料选编》，法律出版社，1983，第198页。

务,① 这对我国婚姻法有借鉴价值。夫妻是共同生活体,互为人生伴侣。夫妻在日常生活中的相互照顾、相互扶持是非常重要的。我国婚姻法应当规定,夫妻应当在婚姻共同生活中相互照顾、相互协助,相互给予精神上的支持和生活上的扶助。

四 配偶权和夫妻忠实义务

(一)"配偶权"争论

1. 配偶权的产生和演变

配偶权(consortium)的产生和演变有着特定的历史过程,依据维基百科对配偶权之失(loss of consortium)的词条解释,配偶权之失源于18世纪,意为"失去了她的协作与服务"(society and services),其最初用于家长(家父或丈夫)对妻子、孩子或奴仆享有物理意义上的完整权,如家父对在婚外追求自己女儿的男人的损害赔偿请求,家父的损失是女儿因与该男子交往而牺牲了家政服务。配偶权之失作为侵权法诉因,其或以独立诉因进入诉讼,或作为损害之一附和于其他诉因进入诉讼,指的是侵权者造成的损害构成对家庭关系利益的剥夺。夫权取代父权后,配偶权由丈夫一方独立行使,如依据1846年坎伯尔条例,他人对妻子人身造成损害时,丈夫可从配偶权之失的诉讼中获得赔偿,该损害赔偿不同于补偿性赔偿,当妻子因受侵害死亡时,丈夫赔偿请求权随之丧失。夫妻地位实现法律上的平等之后,配偶权被平等赋予夫妻双方。依据《牛津法律词典》的解释,配偶权是指一方配偶具有的请求另一方配偶陪伴、帮助和钟爱的权利,此前作为丈夫专享的配偶权之失诉权于1982年英国司法法令中被废除。②《布莱克法律词典》将配偶权定义为,一方配偶给予另一方配偶的协作、钟爱

---

① 《法国民法典》第212条,罗结珍译,中国法制出版社,1999,第72页;《瑞士民法典》第159条,殷生根、王燕译,中国政法大学出版社,1999,第44页;《意大利民法典》第143条,费安玲、丁玫译,中国政法大学出版社,1997,第51页;《日本民法典》第752条,王书江译,中国人民公安大学出版社,1999,第131页。

② Elizabeth A. Martin: *Oxford Dictionary of Law* (Newyork: Oxford University Press, 2002), p. 107.

和陪伴。① 而配偶权之失指的是配偶一方有权从另一方获得的包括配偶合作、救助、钟爱、性关系等利益的损失，配偶权之失可在"人身伤害"和"过失致死"的诉讼中从侵权行为人处获得损害赔偿。美国自 1950 年起开始承认妻子有权就过失侵害配偶权提起诉讼，如今美国有 48 个州及华盛顿哥伦比亚特区承认丈夫和妻子具有同等的提起配偶权损失之诉的权利。②

有关侵害配偶权的侵权行为有三种：一为离间夫妻感情；二为通奸；三为侵害配偶的人身。相应的诉讼是引诱之诉、通奸之诉和配偶权损失之诉。尽管有如上三个分类，但是普通法系国家并不将配偶权之失过多地进行分割，因为配偶权所涵盖的物质利益和精神利益事实上难以区分，当他人故意或过失侵害某一项夫妻关系时，物质和精神上的损失大都同时发生。

英国 1857 年颁布的《婚姻诉讼法》③ 第 59 条取消了原先的"通奸之诉"（action for criminal conversation），但保留了丈夫在离婚或别居诉讼中对与其妻子通奸的第三者要求赔偿的权利（一般称之为"action for damages for adultery"，即"通奸损害赔偿之诉"）。英国《1970 年法律改革（杂项规定）法令》（Law Reform ［Miscellaneous Provisions］ Act 1970）第 4 条明确规定，自该法生效后，任何人不得再以妻子通奸为由提起损害赔偿之诉。废除的理由是：该诉体现的是将妻子当作丈夫的财产；其过程将会鼓励当事人相互伤害对方的尊严，加剧夫妻双方的痛苦；另外，如果丈夫和妻子串通，此诉还方便了他们合谋对所谓通奸第三者进行敲诈。所谓损害赔偿的风险有助于抑制通奸行为的观点也是不可信的。④

近几十年，美国绝大多数州已废止夫妻对第三人以离间夫妻感情或通奸为由的一切诉权。目前只有个别州还保留着通奸之诉。⑤ 废除的理由不外

---

① Bryan A. Garner: *Black's law dictionary* (Eagan: Thomson West, 2004), p. 932.
② Bryan A. Garner: *Black's law dictionary* (Eagan: Thomson West, 2004), pp. 2768~2769.
③ 全称为《英格兰关于修改涉及离婚和婚姻诉讼法律的法令》(*An Act to Amend the Law Relating to Divorce and Matrimonial Causes in England*)。
④ "The English Law Commission Working Paper No. 9 (1967)", p. 128~132, 来源：http://www.worldlii.org/ew/o/other/EWLC/1967/c9.html, 最后访问日期：2014 年 1 月 5 日。
⑤ 至 2012 年，只有四个州（夏威夷、伊利诺斯、新墨西哥和北卡罗来纳州）还保留着通奸之诉。See Laura Belleau, "Farewell to Heart Balm Doctrines and the Tender Years Presumption", Hello to the Genderless Family, 24 Journal of the American Academy of Matrimonial Lawyers, 2012, p. 372, note 38.

乎防止利用这类诉讼敲诈和勒索或报复,为了人的体面和尊严;通奸行为很少出于刻意的计划安排,损害赔偿无助于对其进行抑制。实际上,废除这类诉权的根本的原因还在于,人权观念越来越多地被接受,配偶任何一方都是一个独立自主的人,谁都不是对方独享的财产。①

由于人权观念的加强,现代人身自由与性自由意识取代传统婚姻观占据上风。当代英美法上因侵害配偶权提出诉讼的主要就是配偶权损失之诉。近期的大部分判例确认夫妻双方有平等的配偶权,当夫妻一方受到第三人的伤害时,他方有权在损害赔偿之诉中一并要求赔偿"配偶权损失",即赔偿因无法享受受害配偶所尽义务而丧失的婚姻利益。美国法认为,如因他人的侵权行为导致配偶受伤害,则间接地造成另一方配偶权益的丧失,即配偶"服务损失"——配偶间有相互提供服务,包括扶助、伴随及性的义务,如果因为配偶一方受到第三方的侵害,则另一方有权依法提出损害赔偿。②

大陆法系国家在法律中从来没有明确规定过"配偶权",在这些国家,"配偶权"一词纯粹是一个学理上的概念。康德的配偶权理论③对后世的影响很大,不少学者追随康德,主张婚姻关系是一种权利而受法律保护④。在一夫一妻制的婚姻制度下,婚外性关系在任何时期都未因法律或道德的惩罚而绝迹,为了从法律上寻求对婚外性行为的制裁之道,配偶权理论作为一种法解释方法,在学说及判例中长期以来扮演着重要的角色。但是,近几十年来,西方国家在经历了"性革命"思潮之后,婚姻观念及两性结合模式的多元化,个人自由权及隐私权的日益重视,配偶权理论受到了空前

---

① W. Page Keeton et al. (eds.), *Prosser and Keeton on Torts* (*fifth edition*) (West Group, 2004), p. 930.
② 参见纪欣《美国家事法》,台北五南图书出版公司,2002,第87页。
③ 康德认为婚姻双方彼此的关系是平等的占有关系,婚姻主体彼此拥有两种权利,一是对人权,一是对物权。夫妻的对人权是指,婚姻为人格主体间的契约,人格主体在性方面互相有权请求对方履行某种作为或不作为义务,再透过此权利而对于他方的肉体加以占有、使用。夫妻的对物权,即夫妻相互具有物权的支配关系,基于这一支配关系而拥有的权利,即是可以排除第三人的独占的、排他的配偶权。从康德的婚姻理论可知,夫妻相互拥有排他的、独占的配偶权,与有配偶之人通奸,就是侵害被害配偶的排他的、独占的配偶权。参见林秀雄《婚姻家庭法之研究》,中国政法大学出版社,2001,第162~164页。
④ 王泽鉴:《民法学说与判例研究》(第一册),中国政法大学出版社,1998,第344页。

的挑战。从西方发达国家的发展趋势看,配偶权的适用范围正在逐渐从判例及学说上萎缩,甚至在一些国家已经被抛弃。①

大陆法系国家法律中夫妻身份关系用"夫妻的权利和义务""配偶的权利和义务""婚姻的效力"等表示。如德国当代民法区分"婚姻共同生活"和"婚姻财产法",其中前者包括共同生活的义务(同居、料理共同事务、共同使用家庭用具和住宅、辅佐、体谅、共同决定家庭事务等)、家务料理和从事职业、日常家事代理权、婚姻姓氏等,而后者的主要内容涉及婚姻在何种程度上构成一个"财产及财产管理"的共同体。② 夫妻忠实或性的权利义务为大陆法系婚姻法中的身份权内容之一,法国、意大利、瑞士民法规定了夫妻忠实义务。各国对夫妻忠实的内涵界定不尽一致,除了性的忠实外,部分国家还规定不得恶意遗弃配偶、不得牺牲、损害配偶他方的利益。③

2. 我国法律是否需要规定"配偶权"?

这个问题曾是 2001 年修订《婚姻法》前后讨论非常激烈的问题。我国学理上对配偶权有诸多不同的见解。广义说认为,配偶权是指配偶双方基于特定的配偶身份而享有的一切权利与义务。④ 狭义说认为,配偶权是指配偶双方基于特定的配偶身份而享有的人身权或身份权。⑤ 有人主张配偶权包括 15 种权利,有同居权、贞操请求权、感情联络权、生活互助权、离婚权、抚养权、财产管理权、日常家事代理权、监护权、收养子女权、住所商定权、行为能力欠缺宣告权、失踪宣告权、死亡宣告权、继承权。⑥ 另有人主张配偶权包括 7 项内容,夫妻姓氏权、住所决定权、同居义务、贞操义务、

---

① 参见林秀雄《婚姻家庭法之研究》,中国政法大学出版社,2001,第 168~170 页。
② 〔德〕迪特尔,施瓦布:《德国家庭法》,王葆莳译,法律出版社,2010,第 63~108 页。
③ 《法国民法典》第 212 条,罗结珍译,中国法制出版社,1999,第 72 页;《瑞士民法典》第 159 条,殷生根、王燕译,中国政法大学出版社,1999,第 44 页。
④ 夏吟兰等:《21 世纪婚姻家庭关系新规制——新婚姻法解说与研究》,中国检察出版社,2001,第 248 页、第 253~261 页;邵世星:《简论配偶权》,《广西政法管理干部学院学报》2000 年第 9 期;罗思荣:《论配偶权的性质和内容》,《黑龙江社会科学》2003 年第 5 期;张晖:《婚姻法修改再掀高潮》,《民主与法制》2000 年第 17 期。
⑤ 张俊浩主编《民法学原理》(第三版),中国政法大学出版社,2000,第 163 页、第 254 页;蒋月:《配偶身份权的内涵和类型界定》,《法商研究》1999 年第 4 期。
⑥ 张俊浩:《民法学原理》(第三版),中国政法大学出版社,2000,第 161 页。

职业、学习和社会活动自由权、日常事务代理权、相互抚养、扶助权。① 最狭义说认为，配偶权是指配偶双方基于特定的配偶身份而产生的同居的权利义务和忠实的权利义务。② 或认为配偶权是指基于合法婚姻关系而在夫妻双方之间发生的，由夫妻双方平等地专属享有对方陪伴生活、钟爱、帮助的基本身份权利。③

可见，我国学者所要表述的配偶权的内容几乎与夫妻权利义务相同。然而遗憾的是，当代英美法上配偶权并非指的是夫妻之间具有的实实在在的权利，配偶权的作用仅在于具有对外效力，即第三人侵害夫妻关系时，配偶另一方可利用该权利提起诉讼（配偶权损失之诉）。而我国婚姻法并无意往此方向发展，事实上，我国基本采用的是大陆法系夫妻身份权利义务制度的有关做法。鉴于此，笔者认为，不宜用"配偶权"这一概念指称夫妻之间的权利义务，或用配偶权特指夫妻忠实或性的权利与义务，以免在内涵和外延上引起混乱。

（二）夫妻忠实义务

外国法中的夫妻忠实义务，又称贞操义务，即专一的夫妻性生活义务。在古代社会，仅片面地要求妻子承担贞操义务。到近代社会，早期资本主义国家立法对贞操义务的要求，是对妻严，对夫宽。如1804年《法国民法典》第229、230条规定，夫得以妻与他人通奸为由诉请离婚，而妻只能以夫与他人通奸，并在婚姻住所姘居为由诉请离婚。随着男女平等原则的实行，现代一些外国法规定，夫妻互负忠实义务。④ 忠实义务不得强制履行，这是各国立法通例。违反夫妻忠实义务的行为在一些国家被视为离婚时的过错，可以请求离婚损害赔偿。⑤

---

① 杨立新：《人身权法论》，人民法院出版社，2006，第726页。
② 吴晓芹：《配偶权若干问题研究》，《广州大学学报》（社会科学版）2004年第6期。
③ 马强：《配偶权研究》，《法律适用》2000年第8期。
④ 《法国民法典》第212条，罗结珍译，中国法制出版社，1999，第72页；《瑞士民法典》第159条，殷生根、王燕译，中国政法大学出版社，1999，第44页；《意大利民法典》第143条，费安玲、丁玫译，中国政法大学出版社，1997，第51页。
⑤ 如《法国民法典》第266条规定，在因一方配偶单方过错而判处离婚的情况下，该一方对另一方配偶因婚姻解除而受到的物质上与精神上的损失，得负损害赔偿责任。《法国民法典》，罗结珍译，中国法制出版社，1999，第87页。

在近代立法史上，法国、意大利、瑞士、葡萄牙等国民法明定夫妻相互负有忠实义务。其他国家民法虽无明定夫妻有守贞的义务，但依民法规定配偶通奸为离婚原因之一，因此学说解释上多认为夫妻互负忠实义务。判例上亦认为夫妻一方违反此义务而与人通奸者，应负债务不履行的责任，他方配偶得对其请求损害赔偿。我国台湾地区民法并无夫妻忠实义务的规定，但学说上一致认为夫妻互负忠实义务，判例上亦多认为夫妻一方违反此义务而与他人通奸者，系侵害他方配偶的权利，故以侵权行为责任论之。①

关于相奸第三人的责任，近代各国民法虽无明文规定，但学说及实务上多以侵权责任论之。夫妻一方因他方配偶通奸而受财产上的损害时，得向相奸第三人请求赔偿，但受害配偶可否向相奸第三人请求精神上损害赔偿，则有肯定与否定二说。否定说的主要理由是：被害配偶可依民法之规定请求法院判决离婚，并可向通奸配偶请求离婚损害赔偿。为维护婚姻生活的圆满、安全及幸福，法律之保护已相当周密，不需在法律之外，另予精神损害赔偿。而且，民法规定精神损害赔偿仅限于身体、健康、名誉或自由等人格权被不法侵害时，始可请求。仅因通奸而请求相奸第三人给予精神损害赔偿，并无明文根据。肯定说却认为："在通常情形，与有配偶者通奸而造成财产上之损害，究属不多，纵或有之，赔偿数额亦甚微小，故若不使受害人请求相当之抚慰金，则加害人几可不负任何责任，非特不足保护被害人，对于公益亦有不利。"② 为了保护被害配偶的利益，肯定说者从不同的角度，来寻求被害配偶得对相奸第三人请求精神上损害赔偿的根据。至于被害配偶因通奸所受侵害的权利，究竟属于何种性质，有的认为是"夫妻共同生活之圆满安全及幸福之权利""基于配偶关系而生之身份法益"，有的认为是人格利益，还有的认为是名誉权。③

第二次世界大战以来，婚姻观念发生了巨大变化，夫妻应平等友爱，

---

① 詹森林：《第三人干扰婚姻关系之侵权责任——"台湾法"之经验及比较法之观察》，人大复印报刊资料《民商法学》，2013 年第 9 期，第 99~109 页。
② 王泽鉴：《民法学说与判例研究》（第一册），中国政法大学出版社，1998，第 376 页。
③ 参见王洪《婚姻家庭法热点问题研究》，重庆大学出版社，2000，第 26 页。林秀雄《婚姻家庭法之研究》，中国政法大学出版社，2001，第 148~155 页。詹森林《第三人干扰婚姻关系之侵权责任——"台湾法"之经验及比较法之观察》，人大复印报刊资料《民商法学》，2013 年第 9 期，第 99~109 页。

但不妨碍配偶个人的精神、经济自立和独立发展。人们对婚外性关系更加宽容，婚外性关系的道德舆论日渐淡化，惩罚成年人之间自愿发生性行为的法律逐渐被废止。世界上有不少国家的夫妻关系法发生了很大变化，很多国家不再规定夫妻忠实义务和违反忠实义务要承担法律责任。在实行无过错的破裂离婚主义的国家，通奸已不再作为一个离婚的理由，被吸收进婚姻关系无可挽回的破裂这一抽象的离婚理由之中。以通奸为由向干扰婚姻关系的第三人提出的法律诉讼也消失了。如英国《1970年法律改革（杂项规定）法令》（Law Reform [Miscellaneous Provisions] Act 1970），删除了因通奸所生的损害赔偿请求权，仅把一方与他人通奸规定为证明婚姻关系破裂的法定情形之一。① 美国司法实务上甚至认为要已婚者因与他人有自然的、自发的性关系而负责任，已非国家所关心之事。②

以瑞士法的发展为例，1998 年及之后的民法修订深受现代法治观念的影响，在离婚及别居制度方面采用了破裂主义，有关夫妻一方过错的条款相继废止。尽管《瑞士民法典》第 159 条依旧规定："夫妻互负忠实和扶助的义务"，但通奸、过错赔偿等条款相应删除。改革后的婚姻财产制度采用分别财产制与对家庭或配偶较多贡献的津贴补偿制，因而离婚或别居时的财产分割以及一方对另一方的财产利益补偿主要以照顾弱势方的生活为原则，一方的过错不再作为经济补偿请求权的理由。该制度变革体现出瑞士民法趋向于建构平等的、伙伴型的夫妻关系，对于夫妻忠实义务的实施则相对较为薄弱。

其他国家的态度也在发生变化。对于第三人侵害婚姻关系，有关被害配偶精神损害赔偿请求的立场，日本法的判例和学说有全面肯定说、限制肯定说、基本否定说和全面否定说，无论是判例的立场还是学说的立场，在大方向上都是从肯定说逐渐向限制说演变。③ 而德国等国家则给予否定，认为唯有在配偶一方配合下才会发生婚姻妨害，婚姻危机的原因总是来自

---

① "The English Law Commission Working Paper No. 9 (1967)", pp. 128 ~ 132, 来源：http://www.worldlii.org/ew/o/other/EWLC/1967/c9.html, 最后访问日期：2014 年 1 月 5 日。
② 参见林秀雄《婚姻家庭法之研究》，中国政法大学出版社，2001，第 168 ~ 170 页。
③ 解亘：《第三人干扰婚姻关系的民事责任——以日本法为素材》，人大复印报刊资料《民商法学》，2013 年第 9 期，第 88 ~ 98 页。

夫妻关系本身，所以其在本质上属于婚姻内部事件，不能将损害赔偿的责任转嫁给外部，从而其不适用侵权法的规定。① 依据持否定态度国家的观点，第三人的侵害不算侵害，配偶之间的侵害才是主要侵权事由。

我国现行婚姻法并未规定夫妻忠实义务，修改婚姻法时，是否有必要将其提升为法定义务，这是目前争议很大的问题。2001 年修订的《婚姻法》第 46 条规定了在离婚时配偶一方可向有婚外同居行为的另一方主张损害赔偿责任，但未涉及单纯的通奸行为。对通奸，《婚姻法》未作规定，2010 年实施的《侵权责任法》也未做出明确的规定。从司法实践来看，早在 2001 年《婚姻法》修正之前，就有支持配偶一方对另一方和第三者的精神损害赔偿请求的案例。② 但实践中，也存在否定配偶一方可向另一方和第三者主张精神损害赔偿责任的案例，③ 有学者在北大法宝和北大法意的司法案例数据库中，以全文中出现"通奸""性行为"或"性关系"，并且全文中出现"损害赔偿"或"不当得利"进行检索，得出相关案例。发现在通奸被告生下孩子的案件中，其配偶都获得了精神损害赔偿，反之，则法院不支持精神损害赔偿。④ 说明我国法院对单纯的通奸行为而引起的精神损害赔偿一般是不认同的。

对于单纯通奸行为的夫妻一方和第三者，笔者亦不赞成依据《侵权责任法》第 22 条追究其精神损害赔偿责任。对单纯通奸行为的干预，《婚姻法》所表达的克制态度应予尊重，避免因《侵权责任法》之适用而造成两部法律的冲突，以维护法律体系的价值观上的统一。⑤

我国婚姻法仍应继续倡导"夫妻应当互相忠实"，而不是确立"夫妻忠实义务"。具体制度构建，笔者认为德国的做法可供我国借鉴。德国联邦最高法院一贯认为，婚姻关系被第三人干扰时，被害之配偶纵然因此受有精

---

① 〔德〕迪特尔·施瓦布：《德国家庭法》，王葆莳译，法律出版社，2010，第 82～83 页。
② 例如，江苏省南京市六合县人民法院"（2000）六民初字第 731 号"案例，载国家法官学院、中国人民大学法学院编《中国审判案例要览》（2001 年民事审判案例卷），中国人民大学出版社，2002，第 1～4 页。
③ 例如，江西省赣州市中级人民法院"（2008）赣中民三终字第 314 号"案例，参见《受害配偶对第三人主张侵权赔偿欠缺法律依据》，载《人民司法·案例》2009 年第 22 期。
④ 孙维飞：《通奸与干扰婚姻关系之损害赔偿——以英美法为视角》，人大复印报刊资料《民商法学》，2013 年第 9 期。
⑤ 参见于晓《论干扰婚姻关系的侵害客体》，《山东社会科学》2011 年第 1 期。

神上之痛苦，仍然不得向加害之配偶及该第三人请求非财产上损害之金钱赔偿。在德国，婚姻的空间和内容领域受法律保护，侵害该领域会引起针对第三人的停止侵害请求权和侵权请求权。例如：妻子在外地参加培训，丈夫趁机将情人领到家中居住，不幸被提前回家的妻子撞破。妻子可以要求该情人离开婚姻住宅，也可以要求她将来不得进入该婚姻住宅。另外，妻子还可以从妨害共同占有权的角度提出赔偿请求。① 依据德国法院裁判及学者通说，第三人干扰他人之婚姻关系时，其婚姻关系应受尊重之权利被不法侵害，被害配偶得主张因此所生之财产上损害赔偿。比如，配偶之一方与第三人有婚外性行为或其他不正当之交往时，他方配偶为追查而支出必要之征信费用，得请求该第三人赔偿之。一方配偶如与第三人因性行为而怀胎生下子女者，他方配偶为该子女支出之扶养费用，或他方配偶提起否认婚生子女之诉而支出费用时，得请求该第三人赔偿之；至于该子女之生育费用，则得依不当得利规定请求第三人返还之。②

（三）夫妻忠诚协议的效力

我国近年出现的"夫妻忠诚协议"，是夫妻约定彼此忠诚，不发生婚外性行为，违反即予以赔偿的协议。最高人民法院关于适用《中华人民共和国婚姻法》若干问题的解释（三）（征求意见稿）第四条曾经规定了对"忠诚协议"纠纷的处理，③《婚姻法解释（三）》最终出台时删除了该条。但有关夫妻忠诚协议的效力问题的争议并没有停止。

关于协议的效力，有人认为无效，有人认为有效。④ 笔者认为，夫妻忠

---

① 〔德〕迪特尔·施瓦布著，王葆莳译：《德国家庭法》，法律出版社，2010，第76~83页。
② 詹森林：《第三人干扰婚姻关系之侵权责任——"台湾法"之经验及比较法之观察》，人大复印报刊资料《民商法学》，2013年第9期，第99~100页。
③ 最高人民法院关于适用《中华人民共和国婚姻法》若干问题的解释（三）（征求意见稿）第4条："夫妻一方以婚前或婚后双方所签订的相互忠实、违反予以赔偿的财产性协议主张权利的，人民法院不予受理；已经受理的，裁定驳回起诉。"
④ 王歌雅：《夫妻忠诚协议：价值认知与效力判断》，载夏吟兰等主编《婚姻家庭法前沿——聚焦司法解释》，社会科学文献出版社，2010，第34~48页。邵世星：《浅谈男女间忠诚协议的性质和效力》，载夏吟兰等主编《婚姻家庭法前沿——聚焦司法解释》，社会科学文献出版社，2010，第49~53页。张翼杰：《浅谈夫妻忠诚协议的效力》，载夏吟兰等主编《婚姻家庭法前沿——聚焦司法解释》，社会科学文献出版社，2010，第54~59页。吴晓芳：《当前婚姻家庭案件中的若干新情况新问题》，载《民事审判指导与参考》2007年第2集。

实义务目前还是一项道德义务。《婚姻法》第 4 条 "夫妻双方应当互相忠实，互相尊重"，只是一种倡导性规定，并非强制性义务。最高法院《婚姻法解释一》规定：当事人仅以婚姻法第四条为依据提起诉讼的，人民法院不予受理。当事人自然会转而寻求契约的救济方式。夫妻忠诚协议是双方在平等自愿的基础上用合同方式约定忠实义务后，通过追究对方违约责任来实现救济的。夫妻忠诚协议为广义的民事契约。夫妻忠诚协议符合我国民法及合同法中"合同"之含义，但由于涉及身份关系，所以并不由现行《合同法》来调整。不能因为身份协议不适用合同法就否认它具有"合同"的本质特点。① 笔者认为，应当有限制的承认忠诚协议的效力。

判断忠诚协议的效力时应考虑，当事人是否具有相应的行为能力，意思表示是否真实，以及内容是否违反法律或者公序良俗。无民事行为能力人和限制民事行为能力人订立的忠诚协议无效；一方以欺诈、胁迫手段或者乘人之危，使对方在违背真实意愿情况下签订的协议无效；违反法律或者公序良俗的忠诚协议亦无效。

对忠诚协议的效力审查，要考虑对夫妻基本人权的保护。如人身自由、人格尊严不受侵犯、通信秘密权等。如有的夫妻忠诚协议约定："每晚十二点之前必须回家""女方有权随时检查男方手机""不许提离婚，谁先提出离婚，谁就净身出户。"等，类似的协议均因限制法律所保护的公民基本人权而归于无效。

符合公序良俗是忠诚协议效力认定的重要标准。凡危害家庭关系的协议应属无效，有违性道德的协议亦无效。前者如断绝亲子关系协议、免除夫妻互相扶养义务协议；后者如夫妻允许配偶包二奶协议，对婚外同居情人的赠与协议等。

对忠诚协议的效力审查，还要考虑对第三人利益的保护，防止协议侵害到第三人的利益。比如，忠诚协议中若把一方丧失分割共同财产的权利作为违约责任，则可能影响到该方对债权人的清偿能力。若把"父母由其自行赡养"或"子女由其自行抚养"作为违约责任，也可能会侵害父母、子女等第三人享受亲属扶养的权益。此类忠诚协议是违反法律或者公序良俗的。

---

① 参见王利明《民法》，中国人民大学出版社，2008，第 431 页。

我国现行法律规定的离婚损害赔偿仅限于重婚、有配偶者与他人同居的情形，不包括一般通奸情形。而且笔者也不主张婚姻法将"夫妻应当互相忠实"的倡导变为"夫妻互负忠实义务"，并对一般通奸行为给予处罚。但是夫妻在平等自愿的情况下约定相互忠实、违反予以赔偿，可视为意思自治范畴内的财产处分协议，或一种附条件的对夫妻财产关系的约定。通过有限认可协议的效力，对受害方进行一定的补偿和慰藉，对违法者进行惩罚，体现了公平正义的价值，并有助于树立公民健康文明的婚姻观。也许有人会滥用忠诚协议，无过错方为得到协议约定的高额财产，可能会不择手段查找对方出轨证据而侵害他人隐私，故司法实践中对夫妻忠诚协议效力的认定应当特别谨慎，部分忠诚协议的效力是完全被否定的，部分忠诚协议在严格审查下是可以认定有效的。

鉴于对忠诚协议的认识还存在诸多争议，各地法院尚难以形成统一的审判标准。① 笔者认为，在这个问题上短期内还不具备立法的条件，以不写进婚姻法为宜。

五 夫妻就业权、家庭事务管理权

某些外国法有夫妻就业权的规定，例如瑞士民法规定，夫妻双方均有权选择其从事的职业或事业。夫妻一方在选择和从事其职业和事业时，应充分顾及另一方和婚姻共同生活之幸福。②

我国婚姻法的相关规定超越了夫妻就业权，实为人身自由权。新中国成立后，1950 年《婚姻法》第 9 条规定："夫妻双方均有选择职业，参加工作和参加社会活动的自由。"1980 年《婚姻法》第 11 条进一步规定："夫妻双方都有参加生产、工作、学习和社会活动的自由，一方不得对他方加以限制或干涉。"该条就其针对性而言，主要是为了保障已婚妇女享有参加

---

① 例如，上海市高级人民法院在《上海高院民一庭民事法律适用问答选登（二）》中认为"夫妻忠诚协议"无效；2007 年 2 月 25 日，安徽省高院法官在安徽法院网《法官热线》栏目解答"夫妻忠诚协议书是否有效"，该院法官认为"夫妻忠诚协议"有效。
② 《瑞士民法典》第 167 条，殷生根、王燕译，中国政法大学出版社，1999，第 46 页。

生产、工作、学习和社会活动的自由权利，禁止丈夫限制或干涉妻子的人身自由。

许多国家的法律都规定了夫妻共享家庭事务管理权。如法国民法规定，夫妻双方应共同负责保证家庭道德与物质方面的事务管理，负责子女的教育并安排子女的未来。① 瑞士民法规定，夫妻双方应共同照顾子女和家庭，双方均应维护婚姻共同生活幸福。夫妻双方应就各方为共同生活应做出的贡献达成一致意见，尤其是在关于金钱的支付、家务的料理、子女的照料或协助他方从事职业或经营事业方面。②

对于家庭事务，夫妻双方原则上均有同等的管理权、负同等的管理义务。基于对当事人意思自治的尊重，法律也允许夫妻另行约定，这是合情合理的。但是，如果婚姻生活中出现特殊情形，如夫妻一方不能表达意思或夫妻难以达成一致呢？为此，法国除了在夫妻共同享有家庭事务管理权这一原则性规定之外，另行规定了特殊情形下家庭事务的管理权：如果夫妻一方处于不能表达意志之状态或家庭利益证明其拒绝同意属于不正确行为时，另一方经法院批准后可以单独进行本应经对方协助或同意的法律行为。③ 法国的这一立法值得借鉴。

管理家庭事务、从事家务劳动是一种经济活动，人力资本是一种稀缺性资源，当某人把人力资本投入到家庭中时，必然就失去了将该人力资本投入到其他方面的机会，因而也就意味着失去了本来可以将人力资本投入到其他方面所取得的利益。因此，绝不可以无视管理家庭事务、从事家务劳动对家庭以及对夫妻双方的经济价值。

在当代中国，随着妇女就业水平的提高，传统家庭中"男主外，女主内"的社会分工模式发生了一些变化，但在中国广大地区的多数家庭中，依然不同程度地保留着传统的男女分工模式，而且认同"男主外、女主内"等观点的男女两性比例均有所回升。④ 为了推行男女共同管理家庭事务尤其

---

① 《法国民法典》第213、217条，罗结珍译，中国法制出版社，1999，第72~73页。
② 《瑞士民法典》第159、163、175条，殷生根、王燕译，中国政法大学出版社，1999，第44~45页、第47~48页。
③ 《法国民法典》第213、217条，罗结珍译，中国法制出版社，1999，第72~73页。
④ 参见全国妇联、国家统计局《第三期中国妇女社会地位调查主要数据报告》，2011年10月。

是夫妻共同承担家务劳动的立法政策,我国应在婚姻法中明确增加"夫妻应共同管理家庭事务、共同承担家务劳动"的倡导性条款,以逐渐改变关于劳动分工的传统社会性别观念。也为离婚时,从事家务一方当事人就自己对家庭所做的贡献要求一定的经济补偿,提供法律依据。

中国妇女曾经拥有世界罕见的高就业率,1990 年为 83.7%[①],经过经济结构调整中的显著下降,目前中国妇女就业率为 74%[②],仍远高于世界平均水平。高就业率与社会主义对妇女社会参与的重视有关,妇女应该外出就业,至今仍是主流妇女发展观的鲜明态度,它在 20 世纪末、21 世纪初成功阻击了一波又一波"妇女回家论"。[③] 妇女得到与男性一样的生产劳动机会与经济自主权,一直被政府和妇联作为妇女解放的重要条件运用到社会主义革命和建设中。但是,法律与政策在赋予女性公领域权利的同时却没有对男性应该承担的私领域义务做出制度安排,这使得女性的双重负担在实质上越来越重,而社会与家庭地位却不一定明显提高。

向市场经济过渡本质上会对妇女产生负面影响,目前,我国由于公共服务的减少、照顾孩子或老人公共护理的减少以及女性就业不稳定性不断增加的压力,家政和护理服务主要还是由家庭里的女性完成的,如果不采取特殊措施,日益老龄化和流动的社会将会给中国妇女带来更重的负担。[④] "夫妻应共同管理家庭事务、共同承担家务劳动",迄今为止更多是一种提倡;而且这种提倡并不等于同意妇女固守或返回私领域。就业率始终是衡量妇女社会地位的重要标准,在中国,妇女高就业率不仅是社会主义难得留存的遗产,也是妇女克服种种家庭和社会阻碍的毅力与能力的结果,或许是妇女权利特别需要坚守的一座阵地。是回到私领域还是留在公领域,妇女和男性一样有自由选择的权力。无论是私领域还是公领域,国家要做的是赋予妇女和男性平等的权利和义务。

---

① 1990 年人口普查。
② 2010 年世界经济论坛:《全球性别差距报告》。
③ 参见彭珮云主编《中国特色社会主义妇女理论与实践》,人民出版社,2013,第 66~68 页。
④ 参见 2013 年 12 月 24 日女声网《联合国歧视妇女问题工作组访华侧录》,http://www.genderwatch.cn:801/detail.jsp?fid=303325&cnID=90050,最后访问日期:2014 年 1 月 8 日。

鉴于我国婚姻法和外国法的立法经验和妇女从业的必要性，有必要继续坚持《婚姻法》第9条的规定："夫妻双方均有选择职业，参加工作和参加社会活动的自由。"同时，主张夫妻平等的家庭事务管理权和承认家务劳动价值的目的，是避免妇女就业率低于男性、家务劳动负担重于男性的事实导致对妇女贡献的低评价。这种主张与要求保障妇女就业权、鼓励妇女社会参与的诉求，可谓提高妇女地位的双重战略，或者说，是同时在公私两领域中的展开的斗争：一方面提高仍在私领域中的妇女的地位，另一方面要求妇女更多进入公领域。①

六 夫妻日常家事代理权

夫妻日常家事代理权，指夫妻因日常家庭事务与第三人为一定法律行为时互为代理的权利。被代理方须对代理方从事日常家事行为所产生的债务，承担连带责任。外国法几乎均规定，在日常家事范围内，夫妻双方互为代理人。②

我国婚姻法引入日常家事代理权制度非常必要。

第一，日常家事代理权制度作为一种代理制度，扩张了夫妻双方的意思自治，使夫妻双方在日常家务的处理中不必事必躬亲，从而突破了夫妻双方个人时间、精力上的局限性，满足了夫妻双方处理日趋复杂化、多样化的社会事务和家庭事务的需求。随着我国社会主义市场经济的发展完善，社会和家庭事务日趋繁杂，人们的生活节奏也逐渐加快，夫妻双方对于家庭事务的处理愈来愈追求快捷、便利和安全，我国现行婚姻法要求夫

---

① 参见彭珮云主编《中国特色社会主义妇女理论与实践》，人民出版社，2013，第84~86页。
② 参见《法国民法典》第220条，罗结珍译，中国法制出版社，1999，第74页；《德国民法典》第1357条，郑冲、贾红梅译，法律出版社，1999，第301~302页；《瑞士民法典》第166、174条，殷生根、王燕译，中国政法大学出版社，1999，第45、47页；《日本民法典》第761条，王书江译，中国人民公安大学出版社，1999，第132页；1970年英国《婚姻诉讼和婚姻财产法》第41条第（1）款，参见《英国婚姻诉讼法》，丁保庆译，载任国钧等选编《外国婚姻家庭法资料选编》，中国政法大学民法教研室1984年版，第49页；Harry. D. Krause：Family Law，法律出版社，1999，第111~113页。

妻双方共同处理财产的规定已经难以满足社会生活的实际需要。日常家事代理权制度确立了夫妻双方在处理日常家庭事务中互享代理权的准则，使夫妻双方在日常家事的范围内，仅凭个人的意愿即可做出决定，从而便利了夫妻生活，提高了夫妻双方处理家庭事务的效率，符合我国社会的发展趋势。

第二，日常家事代理权制度保护第三人利益，维护交易安全，满足了我国市场经济发展的需要。婚姻家庭中的财产关系，由于和人身关系密不可分，具有很大的隐秘性和模糊性，易损害交易第三人的利益。日常家事代理权制度确定了在日常家事范围内夫妻的法定代理权和连带责任，也就为交易中第三方的利益的保护提供了切实的法律依据。

我国婚姻法应当为夫妻处理家庭事务确立这样的原则：夫妻处理共同财产，对于重大事务必须夫妻双方共同协商，达成协议方可进行，对于日常家事则可由一方行使法定代理权，以便利日常生活。

日常家事代理权的行使一般认为以日常家事为限。日常家事指夫妻双方及他们共同的未成年子女日常共同生活所必要的事项。通常包括购买家用食物、能源、衣着、正当的保健、娱乐、医疗、子女的教育、保姆的雇佣、亲友之馈赠、报纸杂志的订购等。夫妻的社会地位、职业、资产、收入以及该共同生活所在地的风俗习惯对确定日常家事的范围均有影响。① 德国民法典规定的家务权限，不以日常家事为范围，而以"为满足家庭生活需求的事务"为范围，较之日常家事范围有所扩大。② 租赁房屋、贷款本不属于日常家事范围，因生活需要，而纳入权限之内。此家务权限似乎更加符合日常家事代理权之立法宗旨。③

对于日常家事的范围，我国婚姻法不宜作过于具体的规定，由于日常家事的范围因各地区客观条件的不同而存在差异，并因时间的推移而发生改变，在这一问题上赋予法官一定限度的自由裁量权，是明智之举。日常家事代理权的行使无须以本人的名义，只要在日常家事的范围内，就应当

---

① 参见马忆南、杨朝《日常家事代理权研究》，《法学家》2000年第4期。
② 《德国民法典》1357条，郑冲、贾红梅译，法律出版社，1999，第301~302页。
③ 参见马忆南、杨朝《日常家事代理权研究》，《法学家》2000年第4期。

推定夫妻一方的行为为代表夫妻双方所为的行为。对于夫妻一方因不堪行使日常家事代理权而对权利的滥用行为，夫妻另一方得予以限制，但不得对抗善意第三人。①

七 夫妻生育权

为了贯彻计划生育基本国策，我国《婚姻法》第12条规定："夫妻双方都有实行计划生育的义务"。强调实行计划生育是夫妻双方的职责，夫妻任何一方都不得拒绝履行该项义务。自1992年《妇女权益保障法》颁行，实行计划生育也被视为夫妻双方的法定权利。夫妻双方也有不生育的自由，任何人包括丈夫不得强迫或干涉。随着我国近年计划生育政策的调整，从"双独"政策到"单独"政策的推行，计划生育政策的侧重点已经发生变化。笔者认为我国《婚姻法》第12条应当确认夫妻有平等的生育权，并将重点放在行使生育权的冲突的解决上。

妻子"擅自堕胎"，丈夫以生育权被侵犯为由诉至法院要求赔偿的案例在今天的生活中越来越多，不仅法院的判决不一，学界对此问题的认识也争议颇大。最高人民法院《婚姻法解释（三）》专门对此作了规定。② 笔者认为，可以将《婚姻法解释（三）》第9条的内容写进婚姻法。

结 语

各国夫妻人身权利义务的发展虽有个别性，更有共通性。不仅于形态上有相似之处，在立法原则和实质内容上，也形成了三个共同基调：第一是男女平等，推动夫妻关系从形式上的平等到实质上的平等，确立夫妻

---

① 参见〔日〕我妻荣、有泉亨著《日本民法·亲属法》夏玉芝译，工商出版社，1996，第66页。史尚宽：《亲属法论》，中国政法大学出版社，2000，第314~315页。
② 最高人民法院《关于适用〈中华人民共和国婚姻法〉若干问题的解释（三）》第9条：夫以妻擅自中止妊娠侵犯其生育权为由请求损害赔偿的，人民法院不予支持；夫妻双方因是否生育发生纠纷，致使感情已破裂，一方请求离婚的，人民法院经调解无效，应依照婚姻法第32条第三款第（五）项的规定处理。

"有相同的权利和义务"的原则;第二是反对任何形式的对妇女的歧视,鼓励妇女在外就业发展独立自主的精神,同时重视妇女以管理家庭事务、从事家务劳动为家庭所做的牺牲与贡献,以保护妻子的利益;第三是维护婚姻共同生活,促进夫妻在两性平等基础上,婚姻家庭共同生活的和谐和美满。我国婚姻法对夫妻人身权利义务的规定尚有一些空白和不足,应在坚持以上三个基调之上进一步完善。

论我国现行离婚制度的修改与完善

王礼仁[*]

【内容摘要】 我国婚姻法关于离婚标准的设计，无论是立法模式，还是内容设置都需要修改。如离婚标准例示主义立法模式中的例示情形设置不科学，用语不准确，将其作为绝对离婚条件在司法实践中难以贯彻执行。同时，还有一些需要补充完善的内容，如离婚请求权的消灭、结婚与离婚之间的间隔时间、离婚无效、女性遭受家庭暴力的特别诉讼管辖等，特别是离婚无效制度亟待完善。我国婚姻法没有离婚无效和撤销的相关规定，这不仅使司法中许多涉及离婚有效与无效的婚姻案件难以处理，而且从立法体系上考察也是一个缺陷。

【关 键 词】 离婚制度　　离婚标准　　离婚无效　　立法修改完善

随着民法典制定工作的启动，婚姻法的修改将再次列入立法日程。为了配合修改婚姻法的需要，笔者就离婚制度的修改与完善问题，提出几点

---

[*] 王礼仁，男，湖北省宜昌市人，宜昌市中级人民法院三级高级法官，长期从事婚姻审判，主要研究方向：婚姻实体法与程序法。

管见，以供立法参考。

我国婚姻法关于离婚制度的设计，无论是离婚标准的立法模式，还是内容设置上都存在严重缺陷，需要修改和完善。同时，还有一些应当规定的内容，婚姻法却没有规定，也亟待补充完善。现行立法中关于离婚标准等内容的规定，存在诸多缺陷，其中问题最大的就是例示主义立法模式中的例示情形设置不科学，用语不准确，将其作为绝对离婚条件在司法实践中难以贯彻执行。而婚姻法应当规定而没有规定的内容也很多，如离婚请求权的消灭、结婚与离婚之间的间隔时间、离婚无效、女性遭受家庭暴力的特别诉讼管辖等，都是需要补充规定的内容，特别是离婚无效制度亟待完善。我国婚姻法只有结婚无效和撤销的规定，没有离婚无效和撤销的规定，这不仅使司法实践中的许多涉及离婚有效与无效的婚姻案件难以处理，而且，从立法体系上考察，有结婚无效，就可能有离婚无效，没有离婚无效制度是一个缺陷。

一　婚姻法第 32 条例示主义立法模式应当修改完善

（一）第 32 条离婚立法模式中的最大亮点和真正进步

在民法理论中，是否将"夫妻感情破裂"修改为"婚姻破裂"，一直存在争议。[①] 2001 年修订后的婚姻法第 32 条第 2 款继续坚持影响婚姻寿命的真正"基因"是"夫妻感情"的价值理念，保留了"夫妻感情确已破裂"的离婚标准，并在第 3 款列举了四类常见性、多发性的具体离婚原因，作为夫妻感情确已破裂判决准予离婚的例证。与此同时，在同条第 4 款又规定："一方被宣告失踪，另一方提出离婚诉讼的，应准予离婚"，作为感情破裂离婚标准的例外情形。这种立法模式从技术上科学地解决了因夫妻感情破裂引起的离婚与非感情因素引起的离婚两者之间的互补关系，有效地化解了"夫妻感情确已破裂"能否成为离婚标准的难题。尽管非感情因素的规

[①] 王礼仁：《离婚标准不能动摇——"夫妻感情破裂离婚标准"保卫战第一枪》，北大法律信息网，http://article.chinalawinfo.com/ArticleHtml/Article_31510.shtml#m1，最后访问日期：2015 年 8 月 15 日。

定可能还不够全面和完善，但它开了先河，是一种成功的立法范式。这是离婚立法上最大的亮点之一，也是一个真正的进步。

首先，保留"夫妻感情确已破裂"的离婚标准具有科学性。原因很简单，不是婚姻决定婚姻，而是夫妻感情决定婚姻。"夫妻感情"是影响婚姻寿命的真正"基因"。婚姻关系或夫妻关系是一种静态的法律关系，只存在解除或消灭，不存在好与坏或破裂与不破裂问题。至少在同一个婚姻制度下，婚姻关系的内容都是一样的，没有好坏之别。通常所说的婚姻关系好与坏，只不过是夫妻感情好与坏的代名词。同样，通常所说的婚姻关系破裂，也是夫妻感情破裂的代名词。婚姻关系或夫妻关系的内容是法定的，婚姻关系或夫妻关系的产生和消灭也是法定的，非经法定程序不可能发生变化。而夫妻感情则不同，它是一种人之情感，是人与人之间的一种动态关系，始终处于发展、变化之中。这种发展、变化，既能够使婚姻双方关系稳固、持久，也可以使婚姻双方关系恶化，失去了存续的基石。当夫妻感情荡然无存，恩断义绝，双方不堪同居时，婚姻关系或夫妻关系的存在，就只是一个外壳。在这种情况下，就应当解除婚姻关系或夫妻关系。因而，左右婚姻或夫妻关系的不是婚姻关系或夫妻关系本身，而是夫妻感情。

其次，在肯定夫妻感情破裂是引起离婚主要基因的同时，并没有忽视个别非感情因素引起离婚的例外现象。这种立法模式，既保留了传统的法律精髓和人们的普遍认知，避免因修法造成人们对离婚标准的误解，又克服了立法技术上的缺陷。这一点值得肯定和坚守。

（二）第 32 条例示主义立法模式的缺陷与完善

2001 年修改后的婚姻法，在离婚标准上由 1980 年所采取的抽象离婚标准立法模式，修改为例示主义立法模式。在一定意义上有其好处，但这种模式及其内容，是否属于最好的模式，能否达到预期效果，仍有许多值得反思的地方。

有关婚姻法第 32 条中例示主义立法模式的缺陷问题，笔者曾专门著文作过讨论，[①] 在此不再详述。这里只简要介绍现行婚姻法中例示主义立法存

---

① 王礼仁：《是进步还是倒退？——对我国离婚标准中例示主义立法模式的效果分析》，《法律适用》2005 年第 10 期。

在的主要问题。第一，例示对离婚判决的指导意义不大。婚姻法规定的例示情形，在司法实践中适用的比例不到 10%。第二，例示情形并不是夫妻感情破裂的必然例证，即有些例示情形，并不能证明夫妻感情确已破裂。第三，例示作为绝对离婚理由，在司法实践中难以贯彻。这就是即使出现例示中的夫妻感情破裂的情形，但在某些特定情况下，也难以判决离婚，而由于法律没有弹性的相对条款，导致法官做出"违法"判决。第四，例示容易诱发要求离婚的当事人，为了达到离婚目的而实施例示情形。例示中的离婚情形，没有界定是过错方的离婚理由，还是无过错方的离婚理由。从而诱发有些当事人为了离婚而实施过错，甚至请"第三者"出庭作证帮助自己离婚的现象。①

出现上述问题的原因主要有两个：第一，例示情形的选定不准确或不典型，如同居、暴力、虐待、遗弃等，没有任何限制，不区分过错方与受害方，不区分情节轻重，只要具有例示情形，调解无效，就应当判决离婚，这是不科学的。第二，例示主义模式固有的缺陷。即抽象概括的离婚标准，与具体的例示事由不能完全等同，两者之间的矛盾不可调和。例示情形在某些具体婚姻中可以成为抽象离婚标准的例证，只是一种偶然现象，婚姻的个性差异，决定了例示情形永远也不可能在所有具体婚姻中都是抽象离婚标准的例证。比如，同是家庭暴力，有的轻轻一耳光，则足以造成夫妻感情彻底破裂的离婚结果；有的拳打脚踢，甚至多次施暴，也未必能引起离婚。能否引起离婚的事由关键取决于婚姻个体的婚姻价值观、人格个性、文化素养、家庭出身背景等诸多因素。这就如同病人，一样的病，不一定是一样的结果；一样的病，不一定用一样的药，需要根据病人的个体身体素质等综合因素而决定。婚姻更是如此。夫妻感情是否破裂，不可能有一个绝对相同的事由，应当由法官去给每一个个体婚姻把脉，针对具体情形进行诊断。从一定意义上讲，有一个夫妻感情破裂的抽象离婚标准即足矣，不宜规定共同的离婚事由。只要夫妻感情破裂，法官就可以准予离婚。因而，先前的婚姻法规定夫妻感情确已破裂的抽象离婚标准与目前的例示主义离婚标准相比，前者应当是最好的离婚标准。

---

① 《为了离婚，请"第三者"作证》，《人民法院报》2005 年 1 月 25 日。

解决婚姻法例示主义立法缺陷的途径主要有两条：一是摒弃例示主义立法模式，回归 1980 年立法模式。二是对现行例示主义立法模式进行修改完善。从长远的发展来看，笔者个人更倾向摒弃例示主义立法模式，其具体理由笔者曾经有过论述。① 但从现实来看，例示主义立法模式实施时间不长，马上废弃可能存在困难，采取修补的方式可能会赢得更多的人支持。

二 婚姻法第 32 条其他方面应当修改的内容

婚姻法第 32 条除了离婚标准采取例示主义并不科学外，还在其他方面存在立法缺陷，需要修改和完善。这主要表现在：

（一）婚姻法第 32 条的规定容易使人对离婚标准产生误解

我国婚姻法第 32 条第 2 款规定："如感情确已破裂，调解无效，应准予离婚。"上述规定，容易使人们产生这样一种误解：离婚界限比过去放宽了，只要夫妻一方坚持离婚，法院就得判离，另一方不同意离婚也不行。

（二）婚姻法第 32 条第 2 款容易产生适用法律上的分歧

婚姻法第 32 条第 2 款只规定："感情确已破裂，调解无效，应准予离婚。"没有规定"感情尚未破裂，调解无效"，应如何处理。对于判决不准离婚的案件，在司法实践中的适用法律上，容易产生困惑或分歧，许多基层法院经常询问，判决不准离婚应当适用哪一个法律条文。

（三）婚姻法第 32 条使用"家庭暴力"和"家庭成员"用语不准

婚姻法第 32 条第 3 款第（二）项中"实施家庭暴力或虐待、遗弃家庭成员"的规定，其中使用"家庭暴力"和"家庭成员"用语不准，使实施侵权者与受害者范围宽泛，容易造成司法中的理解和混乱。应修改为："夫妻一方对他方实施暴力、虐待、恶意遗弃"，把家庭暴力限定在夫妻之间。作为离婚原因的家庭暴力等，应当是"夫妻一方对他方"的暴力，不宜使

---

① 王礼仁：《是进步还是倒退？——对我国离婚标准中例示主义立法模式的效果分析》，《法律适用》2005 年第 10 期。

用"家庭"或"家庭成员"之类词语。因为配偶对其他家庭成员实施暴力或虐待等，并不一定导致夫妻感情破裂。

（四）婚姻法第 32 条对于因一方过错引起的法定离婚事由，不区分侵权者与受害者，弊端多

婚姻法第 32 条第 3 款规定的法定离婚情形有："重婚或有配偶者与他人同居"；"实施家庭暴力或虐待、遗弃家庭成员"；"有赌博、吸毒等恶习屡教不改"，等等。该条款的规定，可以使人产生这样的理解：侵权者和被害者都可以将上述情形作为感情破裂的法定原因起诉离婚。这样，就容易鼓励人们先制造法定离婚过错，然后到法院起诉离婚。实践中，不仅有请"第三者"出庭作证帮助自己离婚的现象，甚至还有"想离婚就打老婆"等怪象。在外国民法或婚姻法中，对于上述因一方过错引起的离婚，明确规定"他方得请求离婚"，而我国婚姻法没有这样规定。因而，应当修改为："他方可以请求离婚"。

（五）婚姻法第 32 条所列举的离婚事由作为绝对离婚原因，不科学

如前所述，我们不主张例示主义离婚标准，除了例示主义离婚标准本身的固有缺陷外，婚姻法第 32 条所列举的离婚事由也不准确。修改的途径有两个：一是改例示主义离婚标准为抽象的离婚标准。二是修改例示事由，并增加弹性条款。如暴力或虐待等作为离婚事由，应增加"不堪同居"等情节要求。

三 婚姻法第 32 条应当增加完善的内容

婚姻法第 32 条不仅存在一些立法技术上的缺陷，在内容上也需要进一步完善。

（一）增加弹性条款

从判决离婚标准的法律效力看，离婚法定标准的立法模式，可以分为绝对离婚理由主义和相对离婚理由主义（或称绝对离婚理由与相对离婚理由）。所谓绝对离婚理由，又叫绝对离婚原因，即只要当事人举证证明婚姻关系的现状符合法定离婚标准，法官不再有裁量权，必须作出离婚的判决。所谓相对离婚理由，又叫相对离婚原因，指当事人的婚姻状态虽然被确认符合法定离婚标准，但是否准予离婚，还须考虑与婚姻相关的其他情况具体把握，因而并不当然地可以或必须判决离婚，法官依然有裁量权，在一定情形下法官可以不判决离婚。

从我国的法律规定看，所采取的是绝对离婚理由主义，具有四种法定离婚情形，调解无效就应当判决离婚，没有弹性或余地。但在现实生活中，有些婚姻虽然具备法定离婚情形，但如果具有某种非常特殊情形，也并非都可以立即判决离婚。在司法实践中，这种规定难以全面贯彻执行。因而，建议增加苛酷条款（又称困难条款），以增加法律适用上的弹性。苛酷条款，就是在特殊情况下，即使有法定离婚理由，也可以适用苛酷弹性条款，限制离婚。目前，有许多国家的离婚法，都对离婚采取必要的限制性规定，立苛酷条款。如日本、德国、英国、澳大利亚、法国等，都有限制离婚规定或苛酷条款。如日本民法典第 770 条第 1 款列举了 5 项离婚事由（第 5 项系抽象离婚事由），但该条第 2 款规定："虽有前款第（1）至第（4）项事由，而法院考虑有关情事，认为继续婚姻为相当时，可以驳回离婚请求。"该条第二款就是苛酷弹性条款。

那么，我国在没有回归抽象主义立法模式，而继续实行例示主义立法模式的情况下，应当借鉴外国立法，设立苛酷条款。这样，对那些虽有法定离婚事由，而法院考虑有关情事，认为有继续婚姻为必要时，可以驳回离婚请求。

（二）设立离婚请求权的消灭原因

在一个离婚案件中，当事人于 2001 年遭受家庭暴力，到 2012 年却还以此作为法定离婚理由诉讼。有的甚至把更早的家庭暴力或与他人同居等法定情形作为离婚的法定理由。这就涉及离婚请求权消灭原因的规制问题。

离婚请求权消灭原因，有基于自然事实者，也有基于法定原因者，前者例如夫妻一方死亡，后者因各国立法不同而有不同。从各国的立法来看，大致有如下几种：同意、宥恕、离婚请求权的抛弃及除斥期已过。也就是说，离婚当事人，在离婚原因上存在同意、宥恕、离婚请求权的抛弃及除斥期已过等情形，则离婚请求权消灭，不得再根据此离婚原因提出离婚。我国婚姻法规定了"与他人同居""家庭暴力""虐待、遗弃"等为法定离婚理由，但对于离婚原因事实的发生到离婚诉讼之间没有时间限制，即没有规定除斥期间。除斥期间，指可起诉的期间。在一些国家和地区的民法中，对此有专门规定。瑞士民法第 137 条（2）规定：配偶一方与他人通奸，"自有诉讼权利的配偶知悉离婚原因之日起，逾 6 个月，无论何种情形，自发生通奸之日起，逾 5 年，因时效而消灭"。瑞士民法第 138 条（1）规定，"配偶一方危害他方的生命、严重虐待他方或对他方的名誉造成严重损害的，他方可以诉请离婚"。（2）规定"前款的诉讼权利，自受伤害配偶的一方，知悉离婚原因之日起，逾 6 个月，无论何种情形，自发生离婚原因之日起，逾 5 年，因时效而消灭。"① 秘鲁家庭法第 252 条规定，受害人以第 247 条 1、2、3、4、9 款为由，在知道事实发生 6 个月以后，无权提出离婚诉请；在作为离婚依据的事实发生后超过 5 个月者，无权提出离婚诉请。② 我国台湾地区"民法"第 1053 条规定："对于前条第 1 款、第 2 款之情事，有请求权之一方，于事前同意或事后宥恕，或知悉后已逾 6 个月，或自其情事发生后已逾 2 年者，不得请求离婚。"第 1054 条规定："对于第 1052 条第 6 款及第 10 款之情事，有请求权之一方，自知悉后已逾 1 年，或自其情事发生后已逾 5 年者，不得请求离婚。"澳门民法典第 1641 条（诉权之失效）规定："一，离婚请求权，自夫妻中受害方或其法定代理人知悉可作为请求离婚理由之事实起计 3 年后失效。二，上述之除斥期间应就每一事实分别计算；如属连续性之事实，则该期间仅自事实终止时起计。"

在一些国家和地区规定的离婚诉讼权消灭的原因中，不仅有除斥期间，还有同意、宥恕（宽恕）、离婚请求权的抛弃。所谓"同意"，指在行为发生前或发生时，有允许其为某种行为的意思表示，如允许对方通奸。"宥恕"指在行为发生后，对于其行为之责任有不予追究的感情表示。"离婚权的抛弃"指有离婚请求权的一方对已发生的离婚请求权有抛弃或不主张的

---

① 《瑞士民法典》，殷生根、王燕译，中国政法大学出版社，1999，第 39 页。
② 王竹青、魏小莉编著《亲属法比较研究》，中国人民公安大学出版社，2004，第 286~287 页。

意思表示。法国民法典第 243 条规定，在配偶一方被判处《刑法典》第 131－1 条所指刑罚之一时，[①] 另一方配偶得请求离婚。而第 244 条规定，自发生上述事实以后，如夫妻双方已经达成和解，不得再行援用此等相同事实作为请求离婚的理由。

对于同意或宽恕对方过错，是否产生阻却离婚的效力，我国法律没有规定。我认为，对于同意、放纵或宥恕他人过错的，不能以该过错提起离婚。对于事前同意或放纵他人为某种行为，然后又以该行为作为离婚的理由，显然是陷人于不义。因而当事人不能再以此作为离婚的理由。对于事后宽恕或抛弃离婚权的，根据诚实信用和意思自治原则，对当事人也应当具有法律约束力，即不得再以过错方的过错行为作为法定离婚的理由。

我国应当借鉴外国立法经验，规定："有离婚请求权之一方，于事前同意或事后宥恕、抛弃离婚请求权，或知悉后已逾 6 个月，或自其情事发生后已逾 2 年者，不得请求离婚。"

需要说明的是，离婚请求权消灭原因的规定，只是针对诉讼离婚而言的，对当事人双方协议登记离婚则不适用。

四 设立离婚与结婚之间的间隔时间限制

第一是规定结婚达到一定期限后才能提出离婚；第二是规定提出离婚后需要经过一定考虑等待期限后才能颁发离婚证件。

目前离婚率持续增高，其中一个重要原因，就是没有离婚与结婚之间的时间限制规定，如有的当天结婚，当天离婚。甚至一个月内结婚、离婚三四次。可以说，离婚简单导致草率结婚，草率结婚又必然导致离婚增多，两者相互作用，恶性循环。因为人们认为现在离婚非常简单，没有任何限制，可以随结随离，没有必要考虑那么认真。如果适当增加离婚的难度，限定结婚后没有达到一定期限不得提出离婚，就可以促使人们会更加慎重地对待婚姻。否则，将不可能立即离婚，也不可能有当天结婚当天离婚或 1

[①] 《法国刑法典》第 131－1 条所指刑罚是无期徒刑和长期徒刑。见《法国刑法典》，罗结珍译，中国人民公安大学出版社，1995，第 11 页。

个月内数次结婚、离婚的现象发生。至于规定一方提起离婚请求后,不达到一定期限不准离婚,则是要求在一方提出离婚后,要经过一定考虑等待期限,这样可以防止一时赌气离婚、草率离婚的发生。

一些国家和地区的法律规定,结婚不到一定期限不得提出离婚。提出离婚后需要有1个月(或更长)的等待期限,等待期限届满后,双方仍坚持离婚、夫妻感情破裂的,才能办理离婚。如《英国家庭法》第7条(6)规定:"若以申请离婚为目的,则在结婚未满1年时做出的声明无效"。《澳门民法典》第1630条规定:"结婚逾1年之夫妻,方能声请两愿离婚"。《香港婚姻诉讼条例》第12条(1)规定:"除第(2)款另有规定外,从结婚之日起3年内(以下简称"指定期限"),不得向法院提起离婚申请"。第12条(2)规定:"如果申请人的境况非常困难,或被告人行为极端恶劣,法院在接获请求时,可以以此为理由,批准在指定期限内提出离婚申请"。[①]《法国民法典》第230条规定:"夫妻双方在结婚后6个月内,不得相互同意离婚"。[②]

我国以前的婚姻登记条例,也曾规定在1个月的时间办完离婚登记。据此,建议我国婚姻法规定,结婚未满1年者,不得提出离婚;提出离婚请求后,要有不少于1个月的等待期限。

五 设立离婚诉讼特殊管辖制度

由于我国现有诉讼制度规定的是原告就被告的诉讼管辖原则,但当女性当事人被拐卖与他人结婚、被强迫与他人结婚后逃离,或者在正常婚姻关系中被暴力、被虐待后,被迫逃离结婚地而回娘家或寄居他处,她怎么敢回到被告所在地起诉离婚或申请宣告婚姻无效或撤销婚姻呢?此外,还有的男女两地分居,或者男方长期在外打工或经营期间,与婚外异性同居或重婚,女方没有能力到外地诉讼或搜集证据。[③] 像这类情况,如果都要原

[①] 见《香港实用民事经济法律选编》,第557页。
[②] 《法国民法典》罗结珍译,中国法制出版社,2000,第7~81页。
[③] 《最高人民法院关于适用〈中华人民共和国民事诉讼法〉若干问题的意见》第12条规定:"夫妻双方离开所在地超过一年,一方起诉离婚的案件,由被告经常居住地人民法院管辖"。现在有不少夫妻双方离开所在地超过一年。

告（女方）到被告（男方）所在地起诉，或者由原告承担举证责任，原告只能放弃离婚诉讼。因而，应当规定女性离婚（包括申请宣告婚姻无效）特殊管辖，对于上述特殊情形，由女性选择有利于自己诉讼的法院起诉。

离婚诉讼管辖，本应是民事诉讼法设置的内容，但在民事诉讼法没有规定的情况下，可以先在婚姻法中予以规定，作为民事诉讼法的特别法，将来在修改民事诉讼法时，再纳入民事诉讼法典。同时，在婚姻法中规定婚姻诉讼的内容，也未尝不可。在外国的亲属法中，往往规定有诉讼内容。我国现行婚姻法中实际上也有涉及诉讼的内容。

六 设立离婚无效制度

离婚无效，是指因违反法定离婚要件，而不产生离婚法律效力。不产生离婚法律效力，就是不具有解除婚姻关系的效果，婚姻关系依然存在。离婚一旦被确认无效，则原婚姻关系自然恢复。我国婚姻法只有关于结婚无效和撤销的规定，没有离婚无效和撤销的规定，这是立法上的严重缺失。

（一）是否设立离婚无效制度的理论之争

值得注意的是，是否设立离婚无效制度，理论上尚有不同看法。笔者早在《婚姻诉讼前沿理论与审判实务》一书中就主张设立离婚无效制度，[①] 吴国平教授也主张应当完善离婚无效制度。[②] 但丁慧教授在最近发表的文章中，对笔者的观点提出不同看法，她认为离婚不存在无效问题，反对设立离婚无效制度。[③]

在我看来，丁慧教授主张不存在离婚无效或不能设立离婚无效制度的观点，值得商榷，其所主张的理由存在三大问题。

[①] 王礼仁：《婚姻诉讼前沿理论与审判实务》，人民法院出版社，2009，第549页。
[②] 吴国平：《我国登记离婚程序的缺陷与立法完善》，《上海政法学院学报》2011年5期。
[③] 丁慧：《身份行为效力判定的法律基准——在身份法理念和身份法规范之间》，《法学杂志》2015年第2期。

1. 丁慧教授观点的理论基础错误。丁慧教授认为不能设立离婚无效或可撤销的理论基础主要是"身份行为不存在效力待定问题"和"身份行为具有确定性和既定性"。据此认为，离婚不存在无效或可撤销。可见，丁慧教授是把离婚无效或撤销作为效力待定看待。

但实际上，离婚无效或撤销离婚，则是否认原来的离婚效力，并非效力待定。因而，丁慧教授的理论基础错误。

2. 丁慧教授的观点，在理论上前后矛盾。丁慧教授认为结婚存在无效或可撤销，可以设立结婚无效或撤销制度。但她反对设立离婚无效或撤销，两者理论互相矛盾。

实际上，结婚与离婚都是身份行为，离婚无效或撤销与结婚无效或撤销的法律性质完全相同，如果认为无效或撤销适用于结婚，又为什么不适用于离婚呢？结婚存在无效或撤销，而离婚不存在无效或撤销，前后理论岂不是相互矛盾？

3. 丁慧教授混淆了离婚无效或撤销与离婚再审的界限。丁慧教授以民事诉讼法第202条离婚案件不得再审作为不能设立离婚无效的根据之一，则是混淆了离婚无效或撤销与离婚诉讼案件再审的界限。

先不说离婚诉讼案件是否可以再审，仅就两者的对象和性质考察，则完全不同。其一，离婚再审的对象是法院的判决或调解离婚，而离婚无效或撤销的审理对象虽然在理论上不排除法院判决或调解离婚案件，但主要是针对婚姻登记机关的登记离婚而言。其二，离婚再审的审查范围主要是实体法，即离婚标准适用正确与否。而离婚无效或撤销的审理范围主要是程序问题，即离婚登记是否存在无效或撤销的程序性违法的情形。其三，判断标准不同，离婚再审的判断标准主要是夫妻感情是否破裂，应否判决离婚。离婚无效或撤销的判断标准是离婚是否存在法定无效或撤销的违法情形。其四，救济手段不同。诉讼离婚后不再审，当事人如果感情没有破裂，可以通过私力解决，即可以再登记复婚。但离婚无效或撤销只能依靠公权力救济，即只有依靠司法权确认，当事人自己不能确定离婚有效与无效。

（二）设立离婚无效制度在理论上没有障碍

设立"离婚无效或撤销"没有理论障碍，这是不可置疑的。从各国和地区的立法看，设立离婚无效制度的立法大致有如下几种模式：

1. 在民法典中规定离婚无效准用结婚无效，即比照结婚无效的规定处理离婚无效。如日本民法即是。

2. 在人事诉讼法或家事诉讼法中设立"婚姻存在或不存在之诉"，将离婚无效涵盖其中。如德国、法国等即是。

3. 我国台湾地区关于离婚无效或撤销离婚的立法与司法大致是这样：

（1）从立法上看，在原来的民事诉讼法中的人事诉讼法编设立婚姻成立与不成立（适用离婚成立与不成立），在最近的家事事件法中规定"婚姻存在或不存在之诉"，该规定适用于离婚无效。

（2）从司法上看，对离婚无效的司法判例有两种处理方式：一是当事人对于两愿离婚是否无效或得撤销有争议时，可以提起"两愿离婚无效之诉"或"撤销两愿离婚之诉"。二是当事人可以提起"确认婚姻成立之诉"或"确认婚姻不成立之诉"，以确认婚姻关系是否因离婚而消灭。或者提起确认婚姻存在或不存在之诉，以确认婚姻关系是否因离婚而存在。

此外，在台湾民法理论上，陈棋炎、黄宗乐、郭振恭、高凤仙、戴炎辉、戴东雄、史尚宽等众多知名学者均有关于离婚无效的论述，离婚无效在理论上根本不存在障碍。对此，无须赘述。

（三）在我国实践中存在"离婚无效或撤销"的客观事实

离婚无效或撤销不仅在理论上没有障碍，在司法实践中也很普遍。

1. 每年都有一定数量的"离婚无效或撤销"的行政判决。这是一个众所周知、不可否认的客观事实。

2. 笔者收集的"离婚无效或撤销"的判例达上百件，涉及离婚有效与无效的情形多达几十种。

3. 对无民事行为能力人协议登记离婚、被胁迫离婚、虚假离婚等诸多情形，是否属于离婚无效或可撤销，尽管还有不同看法，存在争议。但对他人冒名登记离婚和冒名诉讼离婚，认为其离婚无效，在理论上并无争议。实践中也判决了大量冒名登记离婚和冒名诉讼离婚无效的案例。如引起法学界广泛关注的江苏靖江市的殷福娣"被离婚"案，就是最好的例证。还有2014年海南二中院通过行政诉讼撤销了吴某和孙某的离婚登记;① 2015 年江西省贵溪市人民法院在行政诉讼中判决撤销民政局颁发给王某和王凯的离婚证;② 2015 年 10 月福建省永安市人民法院撤销被告永安市民政局为原告欧阳燕及第三人赵关伍办理的离婚证;③ 2016 年,又有媒体报道,西安市判决撤销了未央区民政局为无行为能力人颁发的离婚证书;④ 等等。

可见,"离婚无效或撤销"是司法判例的常态,根本不存在能不能规定或撤销问题,只涉及如何规范问题。

(四) 离婚无效或撤销亟待规范的主要内容

由于我国缺乏离婚无效制度,目前关于离婚无效的司法判断十分混乱,亟待规范。如何规范"离婚无效或撤销",主要涉及如下问题。

1. "离婚无效或撤销"能否通过行政程序解决?即"离婚无效或撤销"是继续在行政法体系中处理,还是回归民法体系解决?

2. "离婚无效或撤销"的范围如何确定?即哪些情形属于无效或撤销,哪些情形不属于无效或撤销?

3. "离婚无效或撤销"的除斥期间如何设定?

鉴于这些问题,笔者在《婚姻诉讼前沿理论与审判实务》一书和《反婚姻诉讼分裂法》⑤ 中有论述,在此不再赘述。

---

① 《法院撤销离婚证》,http://news.ifeng.com/a/20140514/40291655_0.shtml,最后访问日期:2015 年 8 月 15 日。

② 《妻精神病发病期离婚被法院判决撤销离婚证书》,http://court.gmw.cn/html/article/201503/09/174572.shtml,最后访问日期:2015 年 12 月 15 日。

③ 《欧阳燕诉永安市民政局及第三人赵关伍婚姻登记管理一审行政判决书》,http://open-law.cn/judgement/f8f6308332f54e53ac6eb430e9ac2ed6http://www.lawxp.com/case/c17401791.html,最后访问日期:2015 年 2 月 15 日。

④ 《女子被办理离婚手续告赢民政》,http://news.sina.cn/share.d.html?docID=fxqh-fvp0921567&wm=3200&from=newsapp,最后访问日期:2015 年 3 月 15 日。

⑤ 参见王礼仁《婚姻诉讼前沿理论与审判实务》,人民法院出版社,2009,第 512~553 页。王礼仁:《反婚姻诉讼分裂法》(上、中、下),北京法学法律网,http://www.pkulaw.cn/fulltext_form.aspx?Gid=335623656,最后访问日期:2015 年 2 月 15 日。

2016年卷 总第12卷
家事法研究
RESEARCHES ON FAMILY LAW

防治家庭暴力研讨

直击家庭暴力处罚
——对李彦案的反思

王勤芳　林晓雪[*]

【内容摘要】李彦因家暴杀夫被一、二审法院判处死刑，再审改判死刑缓期二年执行。一案历时五年，一波三折，引人思考。人们需要正确认识家庭暴力犯罪对人权侵犯的严重性，同时必须加大司法惩罚力度。李彦案的改判虽不尽如人意，但由死刑到死缓也是反家暴战役的初步胜利。

【关　键　词】李彦案　　受虐妇女综合征　　权利平等　　董珊珊案

在我国，随着近日李彦案由死刑改判死刑缓期二年执行的判决出台，关于家庭暴力的话题，再次引发人们广泛关注。杀夫、烹尸，这一血淋淋的场面再次震撼了人们，看到这个案件的每一个人都发挥着尽可能的想象空间，恐怖的画面让人感到不寒而栗。再加上这一波三折历时长达五年之久的判决：2011年8月一审判处死刑、2012年底二审判处死刑、2015年4

---

[*] 王勤芳，女，中国社会科学院民商法专业硕士，福建省集美大学法学院/学报编辑部，教授/主任。主要研究方向：民商法学、婚姻家庭法。林晓雪，女，福建厦门人，清华大学学生。

月重审判处死刑缓期二年执行,所有这些都引发了人们无尽的想象与思考,甚至连一些并不关注家庭暴力问题的专家学者们也纷纷加入到这一问题的争论与探讨之中。在这一过程中,大致有两种观点:其一,李彦应该被判处死刑。我国自古就有"杀人偿命"之说。李彦的犯罪后果严重、手段特别残忍,她不但杀害了丈夫,还实施了分割、烹煮的行为,手段之残忍令人发指,对这一恶意剥夺他人生命的行为必须严惩,应该判处死刑立即执行,正如一、二审法院所做的判决。其二,李彦杀人缘出有因,是因为长期遭受家庭暴力愤而杀夫,不应当处以那么重的刑罚。笔者赞同第二种观点。当然不论出于什么样的原因,任何人都无权非法剥夺他人生命,杀人者必须承担法律责任,但对于家庭暴力的受害者承担的责任不应判处死刑,应当减轻处罚。

一 家庭暴力现象在我国的认知

理论上,我国法律对家庭暴力现象的关注由来已久。1949 年中华人民共和国成立后,1950 年《中华人民共和国婚姻法》第 13 条规定,父母子女"双方均不得虐待或遗弃""溺婴或其他类似的犯罪行为,严加禁止"。1982 年《中华人民共和国宪法》第 49 条第 1 款规定,"婚姻、家庭、母亲和儿童受国家保护",第 4 款规定"禁止虐待老人、妇女和儿童"。1996 年《老年人权益保障法》第 4 条规定,"禁止歧视、侮辱、虐待或者遗弃老年人"。可以说,我国法律关注家庭暴力问题由来已久。

"家庭暴力"作为法律概念进入中国大陆地区,应该是 20 世纪 80 年代末,随后中国立法加快了干预家庭暴力的进程。2001 年婚姻法首次明文"禁止家庭暴力"。从此,《婚姻法》《妇女权益保障法》《未成年人保护法》《治安管理处罚法》《刑法》特别是我国《宪法》第 33 条第 3 款规定"国家尊重和保障人权",连同第 49 条规定,是我国制定反家庭暴力法的宪法依据。在此前提下,家庭暴力作为违法犯罪行为,在现行法律体系中得以确立,反家庭暴力的价值观开始普及。最高人民法院中国应用法学研究所于 2008 年 3 月颁布《涉及家庭暴力婚姻案件审理指南》;2014 年 11 月 25

日《反家庭暴力法（征求意见稿）》向社会公布；2015年3月4日最高人民法院、最高人民检察院、公安部、司法部《关于依法办理家庭暴力犯罪案件的意见》，具体指导涉家暴案件的刑事处罚问题。这一系列的立法行为表明：反对家庭暴力行为已经成为全社会的共识。

实务中"清官难断家务事"在人们头脑中仍占据重要地位。在许多人的观念中仍将夫妻间的家庭暴力问题当作家务事，存在不愿意管、不及时管，再加上没有强有力的措施保障，如妇联、街道、社区只能进行劝说、劝诫，公安等强制机关因为夫妻这种特殊的身份关系，对于正在发生的伤害也很少会及时跟踪，导致家庭暴力的施暴者愈加猖狂，受害者求助无门。2009年10月家暴受害者董珊珊及家人曾先后八次向警方报告其丈夫的暴力行为，曾提起过离婚诉讼，她本人也曾经离开亲人独自在外租房躲藏，但所有这些努力都未能挽救她的生命，最后她还是死在其丈夫拳打脚踢的暴力之下。其死亡后尸检认定死亡原因为"被他人打伤后继发感染，致多脏器功能衰竭死亡"。在这一案件中，如果前期的救助无论哪一个环节能真正发挥作用，这可悲的结果或许是可以避免的。

二 加强相关国家机关对家庭暴力的认识，加大对接案不理行为的责任

研究发现，家庭暴力案件的受害者多是在求助无门的情况下，采取以暴制暴的手段来实行自卫，并且愤而杀夫后，面对血淋淋的场面她们不害怕也不选择逃避，而通常是感到从所未有的轻松，然后去选择自首。温柔是女性的本能与天性，那么是什么让这些手无缚鸡之力的柔弱女子变得如此冷酷与残忍？

这让我们不得不联想到来自西方国家的一个词语"受虐妇女综合征"。受虐妇女综合征原来是一个社会心理学名词。在北美成为一个法律概念是在20世纪70年代末80年代初。它在法律上被用来指长期受丈夫或男友暴力虐待的妇女表现出的一种特殊行为模式。受虐妇女长期遭受暴力后，在心理上就会处于瘫痪状态，她们从无数次的挨打中"认识"到，她们无力阻止丈夫或男友对她们实施的暴力。每一次来自丈夫或同居男友的暴力，

都使她们更清楚地"认识到"自己的无助。久而久之，她们在这种心理状态下变得越来越被动，越来越顺从，也越来越无助了。但这种痛苦累积到一定程度，在某个适当的场合就会爆发出来。受虐妇女的愤而杀夫就是此种情况的体现。

我们必须使人们意识到：受家庭暴力愤而杀人的行为与一般的故意杀人行为不同，虽然结果都是人被杀害，但从行为人的角度而言，受暴人在一怒之间实施暴力后，她们通常不会再去实施其他暴力行为，不会再危害其他人，也就是说，这种行为社会危害性是不大的。从侵权行为理论来说，如果侵权行为的发生，受害人也有过错的，要相应减轻加害人的责任。家庭暴力大多是发生在夫妻之间，但我们不能因为这种夫妻身份而包容甚至纵容了各种暴力行为的存在。夫妻同样是没有血缘关系相互独立的两个个体，夫妻间的暴力行为与两个毫不相干的人之间的暴力行为没有差别。但现实中，虽然经过多年努力，人们对家庭暴力的现象开始说"不"，但在具体操作上各机关、团体、各部门对家庭暴力的容忍还是客观上纵容了家庭暴力甚至使得暴力侵害愈加严重。杀夫前两个月，李彦找过社区干部、派出所、妇联，如果其中有一个部门出面干涉，最后的结果都可能不会出现。很多受虐妇女选择妇联、社区等投诉，但由于相关部门没有执法权只能采取说服教育方式，这对于受害人来说往往招来更为严重的侵害。对于到公安、派出所的报警，由于是家务事，相关机关在处理此类问题与处理一般侵害行为的态度也有所不同，对侵害人处理态度上有所暧昧，手段不坚决果断，这同样会助长加害人的气焰，一些严重暴力恶性案件，正是在这样一个环境下无奈地发生了。

在李彦案审理过程中，我们同样看到了公检法机关的纠结：在恐惧、无助、无奈与激愤状态下李彦在暂住地以火药枪枪管击打其丈夫头部致其死亡，以菜刀将其丈夫分尸，将头部以高压锅煮烂砍碎，将部分尸块装袋带出分次抛弃。从这一过程看，属手段特别残忍，杀人情节如此恶劣，依照惯例最高人民法院一般会核准死刑。不过，2013年底，最高人民法院顶住巨大压力做出不予核准死刑并发回重审的决定，最主要的理由是：被害人谭勇对李彦长期实施家庭暴力。

学界认为当事人李彦被核准死刑，是社会和法律缺乏对家庭暴力受害者有效救济途径的悲剧,也是司法缺乏对法律精神和对公民生命权充分尊重造成的悲剧。①

李彦的弟弟李德准说:"如果她被判执行枪决了,对这个社会也是一种悲伤。"②

上百名律师、学者、NGO工作者和社会各界人士共同公开签署呼吁书:对李彦因反抗家暴而杀人一案,紧急呼吁最高人民法院"刀下留人"。③总部在伦敦的著名国际人权组织大赦国际发起了拯救李彦的紧急行动:"告诉中国,不要处死家暴受害者"。该组织认为,如果权力机关曾保护李彦,那悲剧就可能不会发生,李彦的受暴投诉没有得到认真对待;两审法院均未充分考虑李彦持续受虐的证据。该组织表示无意要求原谅李彦的罪行,但反对判她死刑。④

国际特赦组织中国研究员倪伟平指出,李彦案突出了中国加大努力保障妇女权益的必要性,重审李彦案时必须考虑到此前审判中被忽略,死者长期虐待被告人的事实。⑤

三 权利面前人人平等

"这样的法庭情景实属罕见:审判席两边,各有一位警察手持微型冲锋枪。……"

"即使已经全副武装,当日的法庭仍然还是一片混乱。……"

"来自资阳市中级人民法院的审判长特意抬高声音,以盖过旁听席上的喧闹,勉强宣读了判决结果。……"

---

① 《因家暴杀夫被核准学界联名呼吁"刀下留人"》,财新网,http://china.caixin.com/2013-01-25/100486590.html,最后访问日期:2015年6月15日。
② 《受家暴夫妇女李彦之弟详谈案情:别杀她》,网易女人,http://lady.163.com/13/0220/14/8O5PUC4H002626I3.html,最后访问日期:2015年3月7日。
③ 《因家暴杀夫被核准学界联名呼吁"刀下留人"》,财新网,http://china.caixin.com/2013-01-25/100486590.html,最后访问日期:2015年7月20日。
④ 《李彦因家暴杀夫分尸案宣判:死刑改判死缓》,成都全搜索新闻网,http://news.chengdu.cn/2015/0424/1683666_2.shtml,最后访问日期:2015年7月10日。
⑤ 《自卫妻子李彦被判死刑,我国法律是笑话吗》,http://club.kdnet.net/dispbbs.asp?boardid=1&id=10370969,2015-5-6,最后访问日期:2015年7月12日。

"两位为李彦作过证的证人都向南方周末记者确认,遭到过谭勇家属的报复。……"

"一位是李彦的邻居,事发后不久就搬了家。但新家曾在一天夜里被人破门而入,被子被扔到了门前的河里,'没看清是什么人'。在一次上街时他遇到谭勇的妹妹,被当街辱骂。……"

"另一位是李彦的朋友,此案原审二审过去旁听时遭到殴打,到派出所拍照并做了笔录。……"①

以上是摘自网上的关于李彦案的庭审情况。

这一案件之所以拖了五年之久,事实上最重要的一个原因就是李彦丈夫的家属情绪激动:辱骂律师、咆哮法庭、威胁证人、打骂记者、扰乱法庭秩序。以至于该案直到最高人民法院、最高人民检察院、公安部、司法部《关于依法办理家庭暴力犯罪案件的意见》出台后,等到被害人家属情绪稍微平复,最高人民法院才宣布不予核准死刑。高级人民法院在中级人民法院开庭重审,由中级人民法院到基层法院代为宣判。法院让律师协助维稳,因太危险还劝记者别采访。②

法律是追求公正和正义的,法律是保障每个人合法权益的。但多年来在一些国人的头脑中仍存在"会叫的孩子有奶吃"的观念,在征地拆迁补偿中不常常有这样的情况吗?老实本分按要求及时签订拆迁协议的得到补偿反而少,那些一直不拆迁并不断闹事的人则会获得更高的利益,在这些人的逻辑里不管有无权利,一哭二闹三上吊,只要没达到预期目标就不罢休,事实上很多情况下,他们通过这种方式取得了想要得到的利益。难道公正、正义是靠暴力取得的?在李彦案中,这样的情形再次上演,李彦因家庭暴力行为导致其杀死施暴人——其丈夫,施暴人的家属仍然在通过暴力的行为维护着自私的权利。

在这里,每个人都在叫嚷着权利保护,的确法律是保护每个人权利的,但法律保护的是每个人的合法权利,一个权利只有建立在合法基础上,才

---

① 任重远:《家暴阴影下的妇女权益保护未能完全翻转的李彦案》,南方周末,http://www.mala.cn/thread-11950168-1-1.html,最后访问日期:2015年7月10日。

② 任重远:《家暴阴影下的妇女权益保护未能完全翻转的李彦案》,南方周末,http://www.mala.cn/thread-11950168-1-1.html,最后访问日期:2015年7月10日。

可能受到法律保护。李彦丈夫的家属们为了自己所谓的权利辱骂律师、咆哮法庭、威胁证人、打骂记者、扰乱法庭秩序，极尽可能地践踏他人的权利，似乎只有他们才有权利。查士丁尼说："法律的基本原则是：为人诚实，不损害他人，给予每个人他应得的部分。"事实上法律给予每个人的是他应得的部分，法律保护的也是他应得而没有得到的，漠视他人权利的自私权利是不可能得到法律保护的。

权利面前人人平等，法院为了达到这一目标，不断变换审理、宣判地点可谓用心良苦，确实不易，但李彦丈夫家人的嚣张仅仅是其家人蛮横强势的结果吗？恐怕未必全是。这还与长期以来整个社会对家庭暴力现象的认知程度有关。李彦丈夫的家人不过是那些漠视家庭暴力受害人合法权利的一个缩影而已。对于这样一些肆意践踏他人权利的人，法院等公权力机关除了临时维稳之外，是不是应该还有更好的处理方法？

四 一样家暴，两种判决

董珊珊案：董珊珊，26 岁，北京人，2008 年下半年结婚。2009 年 10 月因家暴去世。从 2009 年 3 月开始她第一次向家人和警察披露婚后经常遭到丈夫的殴打。其后几个月间，她及家人曾先后八次向警方报告其夫的暴力行为，曾提起过离婚诉讼，也曾经离开亲人独自在外租房躲藏，但所有这些努力都未能挽救她的生命。2009 年 8 月 5 日董珊珊再次被殴打，并于 8 月 14 日住院治疗，两个月后去世，尸检认定死亡原因为"被他人打伤后继发感染，致多脏器功能衰竭死亡"。

值得一提的是：董珊珊就生活在北京，曾多次报警，由于其丈夫没有得到任何惩罚只是被教育，最后酿成恶果。更加糟糕的是：其夫本来以故意伤害罪被捕，最高可判死刑，后来检察院却改为虐待罪，最高刑期只有 7 年，他被判 6 年零 6 个月，这是对施暴致人死亡者的从轻治罪，而且此人还被提前释放，现又娶妻结婚。法律对家暴施暴者的姑息与从轻，鼓励了施暴者的施暴。而这次李彦的以暴抗暴同样是故意伤害罪，而且法院认定李彦杀夫是由丈夫家暴所致，本可按故意杀人罪中的从轻原则处理，结果却是判了死刑。网友感叹唏嘘：家暴杀妻判 6 年，反家暴杀夫判死刑，法情法理何在?①

按我国现行法律的规定，各个部门都有预防和制止家庭暴力的责任，但在董珊珊和李彦案中，各个部门对接警的家庭暴力处置的结果却是如此得虚无缥缈，而这种虚幻打碎了家暴受害人最后的幻想，生前令受害者深陷恐惧和无力，无法从暴力中逃脱，死后连迟到的正义都成奢侈。

是什么原因导致同样是家庭暴力受害者，忍受了家庭暴力被打死，侵害人犯了虐待罪；受害人不忍受反抗了则构成故意杀人罪，被判了死刑，这是一种怎样的逻辑！对家庭暴力必须实行与陌生人之间犯罪同样的惩罚标准，这是对女性人权最基本的保障。

李彦案历时五年，虽然已经画上了句号，但对死缓的最终结果，却是各方均不满意。李彦的辩护律师万淼焱一度认为，改判有期徒刑的可能性最大。被害人家属则在法庭上高喊着"抗议""不服"，久久不肯离去。看来，法院最终做出的有利于维稳的判决并没有达到预期效果。

五 反家暴，利剑出鞘

2014 年 11 月 25 日，《中华人民共和国反家庭暴力法（征求意见稿）》开始向社会公开征求意见。它是我国第一部综合性反家庭暴力方面的法律，从整体上构建起了我国反家庭暴力的组织架构、预防机制和处置措施，为家暴受害者撑起一片天空。

2015 年 3 月 4 日最高人民法院、最高人民检察院、公安部、司法部联合出台了《关于依法办理家庭暴力犯罪案件的意见》，其中关于家庭暴力的规定体现在第 19、20 条，内容如下。

19. 准确认定对家庭暴力的正当防卫。为了使本人或者他人的人身权利免受不法侵害，对正在进行的家庭暴力采取制止行为，只要符合刑法规定的条件，就应当依法认定为正当防卫，不负刑事责任。防卫行为造成施暴

---

① 张红萍：《千呼万唤："反家庭暴力法"出台》，http://blog.sina.com.cn/s/blog_510e6dbb0102vkgc.html，最后访问日期：2015 年 7 月 12 日。

人重伤、死亡，且明显超过必要限度，属于防卫过当，应当负刑事责任，但是应当减轻或者免除处罚。

20. 充分考虑案件中的防卫因素和过错责任。对于长期遭受家庭暴力后，在激愤、恐惧状态下为了防止再次遭受家庭暴力，或者为了摆脱家庭暴力而故意杀害、伤害施暴人，被告人的行为具有防卫因素，施暴人在案件起因上具有明显过错或者直接责任的，可以酌情从宽处罚。

2016年3月1日《反家庭暴力法》正式生效实施。

我们终于看到：反家暴，政府在行动。逝去的不可能再复生，但愿今后同样的悲剧不再上演！

对受暴妇女以暴制暴犯罪的法律思考

于晓丽[*]

【内容摘要】 在受暴妇女以暴制暴犯罪中,由于受到中国传统观念的束缚,受暴妇女得不到社会正式系统及非正式系统的支持与帮助,在后期走投无路的情况下,发生了以暴制暴犯罪。本文将分析受暴妇女以暴制暴的原因,并述明我国当前对受暴妇女以暴制暴犯罪的定罪量刑的现状。其中,对引起广泛关注的量刑进行深入分析,包括对正当防卫、受虐妇女综合征、期待可能性、被害人过错等的国内外理论及实践进行探讨,从而提出该类犯罪轻型化的依据与做法。为了从根本上预防和减少此类犯罪,结合我国的具体国情,并借鉴国内外相关理论,提出将完善反家庭暴力法律制度、将"受虐妇女综合征"列入减轻或从轻处罚情节、建立健全社会及非社会支持系统等建议。

【关 键 词】 受虐妇女　以暴制暴　正当防卫　受虐妇女综合征　量刑

---

[*] 于晓丽,女,济南大学法学院副教授,主要研究方向:婚姻家庭法、继承法、合同法等。

当前，受暴妇女以暴制暴犯罪频发，从"刘栓霞毒杀丈夫案"①"谈玉红杀夫案"②到如今的"李彦杀夫案"③及"姚荣香杀夫案"④判决的出现，此类案件的争论越来越多地浮现在公众的视野里。针对目前对受暴妇女以暴制暴案件的争论，本文将以李彦杀夫案为切入点展开论述。其中争议点主要有两个方面，第一，李彦的行为构成故意杀人罪，其中一种主张者认为，李彦是故意非法地剥夺了他人的生命权利，并且存在分尸、抛尸的恶劣情节，应当作为一般的故意杀人案件进行处理，其长期遭受的家庭暴力并不能成为其抗辩的理由，只能作为一种酌情量刑情节。另一种主张者认为，李彦的行为成立故意杀人罪，但是因为其长期遭受严重家庭暴力，在愤怒恐惧下杀害其丈夫，考虑李彦受暴情况及她本身社会危害性小、期待可能性不大，被害人存在过错等情况，应从轻或者减轻处罚，或者将其归为"情节较轻"的犯罪。第二，李彦的行为成立正当防卫，因此无罪。主张这一观点的学者认为，李彦因为长期遭受严重的家庭暴力，符合了"受虐妇女综合征"的心理和行为特征，在英美法系，很多国家已经将"受虐妇女综合征"归为正当防卫，并且将其作为专家证据为以暴制暴犯罪做无罪辩护。针对存在的争议，试析如下。

一 受暴妇女以暴制暴犯罪的成因

（一）中国传统观念的制约及束缚

全国妇联 2002 年的一项调查表明，在我国 2.7 亿个家庭中，约 30% 存在不同程度的家庭暴力，其中施暴者 90% 为男性，有 9000 万个家庭笼罩在

---

① 陈敏：《女人无需沉默》，http://news.sina.com.cn/c/2007-11-29/153614415192.shtml，最后访问日期：2015 年 8 月 6 日。
② 贾芳芳：《谈玉红杀夫案今日宣判》，http://www.legaldaily.com.cn/dfjzz/content/2010-08/12/content_2238768.htm?node=6309，最后访问日期：2015 年 8 月 6 日。
③ 刘春华：《四川女子杀夫分尸改判死缓最高法院为核准死刑》，http://news.sina.com.cn/c/2015-04-24/100331755772.shtml?t=1429851070667，最后访问日期：2015 年 8 月 6 日。
④ 范跃红：《浙江温州一不堪家暴杀夫的妻子获 5 年轻刑》，http://news.jcrb.com/biglaw/casefile/Criminal/201503/t20150306_1483691.html，最后访问日期：2015 年 8 月 6 日。

家庭暴力的阴影之下。① 在发生家庭暴力的时候，在"夫权""男尊女卑"等传统封建观念的影响下，女性往往选择隐忍、包容的态度，希望借此感化自己的丈夫并挽回家庭。这样不仅没有使施暴者受到感化，反而变本加厉，造成恶性循环，使得受暴妇女慢慢崩溃。

（二）非正式社会支持系统的容忍与冷漠

当受暴妇女无法忍受配偶的长期严重家庭暴力时，往往最先求助于自己最信赖或者最邻近的对象，比如家人、邻居、朋友、单位、社区组织等等。而此时，社会往往抱着"清官难断家务事""宁拆十座庙，不吵一桩婚"的观念，面对受虐妇女的求助，往往当作普通家庭纠纷，不及时干预与帮助并宣传女性权益的保护，或者往往劝解受暴妇女选择容忍与原谅，使得受暴妇女自感更无依赖。且除此之外，非社会系统作为民间个人或者组织，其干预能力往往也是有限的，通常只能起到临时制止及调解作用，并不能使施暴者受到警示，也不能使家庭暴力得到真正的解决。

（三）正式社会支持系统帮助的漏洞

所谓"正式社会支持系统，指警察、医院、医疗、社会及专业服务机构等"。② 在我国，家庭暴力处理的司法途径有两种：一是按照故意伤害罪和遗弃罪进行处理；二是按照虐待罪。但是往往这两种途径很难收集到有效证据，因此保护受暴妇女的力度十分有限。当妇女遭受到家庭暴力而报案时，警察往往当作家庭纠纷，极少对施暴者采用强制措施甚至行政处罚，医疗机构当遇到此类情况时，并不会引起太多重视，并不会在医疗记录中记载妇女受到伤害的原因，也并没有专门的社会服务机构如心理疏导机构对受暴妇女进行心理上的救助。在这种种原因的影响下，妇女在得不到公力的救助，走投无路、忍无可忍的情况下，走上了以暴制暴的"私力自救"之路。

---

① 李浩：《关于正当防卫在家庭暴力中的突破》，《中南财经政法大学研究生学报》2009 年第 4 期。
② 高小贤：《防止家庭暴力研究》，群众出版社，2000，第 276 页。

二 对受暴妇女以暴制暴犯罪的量刑探究

（一）我国对此类犯罪的定罪量刑现状

当前，我国对于受暴妇女以暴制暴犯罪的定罪没有过多的争议，争议集中在量刑上。在量刑过程中，即使大量证据可以证明此类犯罪的妇女存在长期遭受严重家庭暴力的情况，仍然改变不了在量刑时，并不过多考虑家暴这一情节的现状。其次，我国对相似案件的量刑差异巨大，从死刑到有期徒刑，相似的情节及判决理由，但是跨越了极大的量刑幅度。

（二）我国家庭暴力中适用正当防卫制度的现状

我国肯定家庭暴力过程中的正当防卫。但适用于传统的正当防卫制度，即应符合正当防卫的起因条件、时间条件、限度条件等。这给家庭暴力中正当防卫的认定带来了很大的困难。

1. 受暴妇女以暴制暴行为难以符合正当防卫的起因条件。传统的正当防卫制度，是在双方力量基本差别不大且以男性视角在某些情况下的合理反应的角度适用的，是缺乏性别视角的，如果此时仍然要求女性恪守起因条件，则失去了正当防卫本身的意义。

2. 受暴妇女以暴制暴行为难以符合正当防卫的时间条件。正当防卫制度要求不法侵害正在进行，即李彦、姚荣香们只能在她们的丈夫对她们施以家庭暴力的同时进行以暴制暴行为。然而实际上，长期遭受家庭暴力的妇女，一方面在生理上根本无法在遭受暴力的同时进行抗衡，甚至会遭受更加严重的暴力，另一个方面是心理上长期遭受压迫，使其不敢反抗也不知反抗，有一种自我放弃的无助感。恪守这种时间条件显然是不公平的，因为这种条件下，在家庭暴力的长期紧张环境中生存的女性，只可能在她感受到安全的环境中去自我保护，否则，妇女几乎根本不可能进行正当防卫。在这方面，正当防卫制度的存在毫无意义，因此在现实的杀夫案件中，受暴妇女往往是在受暴之后进行杀夫或者伤害行为。

3. 受暴妇女以暴制暴的行为难以符合限度条件，即没有明显超过必要限度或造成重大损害。在对此类案件进行量刑的时候,并不能完全采用事后判断的方式,因为受暴妇女往往在实施杀夫行为时,她们对自己将要遭受到的死亡威胁或者严重伤害的心理预期是肯定的并且是合理的。可目前,我国往往采用事后判断的方式,忽略了受暴妇女长期以来的心理状况,很难认定受暴妇女符合限度条件。

因此,在我国长期司法实践中,以暴制暴妇女很难受到正当防卫制度的保护。不过近期我国两高两部发布的《关于依法办理家庭暴力犯罪案件的意见》(以下简称《意见》)中对于家庭暴力中的正当防卫的规定有所突破,在认定制止家暴的防卫行为中是否"明显超过必要限度"方面已经考虑到防卫者长期受到家暴的情节,"根据施暴人正在实施家庭暴力的严重程度、手段的残忍程度、防卫人所处的环境、面临的危险程度、采取的制止暴力的手段、造成施暴人重大损害的程度,以及既往家庭暴力的严重程度等进行综合判断"。① 这样对于受暴妇女以暴制暴行为的量刑可以有所减轻。

(三)"受虐妇女综合征"专家证词,保护以暴制暴妇女的正当权利

受暴妇女以暴制暴的防卫心理特征符合"受虐妇女综合征"的特点。"受虐妇女综合征"可谓是西方国家对正当防卫制度的突破。它指的是长期遭受配偶暴力的女性身上通常呈现出的一系列特殊的心理状况及行为模式。类似行为人此时为间歇性精神病发作期,其属于限制行为能力,从而没有或者不能完全承担刑事责任。西方国家如加拿大等国家,将"受虐妇女综合征"作为专家证词,将这种模式支配下的杀害或者伤害配偶的行为视为正当防卫行为,使受暴妇女无罪释放或者处以较轻刑罚。②

需要注意的是,"受虐妇女综合征"并不是受暴妇女因长期遭受家庭暴力杀夫而不负刑事责任的理由,而是指,在长期遭受家庭暴力的环境中,受暴妇女能够感到即将来临的家庭暴力危险或者生命危险,且确信自己将要遭受的暴力威胁是迫在眉睫的,而且这种心理的预估是合理的。因此在这种极度恐惧的状态下,做出的过激行为应属于正当防卫。

---

① 最高人民法院、最高人民检察院、公安部、司法部《关于依法办理家庭暴力犯罪案件的意见》,http://www.court.gov.cn/fabu-xiangqing-13616.html,最后访问日期:2015 年 8 月 6 日。
② 陈敏:《关注绝望的抗争:受虐妇女综合征的理论和实践》,《中国妇女》2000 年第 3 期。

由此可见,"受虐妇女综合征"在国外已经相对较成熟地被应用,极大程度地减轻了受暴妇女以暴制暴犯罪行为的刑罚甚至无罪释放,对于受暴妇女正当权利的保护起到了不可忽视的作用。

(四)被害人过错、期待可能性、社会危害性在量刑上的作用

在受暴妇女以暴制暴犯罪中,除了应当考虑正当防卫因素及"受虐妇女综合征"问题,被害人过错、期待可能性及社会危害性也应当被纳入量刑中需要考虑的因素。

1. 被害人过错

被害人过错,即被害人故意或者过失的错误行为而诱发犯罪人的犯罪意识产生,进而引起犯罪人实施加害行为,造成犯罪侵害结果的发生,被害人的这种错误行为即被害人过错。① 《意见》中在被害人过错方面也提出了相应意见,在此类案件中应当充分考虑被害者在案件起因上的过错或直接责任,可以酌情从宽处罚。

该《意见》的出台,说明在处理此类案件时,被害人过错已经开始进入到量刑的视野,因为受暴妇女之所以杀夫,与其他一般故意杀人案件并不相同。在此类案件的发展过程中,被害人与受暴妇女始终处于一个互动过程,被害人往往对受暴妇女施暴行为有着极大的推动作用,这种推动作用,是通过施暴者一次次的施暴进行的,也可以说,被害人对受暴妇女一次次的侵害造成了受暴妇女由被害到犯罪的恶逆变。这一点,可以从以暴制暴行为的特点中体现出来,以暴制暴行为之所以不同于一般的杀人行为,是因为它往往存在着犯罪的被动性、对象的针对性,她们往往只是在受到家庭暴力并无路可逃的情况下,寻求一种解脱的途径。

2. 期待可能性

期待可能性是"想对在强大的国家规范面前喘息不已的国民脆弱的人性倾注刑法的同情之泪"的法律理论。② 期待可能性的核心为"法律不强人所难",由于在被害人的过错行为频发且不断严重时,期待受暴妇女做出适

---

① 任志忠、汪敏:《被害人过错与死刑适用》,《法律适用》2009年第1期。
② 〔日〕大塚仁:《刑法论集》,有斐阁,昭和53,第240页。

法行为的可能性小,所以对受暴妇女的可谴责性及应当承担的责任也应当随之减小。

因此,在对此类案件进行量刑时,应当充分考虑被害人在案件中起到的作用,且应当充分考虑被告人是否具有期待可能性,是否"强人所难"。该《意见》的发布,可以在一定程度上减少了对被害人过错这一情节处理的随意性。

3. 社会危害性

刑法惩罚行为的实质是具有社会危害性,在此类案件中,如李彦杀夫案,虽然客观上看造成被害人死亡的结果较为严重,采用分尸的手段情节恶劣,但受暴妇女的行为具有绝对的对象性,并具有起因性,再加上社会公众对李彦杀夫行为的理解,可看出,她的主观恶性和社会危害程度都较小。因此,秉承着刑法的目的和刑罚想达到的社会效果而言,应当与"社会的普遍价值观"相吻合,展现"法官对法律的价值追求和意义追问",彰显隐于"法律规则之后的力量"。① 处理此类案件应当丢掉"杀人偿命"的一般理念,并认识到此类案件的特殊性,从而做出正确的量刑。

三 受暴妇女以暴制暴犯罪的预防措施

(一)制定专门的反家庭暴力法律法规

当前,我国没有一部系统完整的反家庭暴力法,妇女面对家庭暴力时,法律救助系统缺失,且当前关于反家庭暴力的规定往往存在着可操作性低、立法分散、缺少责任条款等问题。但值得称赞的是,《意见》的出台很大程度上弥补了无法可依的现象,该《意见》中的规定,可以较好地适用于类似案件的处理,这也为专门反家暴法律的出台奠定了良好的基础。

(二)提高非正式社会支持系统对家庭暴力的认识

非正式社会支持系统往往是妇女面对家庭暴力时求助的第一选择。因

---

① 杜月秋:《论裁判的正当性基础:以法律效果和社会效果的相互关系为视角》,《法律适用》2007 年第 3 期。

此首先应在社会上加大对反家庭暴力的宣传，提高公众对家庭暴力的认识，做好预防家庭暴力的工作。其次，家暴受害人的亲属、朋友、邻居、同事，一旦发现当事人疑似遭受家庭暴力，有义务及时向公安机关报案，并协助保存相关的证据材料。

（三）建立健全正式社会支持系统

正式社会支持系统应当及时有效地干预，村（居）委会、人民调解委员会、妇联、共青团、残联、医院、学校、幼儿园等单位、组织，在工作中发现当事人有遭受或疑似遭受家庭暴力的，应当及时向公安机关报案。未按规定报案造成严重后果的，对直接负责的主管人员和其他直接责任人员依法给予处分。在公安机关、司法机关接到报案后，应迅速出警、审查、立案或转处，加强立案监督并及时、全面收集证据，依法采取相关强制措施，加强自诉案件举证指导，且加大对被害人的法律援助制度，切实保证受暴妇女的合法权益。

我国儿童受虐之法律对策探析

曹贤余*

【内容摘要】亲子关系是指父母与子女的关系，亲子关系的好坏决定其子女的性格及未来。亲子监护不适格会导致儿童权益遭受重大伤害，世界上多数国家在处理亲子关系上以"儿童最大利益"为原则，对亲子受虐会采用部分或全部剥夺父母的监护权，由国家出面监护来保障儿童的合法权益。儿童权益保护与我国的未来发展密切关联，我国可结合社会现实及本国国情，酌情参考，完善亲权制度，确保儿童能健康成长。

【关键词】亲子受虐　　监护适格　　法律定位　　惩治措施

一　儿童受虐事件引发的思考

儿童受虐事件层出不穷，2013年5月，贵州省毕节市金沙县10岁女童遭到父亲"开水烫头、鱼线缝嘴"的长期虐待殴打，由于长期被虐待，女

---

* 曹贤余，女，法学博士，西南政法大学民商法学院讲师，主要研究方向：婚姻家庭继承法学。

童的身高体重相当于一个 5 岁的孩童，其父被公安机关行政拘留。① 2015 年 8 月，李某捆绑自己 3 岁的孩子丢弃，李某的行为构成遗弃没有独立生活能力的被抚养人，公安部门给予其拘留 5 日的行政处罚决定。② 选出的亲子受虐事件让人震惊，人们在哀伤愤怒之余不禁反思，这些恶性事件的发生是偶然的，还是必然的？是何种原因造成的？第一例中不仅父亲有虐童行为，母亲也有，只不过父亲更为严重。第二例警方根据《治安管理处罚法》第四十五条规定，处拘留 5 日，处罚之轻令人惊讶。这需要我们反思在儿童保护问题上究竟是哪里出了问题，从法律保护看，我国 2006 年修正后的《未成年人保护法》可操作性不强，法律相关配套措施欠缺，没有强有力的制裁措施，也导致了父母责任心不强，一些父母把子女视为自己的私有财产，如橡皮一样任意揉捏打骂，进而引发各种悲剧的发生。现代社会的儿童，应享有充分的独立人格，应该如何加强保护儿童是我们应当思考的问题。我国在党的十八大报告中提到，"全党必须牢记，只有植根人民、造福人民，党才能始终立于不败之地"。我们的国家要发展、要富强，构建法治社会，我们的法律也需要造福大众，针对社会现实，我们需要解决的是在法律上需要从亲子关系方面做哪些完善，才能尽可能减少此类恶性事件的发生，以促进社会和谐进步。

二 儿童法律地位的历史变迁

儿童权利在不同时代，不同文化背景下有不同的法律规范。但不同的时代、不同国家针对儿童赋予的权利是不一样的，人们对儿童权利的认识也是逐渐发展的，需要对不同阶段的发展进行考察。

（一）压抑限制阶段

早期罗马法时代，儿童被看作是父亲的私有财产，儿童是上帝的奴仆。

---

① 《女童遭父亲"开水烫头、鱼线缝嘴"续：其父被拘留》，http://news.iqilu.com/shehui/huahuashijie/20130513/1530905.shtml，最后访问日期：2015 年 7 月 30 日。
② 《亲爹捆绑三岁儿子丢弃借口"压力大"》，http://ah.anhuinews.com/system/2015/08/22/006923660.shtml，最后访问日期：2015 年 7 月 30 日。

距今有 3700 多年的最早的第一部成文法典《汉谟拉比法典》中，赋予了作为家长对妻子儿女的部分奴隶主权利：幼子有如父家长之财物，偷盗者死；家长有权将其妻子儿女出卖或以为债奴。罗马法规定，子女对父母有尊敬的义务，父母对子女有惩戒的权利。子女非经长官允许，不得对父母起诉，因起诉意味着对父母的不敬。① 《十二铜表法》第 4 表第 1 条规定："婴儿（被识别出）为特别畸形者，得随意杀之。"② 《摩奴法典》第 8 卷第 299 条规定："妻子，儿子，仆人，学生，较小的胞弟，犯了某种错误时，可以绳或竹杖责打。"③ 古希腊一个叫爱比克泰德（Epictetus）的哲学家曾对"儿童"做出了如下的定义："什么是儿童？无知；什么是儿童，需要教训"。④ 这个时期儿童的权利几乎处于受压抑、被限制阶段。在中世纪的欧洲，宗教教义统领世俗领域，人权受到极度压抑，居统治地位的儿童观是基督教的原罪说，即儿童是带着"原始的罪恶"来到人世的，必然历尽生活的磨难不断赎罪，才能纯化灵魂，儿童被视为父母的隶属品，鞭笞和体罚儿童视为合情合法。在整个早期的发展上，儿童权益受到压制，几乎大都把儿童看作成人的附庸，不享有独立的人格权利，那些仅有的保护，也是为了整个社会的稳定安宁与宗族传承，是成人社会的自我需求。

（二）特殊监护阶段

公元 14 世纪后出现的文艺复兴运动中，人文主义者提倡从儿童自然本性看待儿童，从抽象的人性出发肯定儿童的权利和要求，但把儿童看作是成人的雏形的观点仍占统治地位。随着资产阶级革命的发展，西方启蒙思想家提出的天赋人权、自由、平等的观念为儿童权利保护的发展提供了政治与法律基础。1641 年美国马萨诸塞州率先承认儿童是有自由权利的人。当时的父母被告知不要选择他们子女的同伴，不要用违背人道的严厉方法对待他们的子女。⑤ 英国 1676 年通过了《人身保护法》，1689 年通过了

---

① 周枏：《罗马法原论》（上册），商务印书馆，2002，第 200 页。
② 世界著名法典汉译丛书编委会编《十二铜表法》，法律出版社，2000，第 13 页。
③ 《摩奴法典》，〔法〕迭朗善译，马香雪转译，商务印书馆，1982，第 198～199 页。
④ 卢乐山主编《学前教育原理》，北京师范大学出版社，1991，第 27 页。
⑤ 王雪梅：《儿童权利论：一个初步的比较研究》，社会科学文献出版社，2005，第 19 页。

《权利法案》；法国国民议会 1789 年通过了《人权和公民权利宣言》；美国国会 1776 年通过《独立宣言》，1791 年通过了《人权法案》。这些人权法案的颁布为近代人权制度奠定了基础，极大地推进了各国儿童权益保护的立法进程。18 世纪法国思想家卢梭对儿童的自身特性的观点，第一次把儿童从社会偏见和成人的束缚下解放出来，把儿童当作人来看待。"儿童有他独有的看法、见解和感情，如果想用我们的看法、见解和感情去替代它们，那简直是愚不可及。"① 瑞典诗人和作家爱伦·凯甚至在 1899 年预言："20 世纪将是儿童的世纪"。17～18 世纪欧洲儿童的生活状态是令人担忧和同情的，在当时欧洲的社会现实中，儿童被视为家庭的负担，人们习惯于把刚满 6 岁的男童送去当学徒，女童送去当女仆，让他们自己养活自己。② 令人欣慰的是，19 世纪后期以来，欧洲社会对儿童生活、儿童问题极其关注，并有许多有识之士在探索儿童的秘密，为一个"儿童的世纪"的到来而努力。1802 年英国通过《学徒健康及道德法案》，成为历史上第一个保护童工的立法，要求限制剥削童工，为儿童提供基本教育和资助，减少对儿童的忽视与虐待。1899 年美国伊利诺伊州议会通过了《少年法庭法》，该法被认为是世界儿童立法史上一个里程碑式的进步。各国都有儿童保护的法律条文颁布，大陆法系国家民法典中相关儿童权益保护条款也不断修改完善。

（三）全面保护阶段

20 世纪以后，随着对儿童研究的深入，人们开始了解儿童具有的特性、儿童的发展潜能，早期教育开始受到重视。1924 年《日内瓦儿童权利宣言》第 2、7、8 条规定，"必须以儿童的最大利益为前提作适当的考量"，"必须以儿童的最大利益为其辅导原则"，儿童最大利益表述首次在国际文献中出现。对儿童利益保护已呈现出国际化趋势。从 1959 年联合国的《儿童权利宣言》到 1989 年的《儿童权利公约》，再延及各国保护儿童权益的具体法律法规的颁布实施，儿童权利保护已遍地开花，最大利益原则已成为解决儿童问题的首要原则。如英国 1989 年的《儿童法案》规定：凡是"影响儿

---

① 〔法〕卢梭：《爱弥儿》（上卷），李平沤译，商务印书馆，1999，第 91 页。
② 〔法〕安德烈·比尔基埃等主编《家庭史：现代化的冲击》（第二卷），袁树仁等译，生活·读书·新知三联书店，1998，第 53 页。

童生理的、智力的、情绪的、社会的或行为的发展"的行为都是儿童虐待行为。明确承认了儿童的决策能力,提出儿童的福利,父母对儿童的责任,与儿童权利有关的各项命令,政府当局的监护保护等等,较为全面地对儿童各项权利的保护实施提供了法律保护。

三 儿童监护的首要原则

儿童最大利益原则是随着社会历史的发展,儿童地位的不断提高在20世纪才提出并随之加以不断发展完善而形成的。儿童享有同成人一样的独立的主体地位,是儿童权利存在的基础。在亲子关系中,儿童因身心并未成熟,在未成年之前需要法律加以特殊的保护,父母是儿童最大利益的保护者和执行者。1959年联合国《儿童权利宣言》在原则六明确规定:"儿童为了全面而协调地发展其个性,需要得到慈爱和了解,应当尽可能地在其父母的照料和负责下,无论如何要在慈爱和精神上与物质上有保障的气氛下成长。尚在幼年的儿童除非情况特殊,不应与其母亲分离。社会和公众事务当局应有责任对无家可归和难以维生的儿童给予特殊照顾。采取国家支付或其他援助的办法使家庭人口众多的儿童得以维持生活乃是恰当的。"原则九规定:"儿童应被保护不受一切形式的忽视、虐待和剥削。"1989年《儿童权利公约》第三条规定:"关于儿童的一切行为,不论是由公私社会福利机构、法院、行政当局或立法机构执行,均应以儿童的最大利益为一种首要考虑。"在亲子关系中,"儿童最大利益"原则也已成为二者关系调节的最佳原则。在各类亲子法律关系研究中,有许多对离婚后亲子监护的研究,一般认为未离婚时由父母双方监护,这不是什么问题,离婚后才会出现儿童监护难题。实际上,即使父母未离婚的家庭,仍然存在诸多对子女不利情形,如上述两则案例,应该如何唤醒父母对子女应尽的监护职责,以及如何增强法律的震慑力,使得父母意识到自己的行为有可能侵害未成年子女的合法权益,从而改变社会现状,呈现家庭和谐。

四 儿童保护之父母责任的完善

早在罗马法时期就规定,家庭内家长拥有对子女的人身和财产等私权和利益的支配权，即家长权或父权。① 亲权早期表现为一种家长权，为防止家长滥用该权利，后期逐渐由国家社会承担了更多的责任。大陆法系国家受罗马法影响，分别采用亲权②制度和监护制度来规范亲子监护与无父母或父母不能行使亲权的未成年人和部分限制民事行为能力及无民事行为能力的成年人，根据法律的规定，设置监护人予以监督、保护的制度。亲权在人身保护方面可分为保护权、教育权、指定居所权和交还未成年子女权；财产保护方面可分为财产管理权、使用收益权、处分权受限和财产上的代理权、同意权等。对这些内容多数学者都加以详细讨论，在此不予赘述。笔者主要想探讨的是当父母虐待子女，其父母对子女的监护权应如何处理的问题。

父母对亲子施暴是历来存在的问题，有报道指出2013年上海市有8万~13万儿童受虐待，对上海市18岁以下儿童的多次抽样调查显示，上海儿童在家庭内遭受家庭暴力侵犯（含身体虐待和性虐待两种）的比例在3%~5%。由于传统文化将孩子养育看作家庭的私务事，我国尚未建立具体可操作的法律体系和完备的儿童服务体系来应对儿童虐待问题。③ 而从世界范围来看，在不少国家和地区，甚至父母将12岁以下孩童独自留在家中的行为，都被视为严重危险的监护不作为行为，会受到法律指控。④ 父母怠于行使、不当行使亲权都是滥用亲权的表现，其后果是亲权被剥夺或限制，而不是"强制履行"。⑤ 当然也不能一出事就把所有责任都推给某些社会机构，父母的责任应该比其他人都大。

首先我们先探讨一下国外的相关规定，从大陆法系国家来考察，主要

---

① 〔意〕彼得罗·彭梵得：《罗马法教科书》，黄风译，中国政法大学出版社，1992，第115页。
② 亲权制度发展到现在，不少国家都对亲权这个原来具有绝对权力性质的权利改为包含权利和义务的"父母照顾权"。1979年7月18日德国的《亲权照顾权新调整法》用"父母照顾权"一词取代了原来的"亲权"。笔者赞同用父母照顾权取代亲权，但考虑到文中引用的内容大多都用"亲权"表述，暂以"亲权"代之。
③ 《沪每年约8~13万儿童受虐待　建虐待评估标准当务之急》，http://yuer.hujiang.com/yeyingyu/yjzx/p277376/，最后访问日期：2015年7月20日。
④ 《上海育儿状况报告出炉　高薪家庭愿生二胎》，http://baby.ce.cn/qt/201108/02/t20110802_22580370.shtml，最后访问日期：2015年7月22日。
⑤ 巩姗姗：《论亲权的私权属性》，《华北电力大学学报》（社会科学版）2010年第6期。

以民法典形式颁布。德国法规定父母照顾的法律性质在于子女最佳利益，父母在行使抚养和教育子女的权利时，应优先考虑子女最佳利益，应当在一定限度内实现子女的最佳利益，不能通过"国家教育"，将父母变成用以实现政治目标的手段，只有当父母的目的或手段严重背离子女的最佳利益，国家才行使监督职能。①《德国民法典》第1666条规定，父母一方或双方滥用照顾权或因对子女的冷落、失职使子女身体、精神、心灵上受损，家庭法院可以取代享有父母照顾权的人，通过法院裁判被剥夺的，也属于父母照顾的终止。父母共同照顾的，这种情况下由一方父母单独进行照顾，父母双方均被部分或全部剥夺照顾的，当然只在以其他方式均不能对付危害的情形下才能许可，这种情况下必须设立监护或保佐。②《法国民法典》在第378～381共4条规定了亲权之全部或一部撤销的事由。父母对其子女人身实行重罪或轻罪，得因于刑事判决被全部撤销。父或母因虐待、经常酗酒、明显行为不轨或有犯罪表现，或对子女不予照管或引导，使子女的安全、健康、道德品行显然受危害时，可被完全撤销一方或双方亲权。只有至少经过一年，才能提出恢复权利的申请。③《瑞士民法典》第311条规定了由监护监督官厅剥夺亲权的事由，如其他保护措施无效或显得不得力时，在下列情况下由监督官剥夺：一是当父母因无经验、患病、痼疾、外出或有类似原因无力行使亲权时；二是当父母不认真关心子女或严重违反子女应尽的义务时。父母双方被剥夺亲权时，应为子女指定监护人。亲权，无论何种情形，不得在其被剥夺后的一年内恢复。④

从英美法系国来考察，英国1989年《儿童法案》主要合并了儿童公与私的民法，重点是父母及子女自主决定和国家干预最小化的政策。地方政府应与父母保持合作，向法院申请指令和法院做出法令只是最后的救济。⑤1989年《儿童法案》第31条规定了经地方当局有其他授权申请，法院可签发保护令。如儿童正在遭受或有可能遭受重大伤害的，如果不签发，不可

---

① 〔德〕迪特尔·施瓦布：《德国家庭法》，王葆莳译，法律出版社，2010，第321页。
② 《德国民法典》，陈卫佐译，法律出版社，2010，第494～495页。
③ 《法国民法典》，罗结珍译，北京大学出版社，2010，第126～127页。
④ 《瑞士民法典》，殷生根、王燕译，中国政法大学出版社，1999，第87页。
⑤ 〔英〕凯特·斯丹德利：《家庭法》，中国政法大学出版社，2004，第267页。

能合理地期待该儿童的父母为其提供或可能提供的照护等。① 在美国，父母在对于子女享有权利的同时，要受到各州关于疏于照顾、虐待等法律规范约束。各州法律要求和鼓励医生、护士、老师及社会工作者等其他指定的"法定举报人"举报一些可疑的疏于照顾或虐待子女事件，许多州有专门的登记机构。当然，对这些信息处理也会非常谨慎，因为有可能涉及父母的隐私等。在做出疏于照顾或虐待等判决后，监护资格并不必然导致父母权利的终结。1980年联邦的《收养协助和儿童福利法》将"家庭保护"视为儿童福利干预的最高理想。法院常常会为父母或家庭提供服务，并且时间可长达几年。除非以父母"不称职"为由，联邦最高法院在平衡多方利益判定，正当程序条款要求证明父母不称职的指控必须满足清楚并具有说服力的证据，态度是非常审慎的。② 如果父母严重或长期地虐待或忽视儿童、性虐儿童、遗弃儿童、患有长期精神疾病、长期酗酒或吸毒导致没有监护能力或实施了某些重大犯罪等，各州都有权实施家长权利终止，这是美国保护儿童最强力的手段。如果父母双方都被实施家长权利终止，那么将由州政府承担监护责任，在一定时间内为孩子寻找领养或监护家庭。

从两大法系的比较可看出它们之间的共性，都是首先考虑子女的最大利益优先原则；国家监督是最后底线；根据父母的行为来判定是否予以剥夺父母的监护权；并且都可以恢复，只不过需要一定的时间。但在具体规定上各有不同，国家怎样插手，需要多强的证明力，在具体程序上存在不同。特别是美国法中规定的"家庭保护"为儿童福利干预最高理想，尽量使得亲子关系在法院的监督关怀下能恢复正常，值得我国立法借鉴。

我国《婚姻法》第21～30条规定了父母子女关系，内容上主要也涉及亲子间的人身、财产关系。主要提到父母有抚养、保护和教育子女的义务。但在具体细节上还有疏漏，未能体现出当父母不适格履行义务时，有何相应处理措施。2006年修订后的《未成年人保护法》相比较而言还稍详细些，其第62条规定了父母或者其他监护人不依法履行监护职责，或者侵害未成年人合法权益的，由其所在单位或者居民委员会、村民委员会予以劝诫、

---

① 《英国婚姻家庭制定法选集》，蒋月等译，法律出版社，2008，第161页。
② 〔美〕哈里·D.格劳斯、大卫·D.梅耶：《美国家庭法精要》，陈苇等译，中国政法大学出版社，2010，第130～135页。

制止；构成违反治安管理行为的，由公安机关依法给予行政处罚。但在具体实施过程中，该法的实用性却大打折扣，特别是针对父母不适格履行义务时，上述制裁措施难以达到预期效果。2015年1月1日，最高人民法院、最高人民检察院、公安部、民政部联合发布的《关于依法处理监护人侵害未成年人权益行为若干问题的意见》正式实施，在第1条专门界定了监护侵害行为，是指父母或者其他监护人（以下简称监护人）性侵害、出卖、遗弃、虐待、暴力伤害未成年人，教唆、利用未成年人实施违法犯罪行为，胁迫、诱骗、利用未成年人乞讨，以及不履行监护职责严重危害未成年人身心健康等行为。在处理后果上，该法第35条人民法院明确了七种法定情形下，可以判决撤销其监护人资格，并且在第42条规定，被撤销监护人资格的父、母应当继续负担未成年人的抚养费用和因监护侵害行为产生的各项费用。既能使未成年人不再继续遭受父母不法行为的侵害，又不至于让未成年人因不法父母被免去抚养义务而失去生活来源，从而加大社会的负担。2015年12月27日公布，自2016年3月1日起施行的《中华人民共和国反家庭暴力法》是为了预防和制止家庭暴力，保护家庭成员的合法权益而出台的，其中，第12条规定，未成年人的监护人应当以文明的方式进行家庭教育，依法履行监护和教育职责，不得实施家庭暴力。第21条规定，监护人实施家庭暴力严重侵害被监护人合法权益的，人民法院可以根据被监护人的近亲属、居民委员会、村民委员会、县级人民政府民政部门等有关人员或者单位的申请，依法撤销其监护人资格，另行指定监护人。被撤销监护人资格的加害人，应当继续负担相应的赡养、扶养、抚养费用。

因此，从婚姻家庭法立法体例上，我国法律应做出相应完善，首先增加亲权（照顾权）制度，有学者建议未成年人监护体系应从《民法通则》之公民（自然人）制度中置于亲属编为宜，在实质要件上，父母应享有的为亲权而非监护权，二者有明显区别。在监护的具体内容上也应加以完善。[1] 笔者认为，在具体内容上应增加父母不适格履行或不履行其职责的善后措施。如增加法院有权予以实施以下情形，一是当父母因无经验、患病、外出或有类似原因无力行使亲权时，二是当父母不认真关心子女或严重违

---

[1] 张学军：《未成年人的监护制度之完善》，《河北法学》2006年第11期。

反对子女应尽的义务时。当然要有足够的举证事实，父母一方或双方才能被剥夺部分或全部亲权。通过教育帮助以转变父母观念，使之恢复亲权，促使家庭团聚，此亦符合"儿童之最大利益原则"。

针对目前社会上的一种普遍说法，父母之所以不能照管子女，主要为生活所迫，导致出现大量"留守儿童"而发生监护缺失。实际上，如果社会引导得力，强化父母的监护意识，如在子女小学毕业前，可由父或母一方外出打工，而一方在家照管，祖父母一代监护能力较弱，留守儿童最亲近之人乃父母，不可人为割裂二者亲情，这也是子女性格能力培养的关键时期，是无价的，非其他东西所能代替。当然，国家相关政策也应配套，义务教育必须真正落到实处，以减轻贫困家庭的负担。

五　儿童保护路径实施的公权力介入

公权力介入亲权领域也是很有必要的，虽然父母子女之间的权利首先由私法调节，但在父母履行呈现滥用或缺失时需要由公权力机关来监督，"一切都是为了孩子"。有学者建议采用"家庭自治与国家干预的适当平衡原则，既要充分尊重家庭自治，又要干预父母对未成年子女利益的不法侵害，这就需要国家在采取保护儿童的措施上走一条微妙的路线，以确保在保护儿童工作中不过于狂热、不过分干扰家庭生活"。①

我国对于公权力介入亲权领域也有规定，《中华人民共和国反家庭暴力法》第14条规定，学校、幼儿园、医院等机构及其工作人员在工作中发现无民事行为能力人、限制民事行为能力人遭受或者疑似遭受家庭暴力的，应当及时向公安机关报案，公安机关应当对报案人的信息予以保密。第15条规定了无民事行为能力人、限制民事行为能力人因遭受家暴等处于危险状态的，公安机关应当通知并协助民政部门将其安置到临时庇护场所、救助管理机构或者福利机构。从上可知，公安机关、民政部门主动并积极配合介入，才能更好地保障儿童的合法的权益。

尽管在古罗马，公亲的术语产生得较晚，但国家亲权的观念早就存在

---

① 田小江：《论亲权剥夺制度之完善》，《人民论坛》2011年第2期。

于罗马法中。它首先表现为国家在自然父亲缺位的时候顶替其角色,其次表现为为了国家的利益以国家亲权干预或阻却自然亲权。前者集中体现为官选监护制度和贫困儿童国家扶养制;后者集中体现为限制自然父权的粗暴运用。① 儿童属于特殊人群,需要全社会的关爱。但儿童与父母的关系是国家、社会不能取代的,因此,如何平衡二者关系是当前立法中急需解决的难题。

首先,应尽量使得家庭承担儿童监护之责,当家庭监护存在缺失时,并非立刻由国家接手,剥夺父母亲权。而应像前面美国法中提到的由与儿童有接触的医生、护士、老师及社会工作者提供线索,可以成立一个专门的机构来登记此类情形,并有相关有权人员调查取证,首先予以劝导、帮助,找出发生问题的原因,帮助父母戒除不良习性,强化父母监护的法律意识。

其次,如果父母对子女实施了严重虐待行为,让法院有理由相信即使促使家庭团聚,仍会对子女造成严重不利后果的,这时可采取剥夺父母的监护权方式。当然在剥夺事由上相对严格,如疏于照顾子女,未能对子女给予适当的、合理的关怀,遗弃子女、父母长期吸毒等,对事由的判定最好由法院裁决。剥夺亲权后,在法律上父母对子女就无法定的监护职责。当然,父母仍应承担抚养义务。对于严重不悔改之父母,可通过收养子女的方式解决子女的抚养监护问题。但因该问题影响甚剧,应严加控制。这是法律给予的最后一道防线。与之相对应的,当父母被剥夺监护权后,子女统一交由民政部门监管也不现实,需要有寄养家庭对子女的抚养予以承担,国家相关部门最好出台相应的法律规范,由政府给补贴或通过法律收取孩子父母的抚养费,委托社会爱心家庭代养一段时间,确保困境儿童得到照顾,能感受到家庭的温暖。南京市民政局比照 2014 年 10 月民政部出台的《家庭寄养管理办法》,出台了相应条件,虽然将主要照料人的年龄放宽到 70 周岁以下,但是却更强调寄养家庭、邻居关系和睦的环境,"主要照料人离异次数不应超过 2 次,本次婚姻应持续满 2 年。夫妻及家人不争吵打架等"。② 在具体案件中,只有健全这种善后措施才能使得子女的监护得到

---

① 徐国栋:《普通法中的国家亲权制度及其罗马法根源》,《甘肃社会科学》2011 年第 1 期。
② 《南京出台家庭寄养评估标准:离异不能超两次》,http://news.haiwainet.cn/n/2015/0629/c3541083 - 28877479.html,最后访问日期:2015 年 8 月 5 日。

真正落实。

总之,我们应在立法上强化父母监护的法律意识,对《婚姻法》作出修改,增加亲权制度的细则规定,增加禁止性法律条款,进一步明确违反规定需要承担的法律责任,将儿童权益的保护上升到整个社会群体意识、法律层面的语境中。使对儿童的保护有法可依,有法必依,增加法条的可执行性,而非仅仅是道德层面的声援、呐喊。

正如孔子《礼运大同篇》中所描绘的,"大道之行也天下为公,选贤与能,讲信修睦。故人不独亲其亲,不独子其子。使老有所终,壮有所用,幼有所长,鳏寡孤独废疾者,皆有所养。"这正是人类追求的最终目标。

刍议我国家庭暴力民事认定中的警察参与

李琼宇　贺栩溪[*]

【内容摘要】家庭暴力法律事实在离婚诉讼中普遍存在难以认定的现象，直接导致家庭暴力受害人的权利无法得到救济，甚至使社会公众丧失防治家庭暴力的信心，故而需要警察参与作为辅助性力量介入家庭暴力民事认定程序。尝试对家庭暴力民事认定中警察参与的障碍及原因进行分析，即缺乏明确的法律依据及配套措施、警务保障力量及必要培训的缺乏、传统观念的束缚等。通过前述分析，对警察调取证据程序的启动条件、建立家庭暴力档案管理体系等警察参与家庭暴力民事认定程序的路径进行了初步探索。

【关 键 词】家庭暴力　　警察参与　　民事认定

离婚诉讼中，判断家庭暴力法律事实是否存在已成为困扰中国法院和法官们的一个难题①，并且随着家庭暴力法律事实价值的上升和社会公众日

---

* 李琼宇，男，法学硕士，湖南科技学院人文与社会科学学院法律系教师；贺栩溪，女，法学硕士，湖南科技学院人文与社会科学学院法律系教师。
① 从客观角度上讲，家庭暴力民事法律事实并不仅存在于离婚诉讼中，但不可否认的是离婚诉讼中的家庭暴力法律事实更为普遍的存在，而且更具有实际意义。

益密切的关注而变得更为棘手。当然这些困扰仅仅是理论上的，实践中法官很可能会选择千篇一律的否定来有效地解决前述问题，并逐渐形成一种司法惯性，国内诸多关于家庭暴力的实证调研报告都印证了这一点。解决这一难题的最佳方案似乎是让"受害者"（可能的受害者）举出更为充分的证据来证明家庭暴力的存在。于是当家庭暴力"受害者"面对举证责任无能为力时，警察作为一种辅助性力量参与到家庭暴力民事认定活动中，也将成为提高家庭暴力"受害者"举证能力的重要方案。

一 问题的提出

（一）家庭暴力民事认定中司法惯性的形成

家庭暴力法律事实在离婚诉讼中普遍存在难以认定的现象，其将直接导致家庭暴力受害人的权利无法得到救济，甚至使社会公众丧失防治家庭暴力的信心。究其原因，家庭暴力民事认定难现象的产生最主要的原因是证据的缺失与证明标准设计得不合理。就此问题，学界已经进行了一定的有益探索，[①] 但仍无法从根本上解决上述问题。

涉家庭暴力离婚诉讼相较于其他民事案件，基于其私密性、隐蔽性等特征，家庭暴力受害人往往难以充分采集、固定诉讼证据，在施暴行为尚未造成严重后果时（致受害人轻伤及以上）体现得尤为突出。对于在长期婚姻中不断遭受轻微暴力的受害人来说，能够证明家庭暴力存在的证据更是微乎其微，并且存在被施暴人掩盖、毁灭的可能。

在家庭暴力受害人普遍难以充分采集证据的现实条件下，司法裁判者不得不面对下述两难抉择：一方面，家庭暴力受害人（特别是女性受害人）在法庭上关于家庭暴力过程的描述，特别是家庭暴力具体细节的描述，能

[①] 针对家庭暴力民事认定难问题，笔者与刘淑芬教授曾提出的"二元家庭暴力证明标准"理论可以在一定程度上帮助法官正确裁判，但其终究无法真正提高受害人的举证能力，故本文探讨亦有必要。关于"二元家庭暴力证明标准"的论述，参见刘淑芬、李琼宇《二元家庭暴力证明标准初探》，《中华女子学院学报》2012年第3期。

够使司法裁判者产生信任与同情,甚至形成心证。另一方面,在家庭暴力施暴人矢口否认家庭暴力行为存在的情况下,受害人往往都会面对无法充分提供证据的尴尬局面。由此,司法裁判者不得不在既有诉讼规则(举证规则)与自身良知之间徘徊。

面对这种困境,实践中自然而然地形成了这样一种司法惯例:除了少数存在确凿无疑证据的案件外,司法裁判者会千篇一律地否认家庭暴力法律事实的存在,以追求对诉讼规则的尊重和司法效率的提升。

综上所述,法院和法官已经无法独立承担认定家庭暴力民事法律事实的存在的职责,家庭暴力的受害人也无能力独立完成充分收集证据的义务。由此,引入一种辅助性的力量来协助家庭暴力受害人收集证据,并为司法裁判者准确认定案件事实提供便利已经势在必行。公安机关(警察)的介入是否能够作为前述辅助性力量及其运作的具体模式,遂成为本文研究工作的主要线索。

(二)警察干预家庭暴力的既有研究成果及缺陷

公安机关(警察)介入家庭暴力防治问题,学界早有论及,立法层面亦多有体现。有学者认为,作为一种公权力机构,相较于居(村)民委员会、妇联、民政等部门和组织,公安机关发挥着不可替代的作用。[①] 根据《中华人民共和国人民警察法》第 2 条的规定,人民警察负有保护公民人身安全、人身自由的职责。又根据《中华人民共和国婚姻法》第 43 条第 2 款的规定,对于正在实施的家庭暴力,受害人提出请求的,公安机关应予制止。除国家层面的立法外,各地方性立法中亦对公安机关防治家庭暴力的职责做出了具体规定,较典型的立法例,如《湖南省人民代表大会常务委员会关于预防和制止家庭暴力的决议》第 4 条:"公安机关对违反《治安管理处罚条例》的家庭暴力行为,应当视情节轻重对施暴人依法给予治安处罚;对处罚刑律的,应当依法立案查处。"

国外先进立法例中,对家庭暴力问题的警察干预亦较为重视,例如日

---

① 参见黎光宇、陈晓婷《警察干预家庭暴力问题研究》,《法学杂志》2008 年第 1 期。

本《配偶暴力防止及被害人保护法》（平成十三年法律第三十一号）第八条："警察官根据通报认定发生了配偶暴力时，依据《警察法》、《警察官职务执行法》及其他法令的有关规定，制止暴力、保护被害人以及其他防止配偶暴力伤害的发生，必须努力采取必要的措施。"① 在国外警务改革的过程中，亦重视积极发挥警察在防治家庭暴力中的作用。②

由前文可知，国内外立法及实践对于警察干预家庭暴力已经进行了一定程度的有益探索，但是其研究成果主要集中于对家庭暴力行为的制止和对家庭暴力施暴人的制裁。其能够发挥的作用，更多的集中于行政或刑事层面。对于警察能否参与家庭暴力民事认定，能否在积极调查收集家庭暴力证据，对相关制度如何设计，学界则鲜有涉及。上述倾向，将从客观上限制警察在防治家庭暴力实践中可能发挥的作用。

（三）家庭暴力民事认定中警察参与的必要性

公安机关作为拥有完善组织体系和广泛职权的行政机关，除应承担预防、制止家庭暴力的法定职责外，应在调查收集家庭暴力证据、参与家庭暴力民事认定等问题上发挥积极作用。主要理由如下：

1. 警察作为公权力的行使者，能够依职权调取与家庭暴力有关的证据，从而在一定程度上弥补受害人提供证据能力不足的缺陷。

2. 相对于法院、检察院等司法机关，公安机关具有完善、严密的组织体系，可以有效应对家庭暴力的连续、反复发生。同时，警察也具有其他国家机关与其他社会组织所不具备的技术优势和职能优势。③

3. 如前文所述，法院作为保护家庭暴力受害人的最后一道屏障，已经在离婚诉讼中形成难以充分保障受害人权益的司法惯例，需要其他辅助力量的介入。

---

① 参见陈明侠等《家庭暴力防治法基础性建构研究》，中国社会科学出版社，2005，第444页。
② 关于国外防治家庭暴力警务改革趋势的论述，参见李玫瑾《警察：制止家庭暴力的重要力量——国外警务改革趋势：服务社会、参与制止家庭暴力的活动》，《中国人民公安大学学报》2002年第1期。
③ 参见黎光宇、陈晓婷《警察干预家庭暴力问题研究》，《法学杂志》2008年第1期。

二 我国家庭暴力民事认定中警察参与的障碍及原因分析

(一) 缺乏明确的法律依据及配套措施

如前文所述,国内立法对于警察干预家庭暴力的方式存在一定程度的局限,其往往试图通过制止正在发生的家庭暴力和制裁施暴人的方式(包括治安处罚和刑事处罚),来实现减少家庭暴力违法行为的发生和保护家庭暴力受害人的目的。但是关于公安机关是否具有调查收集家庭暴力证据的职责并无明确的法律依据,即使存在若干笼统性的规定,也缺乏具体可行的配套措施。

上述法律依据及配套措施的缺失,使得警察在处理涉暴力家事纠纷的过程中,没有积极调查收集证据的动机。家庭暴力受害人在提起离婚诉讼时,往往只能够通过公安机关获得报案记录(接警记录表)作为证据使用,而难以调取其他更有价值的材料。然而,接警记录仅能反映家庭暴力受害人向公安机关报警的过程,并不能单独证明家庭暴力事实的客观存在。更有甚者,部分警察在制作接警记录时,对于受害人的陈述往往不能够做详尽、全面的记载,而使接警记录的证据价值愈加贬损。

(二) 警务保障力量及必要培训的缺乏

虽然相对于其他国家机关来说,公安机关具有更多的人员、装备及技术条件作为支撑,但是其所承担的法定职责也极其广泛。如果苛以公安机关在家庭暴力民事认定中过重的职责,将导致现有的警务保障力量无法满足现实需求。

同时,基于家庭暴力案件的特殊性,警察在未经反家庭暴力培训的情况下,也难以承担参与家庭暴力民事认定的职责。

(三) 传统观念的束缚

涉暴力家事纠纷具有私密性、隐蔽性的特征,往往涉及施暴人与受害人之间的家庭关系与夫妻感情,即使是在制止正在进行的家庭暴力过程中,警察也往往受到传统观念的束缚,如"清官难断家务事"等。而对于尚未构成犯罪或行政违法的家庭暴力行为,即使受害人向公安机关提出调取证据的要求,警察也往往缺乏主动收集证据的动机。

在家庭暴力受害人向法院提起离婚诉讼之前,其是否提起诉讼、何时提起诉讼均具有不确定性,即使已经提起诉讼,亦有撤诉或调解和好的可能。上述因素,均可能导致警察所调取的家庭暴力证据丧失其应有的价值。

三 我国家庭暴力民事认定中警察参与路径探索

(一)警察参与的启动条件设计

探索警察参与家庭暴力民事认定活动的路径,并不意味着盲目扩大公安机关在预防和制止家庭暴力问题上的职责。相反则是立足于关注家庭暴力受害人真正的需求所在,[①] 在制止正在实施的家庭暴力的同时,尽可能地维护家庭暴力受害人的民事权益。

民事诉讼遵循"不告不理"的原则,故警察介入家庭暴力民事认定也不宜主动为之。启动警察依职权调查家庭暴力证据,可以有如下两种方式:

1. 由人民法院向公安机关发布调查令,要求公安机关协助调查。如前文所述,公安机关拥有人民法院所不具备的侦查技术条件,当人民法院认为案件可能存在家庭暴力情节,而受害人又因客观原因无法完成举证义务时,可以以发布调查令的方式,要求公安机关协助调查。而公安机关向法庭提供的证据,则作为法院依职权调查收集的证据,作为认定案件事实的依据。

2. 由家庭暴力受害人向公安机关提出调查取证的要求。家庭暴力受害人可以在报警时或向人民法院提起离婚诉讼前,要求公安机关对涉家庭暴力事实进行调查取证。公安机关受理后,应调取相应证据存档备查,申请人(受害人)可以复印上述证据材料,作为其提起离婚诉讼的依据。当然,

---

[①] 毫无疑问,家庭暴力受害人在离婚诉讼中提出存在家庭暴力的目的,或者证明夫妻感情破裂,以解除婚姻,或者要求施暴人给予离婚损害赔偿。

为避免家庭暴力的受害人滥用前述权利，公安机关可以责令受害人提供可能存在家庭暴力的初步证据。

(二) 建立家庭暴力档案管理体系

在婚姻关系存续过程中，家庭暴力（特别是配偶暴力）可能存在连续性和长期性的特征，如果孤立地看待某一次或数次暴力行为，可能无法引起公安机关或司法机关的足够重视。故而笔者认为，可以尝试在公安机关内部建立家庭暴力档案管理体系，以使公安机关能够全面地收集本辖区之内的家庭暴力防治信息，并能够连贯地反映出长期家庭暴力行为或虐待行为的完成过程，也可以为涉家庭暴力离婚诉讼提供可靠的证据支撑。

家庭暴力档案可以包括下述内容：施暴人与受暴人的基本信息，受暴人的报警记录、医疗记录，公安机关在调查中收集到的现场照片、勘验笔录、询（讯）问笔录，有关单位出具的证明等。

家庭暴力档案的建立时间可以自受害人第一次报警时开始，也可以应家庭暴力受害人本人及其亲属、所在单位、基层组织等要求而建立。

2016年卷 总第12卷
家事法研究
RESEARCHES ON FAMILY LAW

司法实务

公安机关在收养工作中
所面临困境与改进路径探究

姜 虹[*]

【内容摘要】未成年人不仅是家庭的未来,更是国家的希望。国家设立收养制度,以期更好地保障被收养人有良好的成长环境。在收养制度中,虽然公安机关被法律赋予了特定的权力,但这与群众的高期望之间尚有差距,制度设计上仍存有欠缺,违法犯罪行为的产业化、链条化与警力及经费不足间的拉锯也造成公安机关职能作用发挥的困境。为此,公安机关应当在发挥自身能动性,做好基础性工作的同时,注重与各有权部门的合作,善用科技进步成果,有效提高警力和侦查能力。

【关 键 词】收养 打拐 机构合作 国家责任

一 法定:公权力机构之一的公安机关在收养工作中的依据

收养是无子家庭享有天伦的途径,是使原出生于某个家庭或家族的人获得一种新的家庭或者家族关系的一种制度。随着社会的不断进步,收养

---

[*] 姜虹,女,北京警察学院法律教研部副教授。主要研究方向:婚姻法、刑事诉讼法。

也从原有的应宗族或者家庭血统延续需要的单一目的逐步转向强调对未成年人利益的维护,借以保障无法享受亲情之家庭重享天伦或者为生活条件不利的未成年人提供健康成长的良好环境,借以让这些未成年人体味人间亲情和完善情感滋养。原本基于送养人与收养人双方契约即可完成的私领域问题因为存在未成年人利益的保护、存在着身份变动后有可能导致的对第三人利益的保护,存在对收养关系和被收养人利益的维护,存在着可能出现的因为侵害未成年人利益而存在的各种破坏社会公平正义社会秩序的行为,面临着经济发展与人口增长间的矛盾等一系列问题,公权力便义不容辞地承担起对收养行为的监督与管理的责任。公安机关根据法律授权,从收养前的捡拾弃婴报案、出具报案证明等环节便开始介入,打击拐卖儿童以及偷盗婴儿、儿童等相关违法犯罪行为更是公安机关义不容辞的责任。基于长期以来民众根深蒂固的"有困难找民警"等意识,在合法收养活动中,公安机关往往是以第一介入者的形象出现。因此,公安机关在收养工作中的所作所为,不仅要体现服务群众的理念,更需要践行化解社会矛盾、维护社会秩序的责任。公安机关在这个问题上处理的好与坏,直接影响到公安机关形象和执法公信力,影响到家庭因素导致生存及生活居于困境的未成年人未来的成长和国家的未来。

依照收养行为是否符合法律规定,我国目前的收养行为大致分合法收养和私自非法收养两大类。结合相关法律与有权部门的意见或通知,① 作为公权力的公安机关在未成年人收养法律行为中承担如下职责:第一,接受捡拾弃婴或儿童公民的报案,出具报案证明。第二,将被捡拾儿童送至民政部门。第三,为弃婴和被捡拾儿童、被解救后的儿童查找生父母和其他监护人。第四,为查找不到生父母的弃婴和儿童办理社会福利机构集体户口,为已被收养的儿童户口迁至收养人家庭办理入户登记,并在登记与户主关系时注明子女关系。第五,严厉查处打击遗弃婴儿或借收养名义拐卖儿童等违法犯罪行为,做好相应的调查取证工作。第六,解救被拐卖的儿

---

① 参见民政部颁布《关于汶川大地震四川省"三孤"人员救助安置的意见》,民政部、国家发展和改革委员会、公安部、司法部、财政部、国家卫生和计划生育委员会、国家宗教事务局《关于进一步做好弃婴相关工作的通知》,民政部《关于解决国内公民私自收养子女有关问题的通知》。

童。这些权力的设置符合公安机关行政管理部门以及承担部分刑事案件侦查职权的特点。但这些工作在某一项具体收养活动中,需要依托民政、卫生、计划生育、财政、宣传教育、司法等各有权部门,需要依靠社会团体、慈善机构、群众组织以及公民个体等方方面面的有效配合方得以顺利进行。只是作为公权力之一的公安机关,需要根据自身工作性质,在收养工作中应当发挥深入社会基层、被赋予刑事侦查权的特点,能动地开展工作,进而维护好社会秩序,更有效地推进对未成年人合法权益保障,提高执法公信力,推动社会道德的进步。

二 欠缺:制度设计以及法律规范的不完善导致公安机关在执法中遭遇困惑

(一)群众高期待与法律授权间的差异性

长期以来有困难找民警的观念早已深入民心。随着政府职能的转变,人民群众对全天候服务的公安机关甚至寄予全方位服务的热切期待,公安机关也把能够在法律的授权内使人民群众满意作为衡量工作成败的标准之一,特别是在对待关乎祖国未来的未成年人问题上,公安机关的执法更需要符合他们的心理特点,更需要在依法的同时努力做到情理与法理、法律效果与社会效果的有机统一。但在实际工作中,群众对公安机关所有的期待并非都是能由公安机关能在职权范围内解决的问题,特别是在儿童收养问题上。群众需要自己遇到的问题一次性得以解决,希望在最便捷、最经济的状态下得以解决,但由于儿童收养问题涉及计划生育、抚养经费合理配置、未成年人的健康与教育、成长与培养等等相关问题,因此,需要遵循法定的收养流程,严格依照程序办理,完善审查。如确认收养人是否符合法定条件、收养人是否具有抚养能力,那些已经照料被收养人很长时间的人是否符合收养人的条件、被收养人的亲生父母能否查找到、被捡拾儿童的生父母是否具有虐待、遗弃、拐卖儿童(以盈利为目的出卖他人或自己亲生子女或收买他人子女)的行为,等等。这些工作有的属于公安机关负责,有的则非属公安机关的管辖范围,但直接收养捡拾弃婴或儿童的群众在办理捡拾报案时希望公安机关直接为孩子办理户口以减少重复跑路，或有些人执拗地认定公安机关应该直接将被捡拾的孩子让他收养。出现这些问题，一方面，是因为《收养法》相关内容宣传不到位，群众了解得不多；另一方面，确实因为在民政、卫生部门办理相应文件时不仅耗费精力和时间，而且"收养手续繁杂且收费不低"。① 遇到这些问题，民警不仅需要耐心细致地解释法律，而且还需要听凭不解真情的群众在道德层面对民警无权受理行为的指责。这不仅影响了公安机关办公场所的工作秩序，同时也对执法公信力产生不必要的负面影响。

（二）各有权部门相互间的配合中遭遇"滑铁卢"

正是因为未成年人自身能力的弱势与缺陷，在家庭不履行抚养义务的情况下，国家就需要承担起主要监护人的责任，各有权机关有效分工合作是国家责任得以落实的根本。但在实践中各部门间的配合却非尽如人意。此问题本文仅以弃婴交接流程为例。根据民政部等七部委联合发出的《关于进一步做好弃婴相关工作的通知》（以下简称《通知》）的要求，对公安机关移送的弃婴，儿童福利机构要及时送卫生部门指定的医疗机构进行体检和传染病检查，并出具体检表。尽管《通知》如此规定，但福利机构往往要求公安机关在将捡拾的儿童送至福利院前先要带孩子到卫生部门指定医院进行身体检查：在陕西省安康市儿童福利院办公室，办公室主任紧紧拽住护送民警不让走，因为"依据省政府办相关文件规定，儿童福利院接收弃婴必须要有对方提供的体检证明及派出所出具的弃婴证明，安康铁路公安处安康火车站派出所送来的弃婴既没有体检证明，也没有出具弃婴证明，所以无法接收，接收后万一出现问题责任院方无法担当"。② 作为一个亟待拯救的生命，公安、民政、卫生系统应当竭尽全力予以救助，而不是互相推诿。但就弃婴生命保障问题，在制度设计上存在明显欠缺：是先以需要花费一定时间调查取证后才能出具的被遗弃者证明文件为前提，还是

---

① 李征等：《南昌女子收养孤儿遇尴尬 收养手续繁琐收费高》，中新网，http://www.chinanews.com/sh/2013/01-16/4491608.shtml，最后访问日期：2013年3月18日。

② 吴琛、李小刚：《民警移交弃婴儿童 福利院拒收》，新浪网，http://news.sina.com.cn/c/2011-06-01/030622565110.shtml，最后访问日期：2011年6月2日。

以救死扶伤的卫生部门（院方）救助行为或是民政部门（福利院）的接受行为为前提？事实给出的答案令人遗憾——"弃婴在被发现之后，需交由公安部门立案调查，并带去医院检查身体状况，在交接给福利院之前，不归民政管"成为一个被说出口的理由。① 此种情况的出现，不仅使得各有权机关相互配合的失调，同时也导致公安机关对弃婴前期救助工作的成果功亏一篑，国家在未成年权益保护中"儿童利益最大化原则"并未得以充分贯彻，公安机关也因政策上的差池陷于被动状态。

（三）合法收养关系当事人身份确认面临窘境

在合法收养中，最重要的一项是收养人、被收养人、送养人符合法律规定的主体资格要求。鉴于公安机关在收养工作中主要涉及与被收养人捡拾登记、户籍办理以及打击惩治等相关违法犯罪活动中的调查取证工作，故而在一项合法收养工作中，未成年人是否具有法定被收养人资格的确认至关重要。本着"儿童利益最大化"原则，对于在现实社会中被解救的拐卖儿童查找不到生父母的，对于在自然灾害中丧失或查找不到亲生父母或其他监护人的，对于被救助的流浪乞讨无法查明其父母或其他监护人的，对于被遗弃在婴儿岛后无法查明父母或其他监护人的，对于患有重病或疑难杂症的以及其他各类无法查找到生父母或其他监护人导致生活无着的未成年人均应当纳入被收养人的范围，但《收养法》中并没有此类规定，《收养法》仅仅将丧失父母的孤儿，查找不到生父母的弃婴和儿童，生父母有特殊困难无力抚养的子女纳入被收养人的范围。而在修订后的《未成年人保护法》第43条中，将孤儿、无法查明其父母或者其他监护人的以及其他生活无着的未成年人都纳入了"由民政部门设立的儿童福利机构收留抚养"的范畴，《未成年人保护法》是将国家以抚养方式救助的未成年人范围扩展至不追究缘由、只要是无法查明生父母或其他监护人且生活无着落的未成年人，但这样的规定是否意味着他们可以作为被收养人呢？《未成年保护

---

① 《北京弃婴被强转较差医院死亡 官方称涉密拒回应》，央视网，http://news.cntv.cn/2013/03/24/ARTI1364080461107862.shtml，最后访问日期：2013年5月24日。

法》中亦未明确规定,只是申明了由国家民政部门设立的儿童福利院率先履行抚养责任,确保国家第一监护人职责的落实。这种对被收养人法律规定的缺失,使得公安机关在解救出一些未成年人后,由于查找不到其生父母或其他监护人,导致其无法重新体验家庭的亲情。同时,法律对未成年人监护人的确认也过于原则化。根据《民法通则》第 16 条规定,若未成年人的父母已经死亡或者没有监护能力的,可以担任未成年人监护人的人员包括:祖父母、外祖父母;兄、姐;关系密切的其他亲属、朋友愿意承担监护责任,经未成年人的父、母的所在单位或者未成年人住所地的居民委员会、村民委员会同意的。那么,关系密切的其他亲属、朋友可以担任监护人,这时的监护人与被监护人之间是何种法律关系呢?他们可以收养被收养人吗?特别是关系密切的朋友,若不符合收养法中关于收养人的条件,他们可以收养被监护人吗?这个问题在《收养法》以及相关规定中并没有落实。这对公安机关确认收养人范围的工作产生很大影响。

(四) 警力及经费不足是惩治违法犯罪行为产业化、链条化的掣肘

那些被亲生父母遗弃在公共场所或离家出走的儿童往往很容易被拐卖,加之个别机构中的个别人由于利益驱使也参与到婴幼儿的贩卖活动中。① 对于这些行为,公安机关作为行政管理机关以及被法律赋予一定刑事侦查权的专门机关义不容辞地承担起打击与严惩的职责。无论何种原因买卖未成年人的行为都是由公安机关管辖的,对因收养而导致侵害未成年人权益的治安或刑事案件,涉及拐卖、拐骗、胁迫、诱骗、虐待、遗弃、猥亵、非法限制人身自由以及故意殴打、伤害未成年人等案件,无论构成治安案件还是刑事案件,公安机关都必须用证据和事实说话。

到目前,买卖未成年人的案件屡禁不止,一方面是因为民间存有广泛的对婴幼儿收养的需求,另一方面也是由于这种买卖行为在法律上没能够

---

① 参见黄亮《6·8 特大跨国贩卖婴儿案妇科医生成幕后推手》,http://woman.hxyjw.com/news/1131676/,最后访问日期:2014 - 01 - 07;薛岚:《富平婴儿贩卖案件追踪:报案人最早为 8 年前生子》,中国江西网,http://news.jxnews.com.cn/system/2013/08/07/012560088.shtml,最后访问日期:2014 年 1 月 7 日。

使双方都付出沉重的代价。买卖婴幼儿卖方无本万利且隐蔽性强，作案易得手又不易被揭发，从而加大了违法犯罪取证的难度，特别是目前涉及非法收养和买卖婴儿的犯罪行为已形成产业化、链条化的作业模式，"一个人独立实施拐卖犯罪难度较大。通常情况是，有人在拐出地拐，有人负责中转，有人负责在拐入地卖，形成了一个网络"。① 而且犯罪嫌疑人利用网络、QQ 群等新交际手段进行联络，使犯罪更加隐秘化，受众更加广泛化，侦查过程中不确定性的因素增多。2013 年，公安部统一指挥全国 27 个省、区、市公安机关同步开展"2013·07·03"特大网络贩婴专案集中抓捕解救行动，一举摧毁了"圆梦收养送养之家""人人要我""收养吧""中国孤儿网"4 个网站、30 个 QQ 群涉嫌买卖婴幼儿的特大网络贩婴团伙，抓获犯罪嫌疑人 1094 名，解救被拐卖婴儿 382 名。②

对于专业化的犯罪行为，公安机关需要组建专门的部门、形成专门的打击队伍，需要采取破案追查、拐入地摸排采血、DNA 远程比对、发动群众提供线索、在媒体上发布信息等各种方法，需要有相应的经费支出。在 2009 年的全国第五次专项打拐活动中，各地公安机关配置大量警力且相互配合，至 2010 年 5 月 10 日，共破获拐卖儿童案件 3519 起，解救被拐卖儿童 4743 人。③ 据报载，2007 年，曲靖市在侦破的"1·03"系列拐卖儿童案件中，解救 11 名儿童，耗资多达 50 余万元。据当年估算，"解救一名被拐儿童，平均办案经费需 4 万到 8 万元，还要动用大批的警力"。④ 广西的一个专案，解救了 33 名被拐儿童，其中有 20 名儿童找到了亲生父母。这个案子仅广西公安厅就投入经费 130 万元，故公安部打拐办主任陈士渠认为，公安警力和经费不足，严重困扰和影响公安机关的职能发挥。⑤

---

① 张寒：《公安部：拐卖儿童无本万利屡禁不止》，http://news.qq.com/a/20101112/000318.htm，最后访问日期：2014 – 07 – 22。姜北树：《"打拐"打到计生办》，《社会与公益》2011 年第 6 期。
② 张彬：《公安部指挥摧毁四个特大网络贩婴团伙》，http://www.cpd.com.cn/n10216060/n10216144/c21752626/content.html，最后访问日期：2014 年 2 月 28 日。
③ 《公安部打拐专项行动解救被拐卖妇女儿童近 4 万人》，央视网，http://news.cntv.cn/20110727/114815.shtml，最后访问日期：2014 年 3 月 22 日。
④ 区鸿雁：《拐卖儿童案件为何屡禁不止》，最后访问日期：2014 年 7 月 22 日。
⑤ 杨杰：《公安部：拐卖儿童无本万利屡禁不止》，载 2010 年 11 月 12 日《新京报》。

三 探究：提升公安机关在收养工作中效能发挥的路径

（一）完善立法的同时，公安机关积极发挥能动性，做好在收养制度中的基础工作

今天，在中国儿童福利事业正从补缺型福利向制度型、普惠型福利转变，随着中国人口老龄化加速、人口增加对经济发展有负面影响的消减，劳动力日益成为经济发展中的稀缺要素，若国家对被收养儿童收养、生存及教育状况不予关注，则不利于高素质人力资本的培养与积累。在依法治国以确保公民能够得到公正对待、人权保障能够得以落实的大社会背景下，立法机关应当根据要根据不断变化的社会管理现状，梳理出不适合未成年收养工作的相关法律规定以及地方性规章不切合之条款并有所改善，进一步在未成年人利益本位的基础上完善各有权机构的合作机制，完善未成年人监护人制度，完善相关配套的公共政策，从而使国家以保障未成年人健康生活为宗旨的立法与其他配套立法相互协调、完善，便于各执法机关的执行。作为在一线从事具体工作的公安机关，对报案登记、户籍办理以及打拐和打击弃婴、虐童等工作中存在的问题以及由此产生的后续社会现实问题有着深刻的体会，对制度设计中存在的缺失和原有法律部门规章中之间的相悖问题有着深刻的体会，对群众工作中遇到的特殊性和疑难性问题有着深刻的体会。虽然公安机关作为行政管理和刑事侦查部门不能创制法律，但可以就法律具体执行中存在的问题能动性地进行汇集，可以就实操中有效可行的解决性方案能动性地进行总结，可以积极为制度设计和法律制定部门提出带有明确指向和经验总结性的建议，从而为顶层制度设计和相关法律及执行办法的修订建言献策，同时法律的确定性和可操作性使公安执法具有更明确的依据，为执法公信力的提升奠定坚实基础。

以群众捡拾弃婴后到公安机关报案登记为例，这项工作不单单是就登记而登记那么简单，它亦涉及弃婴数量统计这项基础性工作，更重要的是这个数据能为国家制定未来儿童福利政策制定提供可一项真实的实证依据，

也是关涉到税务、教育、医疗、工资、福利、司法、建设等各项政策费用配置的一项客观依据,牵涉到社会公共政策以及国家经济宏观政策制定等相关问题。据报道显示,中国每年约有 10 万名儿童被遗弃,①尽管该数据源于《中国儿童福利政策报告》,但统计源未离开公安机关的报案登记。公安机关作为有权机关将此项数据落实,是服务于国家政策制定的最好体现。同时公安机关作为户籍管理的专门机关,积极为查找不到生父母的弃婴和儿童办理社会福利机构集体户口,为被收养的儿童办理迁入登记,是落实国家儿童发展政策的具体体现,因为只有在使生活无着儿童重新融入家庭,才能使因为有国家抚养而实现生命保全的他们体味幸福完整的人生。公安机关面对在案件办理过程中,群众超出法律授权的要求,对群众对收养法的不理解和知识匮乏,应当利用基层工作的优势,利用社区法制宣传、群众上门咨询等有利时机,主动服务群众,协助其他有权机关进行知识普及和政策宣讲,在盛赞捡拾人公益心和无私品质的同时,阐释私自收养的弊端及对未成人生长、教育中的种种不利,化解群众心中的不理解,不使群众公德心受挫,还要让群众自觉认识到私自收养的危害,并积极配合公安机关做好报案登记和亲生父母的查询工作,为日后可能开战的调查取证打好群众基础。

(二) 注重与各有权机构间的合作,提升公安工作的社会成效

做好收养工作是儿童福利发展的重要内容之一,关乎社会发展的未来,是对国家未来发展的投资。国家各方面的政策实施对未成年人的生存与发展都会起到不同的作用,如二胎政策的全面放开,户籍政策上随父随母的细微调整变化,弃婴岛的开放与关闭,等等。故而它需要在国家统一指导下完成多机构的合作。当前收养工作面临的一种状态是:一方面是因国家制度设计和管理工作中的疏漏导致怀有不同目的的私自收养屡禁不绝,另一方面是合法收养人的急切等待和社会爱心人士抚养残障儿童后面临法律盲区,草根型民间慈善组织在进行帮扶、救助等实际工作后存在着身份认

---

① 孙朝方、张林:《中国每年约 10 万儿童被遗弃期待完整救助保障制度》,2013 年 3 月 25 日《羊城晚报》。

同困境、组织化困境、信息资源、社会资源缺乏等困境。① 在道德与法律的纠结之中，在合法与非法的艰难选择中，作为主责的民政部门不仅要代表国家承担相应的领导与组织职责，促进收养立法及相关行政法规等的制定或修改与完善，更应当统筹规划相关工作步骤，明确收养人的范围，明确各部门的职责与配合机制，将收养相关工作的支出纳入政府财政预算，为项目的落实提供经费保障，并保障配合机关所需经费的到位与正规运作，而不应再出现在一个生命面临抢救之时，因出现职责不清与不明的扯皮而导致一个生命夭折的状况，不应出现因各有权机构配合在衔接上不规范而导致的相互推诿，不应再让无亲生父母的被收养人面临其他监护人遭遇被推卸的尴尬，不应再让被收养人面临可能再次被抛弃的危险，不应因制度的缺失导致公安机关之前的有效干预却成为后期网民诟病的靶标。

  信息畅通与相互开放也是有权机关相互配合协作的有效机制。寻找亲生父母及其监护人的工作往往会因为信息不完善或不对称导致耗时长、效率低，也会因为法律规定中的某些疏漏而导致执法机关在实践中窘迫难当，这些都不利于对弃婴、孤儿以及被拐卖儿童解救后的国家救助，不利于使他们尽快回归家庭。为有效提高公安机关对亲生父母及监护人的查找，建议卫生部门在新生儿登记中增加母婴照片留记项目（其中应当严格杜绝以盈利为目的的采集），建议计生部门、幼儿园、学校等机关对相关部门开放本系统的电子档案，为有责机构的协作应当设计相应法律程序和法律文书，在此基础上进行互通有无，从而有助于提高公安机关的查找能力和效率，为生活无着的儿童快速回归家庭创造条件。

---

① 曾偲：《南京"最美妈妈"：18 岁收养弃婴 21 岁牵孩子结婚》，http://news.xinhuanet.com/society/2011-12/20/c_111257194_1.htm，最后访问日期：2014 年 8 月 4 日；王伟：《拾荒者收养弃婴尴尬了谁》，新浪网，http://news.sina.com.cn/c/pl/2006-03-20/00179388405.shtml，最后访问日期：2014 年 8 月 4 日。陈丽娟、苏碧蓉等：《泉州寺庙收养弃婴超千人 一支尴尬的收养主力军》，http://qz.fjsen.com/2013-08/14/content_12207176_4.htm，最后访问日期：2014 年 3 月 21 日；闫欣雨：《北京有 30 多家民间慈善组织收养孤残儿童近 700 名》http://news.xinhuanet.com/edu/2013-08/09/c_125139870.htm，最后访问日期：2014 年 8 月 2 日；邵宁等：《已普查民间自行收养弃婴孤儿情况》，http://news.hexun.com/2013-03-13/152032180.html，最后访问日期：2014 年 8 月 2 日。马天云、齐雷杰：《部分民间弃婴收养场所生存现状调查》，http://www.sx.xinhuanet.com/newscenter/2013-06/22/c_116246337.htm，最后访问日期：2014 年 8 月 2 日。

目前私自收养的家庭常常出现因家庭经济条件恶化、教育能力有限、因病丧失劳动能力、家庭变故、自己年事已高而无力照料等原因，对被收养人只能做到"收留"而非"抚养"，被收养人的生活和教育也处在极低水平。为有效杜绝私自收养和提高被收养人收养后的生活质量，对收养人的评估是一个重要环节。在近期民政部修订的《中国公民收养子女登记条例（草案）》中设计了此项制度。该草案第8条规定："收养登记机关委托专业评估机构对收养人进行收养能力评估，出具收养能力评估报告。收养能力评估包括收养动机、职业和经济状况、受教育程度、身体状况和道德品质等内容。"这条规定仅仅设计了对收养人能力的评估，但并未设计对收养后行为的评估。笔者以为，为有效提高被收养人收养后的生活质量，提升评估的准确性和持久性，在评估环节应当注意两个问题：第一，有关收养人"道德品质"的评估的可操作性应当固化一个便于实操的标准。第二，评估工作不应为一时的行为或仅在收养前进行的行为，因为人的可变性以及家庭环境对未成年人思想品德都可能有重大影响，故建议对收养人的评估按照时间分为事前评估和事后评估，按照方式可分为定期评估及不定期评估。笔者建议，评估时应加强与公安部门的合作，将收养人是否有违法犯罪记录或虽有记录但是否努力改过自新作为一项标准，增加对有无违法犯罪行为以及行为后的悔改情况评估，无论何种性质的评估机构在出具相应法律文书后，公安机关出具此类情况证明，从而降低被收养人不可预测的风险，降低潜在的社会矛盾和不安定因素发生，国家亦可通过评估工作强化对收养的监管，间接提升公安在收养工作中的社会成效，间接进公安机关对社会面的掌控。

（三）依靠群众，善用科技成果，提高执法效能

因有巨大收养意愿的群体存在，因为收养行为原有的不规范问题尚未完全解决，因为法律的不健全，违法犯罪人员便可以无成本投入但却有巨大的利润预期，犯罪日趋组织化、严密化、职业化、集团化使之向着更隐蔽、范围更广的网络发展，针对未成年人违法犯罪行为从诱骗、偷盗发展到明火执仗地抢劫、绑架，甚至杀死父母抢走婴儿，即便东窗事发，违法犯罪人员所付出的犯罪成本仍然相对较低。相反，对公安机关而言，侦查、

解救行动却要配置大量的警力,支出不菲的成本。但如果打击不力,可能会引发新的社会矛盾,甚至严重危害社会治安秩序。反差之下,如何合理配置警力资源,如何在新型多变的犯罪手段与行为中应对,获得相应的证据,这些都是公安机关所面临的巨大挑战。

以打击犯罪,保护人民为己任的公安机关,对于被收养未成年人的保护不仅体现在把好登记关、做好查找工作方面,更重要的是对被偷盗、被拐卖儿童案件以及案件背后可能导致杀人、绑架、抢劫等一系列恶性案件的严厉惩治上,这样才能使犯罪势头被遏制,社会公正被维护。虽然这需要耗费大量的警力和财力,但在信息化高度发达的大数据时代,在社会公益人士和基本群众的帮助下,在科技手段的辅助下,公安机关提高执法效力就有了坚实支撑。

应对挑战,公安机关应当做到:第一,把住案件受理关,事半功倍。公安机关应当转变观念,从接到捡拾弃婴或被拐骗儿童公民的报案时开始强化案件意识,抓住被遗弃或被拐骗后的最初几个小时内进行查找,最有效地利用黄金解救时间,使警力配置达到"功倍"的效果,这是2009年公安部开展的全国统一打拐活动中总结的经验,它被公安部打拐办升华为工作规范,凡是接报儿童失踪和被拐的案件,立即要立为刑事案件开展侦查。① 第二,依靠"小政府、大社会"社会治理格局,广泛发动、依靠群众,强化引导和管理,堵塞漏洞。网站、论坛、微博、微信、QQ等新的媒介传播方式大大便利了信息的传播以及全民志愿者参与公益的途径,2011年1月25日,中国社科院学者于建嵘在新浪微博呼吁"随手拍照解救乞讨儿童"获得50余万网友的关注,此后2周内,各地网友上传2000张以上流浪乞讨儿童的照片及相关信息。2月8日,湖北父亲彭高峰根据"微博打拐"网友提供的线索在江苏找到了失散3年的儿子彭文乐。志愿者、公益人士为打拐信息源拓展了渠道,为侦查行为拓展了空间,也便于公安机关充分运用网络侦查、技术侦查手段,以大情报平台为精准分析研判提供依据,以利于实现网上网下的交互延伸。但在实际操作中,因为公共网络平

---

① 《多管齐下打击拐卖儿童妇女犯罪成效显著》,中华人民共和国公安部出入境管理局网站,http://www.mps.gov.cn/n16/n983040/n1928424/n1928439/2091342.html,最后访问日期:2014年3月21日。

台容易发生个人隐私泄露、大量虚假信息存在等不争的事实，就需要公安机关强化管理，整合公共资源，形成有一定准入标准的官方组织平台，对分散于网上各个门户网站和行人在街上收集的信息进行整合、核实并公布，降低信息的冗余度，提升解救的针对性，从而在多层面、多方位节约警力支出。第三，积极协调，完善经费保障。DNA 技术的出现，为快速身份核实创造条件。笔者建议，公安机关可以协调卫生部门、民政部门完成 DNA 样本的采集工作（如捡拾到的弃婴由体检医院完成样本采集），鼓励失踪儿童家庭提供失踪者的 DNA 检材，被解救的失踪儿童由公安机关采集样本，从而形成 DNA 样本采取的多途径，为日后父母子女关系确认备足数据库信息，同时达到减少叠加操作、有效节约各部门有限资源。《中国反对拐卖人口行动计划（2013—2020 年）》（以下简称《行动计划》）中已明确指出，各级政府将《行动计划》实施经费纳入财政预算。鼓励社会组织、公益机构、企事业单位和个人捐助，争取国际援助，多渠道筹集反拐资金。公安机关在与多机构的合作中，应当适时将打拐活动中的费用预算提交相关部门以纳入财政预算，借以缓解办案民警垫付经费的压力，缓解公安机关在打拐以及收养工作中经费的窘境。

论法律及实务中对离婚自由权的保护
——以大陆、台湾地区通婚为例

国 熙[*]

【内容摘要】婚姻是家庭的起点,在以体力为主导的社会生产背景下,家庭是维系养老扶幼、保证劳动的最有效方式。随着科技的发展,人类在婚姻秩序中享有较为宽泛的自由权逐渐成为可以追求的目标,无过错离婚原则的创立更是改变了婚姻的面貌。但有血有肉的人不是机器,婚姻也不是工厂,所以立法、司法过程中如何适当回应这种由社会变迁产生的离婚矛盾,必将是一个富有实际意义并长期存在的课题。事实上,一国两制的践行与丰富不仅仅面对着政治和经济层面的挑战,多地间民俗婚习的差异冲突也总是不可避免。本文将聚焦大陆及台湾地区法律、文化对离婚自由权[①]保护的现况,针对两岸通婚中离婚冲突的解决问题,辨析法理、事理以期能为法律更好维护海峡两岸通婚中的离婚自由权,提出可以善用的建议。

---

[*] 国熙,澳门大学法学院博士生。研究方向:国际私法、亲属法。
[①] 离婚自由权是指,在婚姻关系中无论男女、有无过错,只要双方感情破裂,当事人一方依法享有的解除婚姻关系的权利。

【关　键　词】离婚自由权　　民俗婚姻秩序　　区际私法调配

一　大陆地区有关离婚自由权的婚姻法沿革及现状

在离婚问题上，如果说 1950 年的《婚姻法》是以解放婚姻中人身自由为主旋律的，那么 1980 年婚姻法则是以赋予人们追求爱的权利为主要宗旨。从人权的角度上看，这是一种由经济情况决定的渐进式给予。新中国成立初期我国响应贯彻恩格斯的共产主义婚姻观，强调不仅丈夫具有主张离婚的权利，妻子也应具有该项权利。① 随后一系列人为提升妇女在婚姻、家庭生活中地位的举措，对大陆地区的婚姻自由产生了深远的影响。1950 年颁布的婚姻法从法律条文层面解除了买卖、包办婚姻、一夫一妻结合多妾、多婢、多姬共同生活、多婢多姬等旧②的婚姻秩序。1980 年颁布的《婚姻法》更是初步确定了以无过错破裂主义为主导的离婚标准。③ 事实上，在我国《宪法》中（第 49 条第 4 款）更是将婚姻自由列为不可破坏的天然人权，可见我国立法体系中对婚姻自由权的重视。上述立法举措，不仅促发了 50 年代和 80 年代两次离婚潮，更应该注意到的是让大陆男性在婚姻关系中走下了神坛，同时也唤醒了女性捍卫婚姻自由的意识。

然而，不能否认的是，在我国的一个特定时期内，政治路线长期代替了法律规范。其实，女性地位的提升也伴随着大陆婚姻关系"去政治化"的起步。尽管我国早期苏区 1934 年颁布的《中华苏维埃共和国婚姻法》第 10 条明文规定：确定离婚自由，男女一方坚决要求离婚的即可离婚。而事实上，甚至绵延到新中国成立后的很长一段时间内，政治气候仍然深深地笼罩着婚姻关系。结婚、离婚不仅仅是个人生活层面的选择，也是政治、

---

① 恩格斯：《婚姻、私有制和国家的起源》，人民出版社，2003。
② 片面的说古代妇女地位较低，并将我国古代婚姻制度概括为"一夫多妻"并不恰当。事实上，妻在婚姻关系中具有较高的地位，其在生活中与妾、婢、姬等属于家庭内部半财产性质个体的际遇大相径庭。
③ 夏吟兰：《离婚自由与限制论》，中国政法大学出版社，2007，第 29 页。

人格正确与否的衡量标准。这种趋势主要的体现是"组织"在个人婚姻关系的缔结、存续、分离过程中，持续扮演着重要的角色。个人对爱情、婚姻的追求往往要让度于组织上的需要，这就必然造成诸多貌合神离、同床异梦的"畸形婚姻"，持续摧残着当事人的心灵。政治上的束缚导致在一定的时间维度里，社会整体离婚率低得惊人。尽管1980年《婚姻法》出台后，离婚神秘的面纱似乎被揭开，但在之后很长一段时间离婚的民政审批过程中，仍然不仅仅需要个人向单位汇报离婚意向及思想动态，还需要出具由单位签署的离婚介绍信。① 这就意味着离婚经常会成为单位中的一项政治事件，隐私权丧失的同时，当事人也很难逃脱被诸多"有色眼镜"聚焦的命运。政治上的"定调"导致离婚的隐形成本居高不下，个体往往很难冲破政治、家庭、行政体系的束缚和牵绊选择走出悲惨的婚姻。在这个大背景下，1989年11月最高法颁布了《关于人民法院审理离婚案件如何认定夫妻感情确已破裂的若干具体意见》，列举了13条法院应予离婚的具体事由，在一定程度上缓解了政治调解干预离婚的现象。

从近代法史角度来看，离婚自由权的伸张最需要的就是多元、开放的社会土壤。1992年小平同志南方讲话后，我国改革开放步伐加快，城市迅速发展膨胀，农村人口渐渐摆脱土地束缚，"陌生人社会"代替"熟人村落"成为了社会生活的主流。② 人际关系流转速率加快的同时重土安迁的思想也土崩瓦解。在此基础上，人们既可以享受流动的交换利益，也势必面临着更多道德外的诱惑。案例中显示，由外遇导致离婚的前奏时常是丈夫（或妻子）外出打工，在城市钢铁森林里持续工作的环境中，精神上的游离和身体上的出轨通常只有一线之隔。曾经被"妖魔化"的离婚诉讼也日益屡见不鲜。这一时期内自然人对离婚自由权的意识逐渐演化成了实际的司法需要。

时至今日大陆离婚实务中，采取了协议离婚和诉讼离婚并存的模式。其中，协议离婚强调双方在婚后财产、子女抚养等问题中意思表达一致，自愿达成协议。而实际上，当夫妻双方决意离婚时，通常很难达成"人平不

---

① 离婚介绍信制度直到2003年新的《婚姻登记条例》出台后才得以废除。
② 朱苏力：《法治及其本土资源》，中国政法大学出版社，1996；费孝通：《乡土中国》，人民出版社，2008。

语"的协议,所以往往需要求助于法院来维护离婚财产分割的公平性。在大陆,法院对于离婚诉讼裁判的法定标准通常来自《婚姻法》第 32 条规定:"……感情确已破裂,调解无效,应准予离婚……下列情形,调解无效的,应准予离婚:(一)重婚或有配偶与他人同居的;(二)实施家庭暴力或虐待、遗弃家庭成员的;(三)有赌博、吸毒等恶习屡教不改的;(四)因感情不和分居满两年的;(五)其他导致夫妻感情破裂的情形。"现实诉讼中,当夫妻单方第一次向法院提出离婚诉讼时,法院通常会以"感情并未完全破裂"为由驳回诉讼请求(存在一方当事人不到庭或者夫妻一方对另一方有明显人身侵害的情况除外),如当事人半年至一年后再次提起诉讼,法院通常才会予以支持。这段离婚诉讼实务中的考虑期,一方面,给予当事人双方充分消化矛盾、思考婚姻破裂与否。另一方面,司法体系也从实效角度充分发挥了在一定程度上限制离婚自由及缓冲感性婚姻破裂冲击社会整体安全的效能。值得注意的是这种司法处置原则并没有以成文法条的形式呈现,而是以习惯法约定俗成的方式存在。

大陆司法对离婚自由权的限制还体现在重调解轻诉讼的趋势上。① 通观现实中的案例不难发现,调解者往往是离婚诉讼中的"和事佬",他(她)们乐于在调解过程中挖掘夫妻生活中的细节,不仅仅熟悉如何维护"夫妻和谐",还大多具有多年婚姻生活经验。在对他人婚姻生活的体问风俗、透析事理的过程中,如果可以达到破镜重圆的效果,那么调解者通常将会有一种实实在在的幸福感,对这种"幸福"的追寻督促着大批中年人乐此不疲地去调解离婚案件,致使大部分离婚案件均以调解书的形式结案。

综上所述,解放思想和改革开放后的中国大陆多次极力驱散婚俗中的封建迷雾,对离婚自由权的伸张在成文法体系内较为支持。但基于上述实际司法情况,将大陆离婚自由权的司法现状概括为有一定隐性条件限制的离婚自由比较贴近实情。

二 台湾地区对离婚自由权的婚姻法沿革及现状

台湾地区法律体系中,有关亲属法始于民国 19 年(1930 年)颁布的

---

① 赵旭东:《法律与文化》,北京大学出版社,2011,第 214~223 页。

《民法亲属编》（第民法 967 至 1137 条），后国内政局变迁，国民党政府辖区南移至台湾，时过境迁催生的社会习俗流变致使久远的法源日益与现实生活脱节。在这种情况下，"台湾立法院"于 1974 年开始研究民法的修改并于 1985 年通过修正案后颁布实施。其后又经过五次修正才形成了现行的版本，五次修改中进一步明确了离婚子女抚养的裁判需满足子女最优利益1996 年，并于 1998 年删除了相奸结婚的限制。总体上看，台湾地区的亲属法中有关离婚的规定，在充分参酌了德国、日本、瑞士等强国法律精神的同时，也尽可能地保留了传统儒家的婚俗伦理。

通观台湾有关离婚自由权的"立法"沿革，不难发现其内容充分体现出道德感凝重的特点。在成文法体系中，台湾曾长时间地限制有责配偶的离婚请求权，也就是说，当一方存在通奸行为时，其对离婚的请求权也被法院自然地剥夺了，这种带有强烈惩罚性的法律直至 2000 年才被修正为现行的有责、无责均可享有离婚请求权的状态，可见历史上其法律风向。另外，男女有别思想也长期浸染着有关离婚的法律规定，例如在 1997 年前的台湾民法典第 987 条明文规定："女子自婚姻关系消减后，非逾六个月不得再行结婚。已分娩者除外"，可见法律对女子的婚姻操守持更为严苛的态度。上述两项在思想开明地区难以想象的法条，台湾直至 2000 年左右才予以废除，可知其法律体系对中华封建文化恪守之深。

为了避免仅用局促的视野去观察婚姻问题，我们就必须注意到文化是法律的温床这一事实。若要从文化角度客观地审视台湾的婚姻情况，除凝视其与大陆的宗亲血脉关系外，也不能忘怀其曾长期被日本殖民的历史背景。台湾地区在社会生活中笃定信仰传统中华习俗礼节，恪守婚内男尊女卑的角色定位。其实，我国法律史中曾长期强调婚姻中男女有别的思想，在封建时期多个朝代律例中均规定丈夫打伤妻子要从轻甚至是免予定罪，而妻子若是殴伤丈夫则要加重刑罚。日本由于重视学习中国古代伦理习俗，同时在当下婚姻家庭分工中，男性大多外出工作女性持家，社会习俗和经济结构共同决定了日本重男轻女的社会秩序。基于此，在日本对台湾长达 50 年的殖民统治过程中，逐步加深了台湾社会婚俗中的重男轻女思想。

如果说在对东方传统文化的继承和西方自由主义侵袭之间存在着一个奇妙的钟摆，那么台湾在"钟摆效应"中始终倾向于中华固有的伦理。除上述坚持婚姻生活中男高女低的定位外，台湾地区还保留了诸多传统封建婚俗。例如在结婚年龄上，台湾地区就将门槛设置得较低（男18岁、女16岁），与传统中华习俗相近。又如在1986年之前，离婚诉讼指定由丈夫户籍所在地管辖，响应男主女辅的封建思想。还如在婚姻成立的要件问题上，台湾并未采取"行政登记主义"，而是以公开仪式和两位以上证人在场为标准，突显了宗法中乡俗熟人的私法功能。

另一个需要关注的趋势是近来大陆社会对离婚问题的干涉，往往要让度于离婚自由权的彰显，而当下台湾文化面对离婚时的举措还是可以直白地捆绑家庭和睦。产生这种态势，主要基于以下因素：首先，《马关条约》签订后50年内，台湾作为日本的殖民地曾长期在强大的警察制度压制下，依照日本的社会秩序运行日常生活，这对台湾地区的影响无疑是巨大的。至今，和日本一样，台湾岛内的大多数人们依然秉持着男主外（工作）女主内（家庭）的生活模式，除形成男高女低的婚姻地位格局外，该模式更是要求家庭夫妻内部附着更多的利益牵挂，丈夫的社会收入要与妻子的家务劳动交换、互溶才能保证家庭的良性运转，这种情况下稳定的夫妻关系对社会的正常发展也就变得尤为重要。其次，台湾并没有经历前文中提及的大陆人为提升妇女地位的政治活动，家庭秩序的形成往往基于传统儒家思想，注重婚礼的仪式感并强调夫唱妇随，这种意识培养出的个体通常会形成较为严整的婚姻观。最后，宗教强调的和缓待人、慈悲对世的思想在一定程度上塑造出了台湾人不温不火的性格。从民国时期开始，以蒋介石、宋美龄为代表的社会上层大多信奉基督教，民间教会医院、学校遍布，宗教思想长时间的浸染人心。当下，台湾政治中也并无主义对抗宗教的影子，这也就营造出了一个相对宽松的信仰环境，在这种土壤下内心对信仰产生出共鸣的民众与乐于标榜信仰的个体在行为方式上是截然不同的。面对离婚等矛盾突显的问题，人们也习惯于提前告诉自己冲突来了要先表现得谦虚一点，正是这类无形的心理干预使得宗教可以黏合一些已经破裂的家庭。抛开道德感的虚伪高低不论，凝视宗教本身，似乎其一直是限制离婚自由的工具。

台湾实务中出于对隐私权的重视，离婚登记行政人员对离婚者仅有形式上的审查权。但在法律体系内和大陆一样，台湾《民事诉讼法》577条明文规定:"离婚之诉及夫妻同居之诉,应经法院调解。"与大陆不同的是这种调解的目的在实务中被界定为避免离婚,也就是说,调解结果不可能是同意离婚。另外,当法院人员组织调解时,夫妻当事人除自身参加外,还可推举双方数目相同的一至三人参加调解,可以想见参与调解的很可能还包含夫妻双方年迈的父母,在这种组织形式下形成的调解书同样具有法律效力,所以可见由法院主持的离婚调解往往是在不遗余力地达到劝和不劝离的目的。

当离婚双方实质进入到诉讼程序中,实际如何权衡婚姻问题中的利益分配往往会在一定程度上受到台湾法官自身伦理观念的影响。这不仅仅是法律解释者对法律的一种感性补充,而且事实上也被台湾"立法机关"纳入到了成文法体系内部。2000年民法典部分修正案中为了防止对无责离婚的滥用,确立了有关离婚诉讼的公平原则:当法院认定如果法院判决离婚对拒绝离婚一方显失公平的情况下,或是离婚对于未成年子女将会带来可预见的巨大损害时,法官仍可以"斟酌一切情事"后驳回离婚之诉,维护社会稳定、伦理观瞻。判例表明,诸多案件也是在这样的原则下从法官自身的是非观念出发,在充分调动财产、子女等制约离婚因素的基础上,强制维系了多个家庭的团圆。不难发现,台湾法官面对离婚案件时内心存在着这样的一个预设推定,即大多数普通人需要在一个稳定的伦理、礼节手册指导下,去经营一段波澜不惊的婚姻生活。事实上,司法结果通常会无形地顺从于主流的价值观,由于幸福被定义成了稳定,那么判决对离婚自由的限制也就流变的冠冕堂皇、顺理成章了。基于这种实务倾向结合文化、法律体系背景,将台湾婚姻自由的现状概括为民众具有浓浓人情味限制的离婚自由权较为贴切。

三 两岸通婚中离婚问题的社会缘由及区际冲突的解决

自80年代末两地逐渐开通交往后,在很长一段时间内均是以台湾男性迎娶大陆女性为主导形式的通婚,这种趋势是由两地政治、经济情况共同决定的。当一地区经济情况优于其他地区时,该地区男性往往能吸引周边的女性通婚,人口呈现男多女少态势的台湾在一定时期内也印证了这一原则。而无迹可寻的是由于政治变迁给社会带来的余痛,如何仰仗法律和时间去化解?

由于四十年代国军溃败前夕在内陆大量征农村兵，解放战争失败后知识水平差、官阶待遇较低的士兵随军来到台湾。后台湾1950年又实施了禁婚令，军中士兵不允许结婚，结果导致那个时代大批男性单身。1987年开放两地探亲，同时这一时期内台湾的经济产能和人民生活水平较大陆还具有一定的优势，以上两点为台湾中年单身男性寻觅内地年轻妻子提供了有利的客观条件。自1990年后大陆与台湾通婚数量以几何倍数的形势增长，从起初的每年百余对到21世纪初期已增至每年数万对。具体趋势可参见下图表：

1990～2014年大陆与台湾地区居民通婚统计表

单位：对

年份	1990年	1991年	1992年	1993年	1994年	1995年	1996年	1997年	1998年	1999年	2000年	2001年	2002年
数量	518	1317	3684	5359	5492	6363	7590	10500	12451	17589	23628	26797	28906
年份	2003年	2004年	2005年	2006年	2007年	2008年	2009年	2010年	2011年	2012年	2013年	2014年	
数量	34911	10972	14619	14406	15146	12772	13294	13332	13463	12713	11542	10986	

资料来源：①国家统计局人口与就业统计司《中国人口统计年鉴》1994，中国统计出版社；②中国社科院人口研究所《中国人口年鉴》1990－1993，1995－1997，经济管理出版社；③"台湾内政部移民署"http://www.immigration.gov.tw/np.asp?ctNode=29698&mp=1，1998－2014。

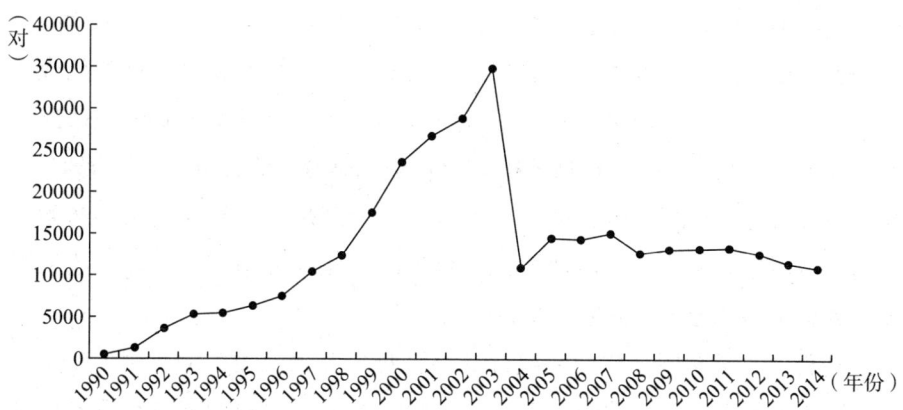

不仅大陆女子远嫁台湾可以改善自己当下的生活质量，而且台湾中年男子解决自己继替子嗣问题的同时还能在年轻貌美的配偶身上弥补青年时的缺憾。但表面上看是双赢的合作，内部却时常暗藏着危机。由于配偶双方年龄差距大并闪电式的结合,婚前了解不够加之客观条件上的落差(内地女子大多为年轻貌美、学历中等,且来自贫困家庭。而台湾男方往往是外观上存在缺陷甚至是残疾的老兵,但自身有一定的积蓄。)① 经常导致婚后生活矛盾重重、冲突不断。更重要的是如前文所述台湾地区男女有别思想严重影响婚姻中的男女定位,大陆来的妻子往往无法做到与台湾、日本女子一样完全放下自身的尊严及对精神独立的期许,在婚姻中仅以服侍丈夫为生活的主旋律,而经济层面却要依附于夫家。上述事实逐渐使得台湾舆论对"内地媳妇"存在一定的歧视,两地的通婚沦为了以传宗接代为目的合伙,最后"老夫少妻"也势必走向离婚。还应该注意到的是如上表所示,随着两岸经济的拉平甚至是颠覆式的变化,台湾男子在商洽通婚中的经济吸引力减弱,导致两岸通婚数量在2003年至2005年出现了大幅下滑后回归到了较平稳的理性区间内。有理由相信当下大陆与台湾的通婚较之前的情况,更多的是基于爱情而非经济利益。这主要体现在现阶段两岸通婚男女性别差逐渐减小,年龄差距基本符合通识道德中认可的范围。从根源上看,两地通婚的情况似乎也再一次佐证了生产资料所有制的形式决定了婚姻面貌这一真理。

另一个导致台湾男性大量迎娶内地女性的原因是台湾岛内生育的婴儿中男多女少。而这并不是一种完全自然的选择,随着科技的发展医院可以通过仪器测试出胎儿的性别,在重男轻女的台湾社会中一旦发现怀孕的是女胎,夫妻双方老人也会默许甚至是规劝其堕胎。这种现象就直接导致了适婚青年男多女少的情况,处于弱势的台湾男性往往不得不到内地选择配偶。然而基于原有观念,台湾政策对大陆配偶仍然存在歧视性。在居留权、工作权等问题上较为苛刻,更重要的是台湾地区规定两岸通婚判决离婚案件适用台湾地区法律,片面地扩大了台湾地区法律的适用范围,上述情况无疑助燃了两地通婚中的离婚冲突。

随着"一国两制"概念的践行及海峡两岸大"三通"的实现,我国已成为世界上鲜有的复合法域国家之一,两岸之间的通婚冲突更是我国内部各法域间区际冲突的焦点问题。有关两地通婚导致离婚案件的解决依据,

---

① 庄渝霞:《近二十年来两岸通婚模式的演进及趋势探析》,《南方人口》2002年第2期。

主要参照大陆《民法通则》的《大陆地区与台湾、香港、澳门地区民事法律适用示范条款》（以下简称《大陆示范条款》）及台湾地区颁布的《台湾地区与大陆地区人民关系条例》（以下简称《人民关系条例》）。在上述两部法律的管辖下，有关两岸的离婚案件主要问题体现在两地判决的互认上。大陆法院在面对台湾法院给出的离婚判决书时，通常依据国际私法原则仅对诉讼程序层面进行审查，内容上只要不违背国家基本法律原则以及社会整体利益，其效力均在实务层面得到了认可，可见大陆方面对台湾有关婚姻的判决采取较为包容的态度。然台湾方面，虽然依据我国《大陆示范条款》涉台离婚案件应遵守国际上通行的受理地法律管辖原则，如果该案件由大陆法院受理则应依据我国现行法律为依据。同时在《人民关系条例》中第74条也规定："大陆法院作出的民事确定裁判、民事仲裁判断，不违反台湾公共秩序或善良风俗者，得申请法院认可。"但是，事实上台湾地区法院时常以《人民关系条例》中第52条之规定："台湾地区人民与大陆地区人民判决离婚之事由，依台湾地区之法律"为由拒绝承认大陆法院判决。不仅如此，由于《人民关系条例》第74条中可申请认可的仅限于法院判决和仲裁书并不包含民事调解书，而如上文所述，大陆司法系统中面对离婚案件存在轻诉讼重调解的趋势，这样规定就致使大量大陆法院做出的离婚调解书在台湾并没有法律效力进而调解结果法院不予承认，最后当事人只能重复诉讼苦不堪言。不可否认的是这种不同区域间的法律互认障碍，在一定程度上确实限制了两地通婚者的离婚自由权。

  从根源上看，在离婚财产分割问题上台湾意图区别对待大陆配偶是致使两地有关通婚的离婚判决司法互认存在障碍的深层次原因。对大陆配偶身份上预设的歧视，往往导致司法实务中台湾法院利用传统封建思想去制约离婚自由权。时至今日，现代婚姻中应该秉持男女平等的价值观已是文明社会不争的定论。如前文介绍大陆社会风气中已渐渐将婚姻从政治土壤中剥离，形成了较为自由、文明的婚姻观。奇怪的是，封建婚姻中男女有别的思想却成为台湾地区一些人打压内地同胞的手段。由于当下两地通婚主要是台湾男娶大陆女的形式，当大陆女子在台湾难以接受"低人一等"的待遇无法生活谈及离婚时，基于判决互认困难台湾地区对离婚案件形成了事实上的强制管辖，意味着此类案件必须在台湾民俗影响下进行离婚请求。这时，台湾司法、舆论层面总会放大"夫权"，导致离婚结果中大陆妻子在婚姻内的家务价值等隐性合理利益无法得到伸张，进而利用不平等的财产分割制限制当事人的离婚自由。我们并不反对传统的婚姻道德秩序，反而承认传统婚俗似乎更契合于中华儿女的生理基因及构造，甚至赞赏台湾对该习俗的恪守。但是，当道德的不稳定性被利用从而成为宣扬歧视、差异待人的工具时，这样的"道德"就不应该被人们苟同。其实，道德管制的灵活性缺陷也是当下国际通识中由稳定的成文法治替代其去约束社会秩序的重要原因。

同样值得注意的是台湾还利用两地司法适配上的脱节，弹性的区别对待婚姻中的两岸女方。这无疑也是有悖于海峡两岸风俗共同秉持的公平、对等原则。对大陆妻子婚后财产分割的限制并不意味着台湾法律本身对丈夫的出轨持宽容态度。恰恰相反由于有责主义的残留，当面对台湾"本土媳妇"强调"夫权"的同时也充分保护了妻子离婚后的合理利益。通常情况下台湾丈夫如果出轨，那么台湾妻子一旦进行诉讼往往导致丈夫要面临倾家荡产的离婚赔偿。正是在这种背景下，台湾男性才更乐于在婚内或婚外与大陆女性寻欢或再次迈入婚姻的殿堂，由于两地关系的龃龉导致民事信息隔断、取证困难，加之台湾司法系统事实上利用自由裁量等手段维护本地人利益，在离婚诉讼过程中大陆妻子往往处于弱势无力抗争。事实上从离婚分割财产的角度去限制当事人的离婚自由，是台湾司法、行政系统对大陆妻子惯用的伎俩。2010 年台湾行政机构委员会就曾以诈骗为名拦截数十例台湾老兵娶大陆少妻的离婚请求，老兵与少妻的配搭或许本来就是各取所需的一种结合，然而台湾利用法外的行政手段去对内地妻子进行推定、制裁，拦截诉讼的行为限制离婚公平的同时也有失法治精神。

在上述情况下，海峡两岸应尽快签订《民事互助协议》并加强《大陆示范条款》的适用范围。签订民事互通协议可以有效地增进两地之间的民事司法同步能力，特别是并不涉及政治意味的婚姻登记信息平台共享后，由于信息不通导致的重婚案件将大大减少，也势必可以为伸张通婚内部的离婚自由权净化空气、打开渠道。《大陆示范条款》是一部以国际私法惯例为基础的中国区际间私法示例，虽然对港澳台地区并没有实际的法律强制力，但其内容充分体现了公平、平等的法律核心思想，较台湾本地的私法管辖规范因私废公、利己损他的基调而言，具有公允性强、适配性好等优势，在两岸四地已成立了"中国区际私法协助委员会"的前提下，各方代表应该充分尊重客观事实，争取早日以《大陆示范条款》为框架，制定统一的区际婚姻私法管辖原则，避免地区保护主义泛滥。

结 语

近年来，两地经济互通、互融景象喜人，然而与人民生活息息相关的民俗婚姻秩序上，两地的差异却时常被人们忽视。其实，婚姻问题内部并不存在一个通用的真理守则，法律的功能也只是基于不同的伦理、习俗，尽可能地去维护婚姻内部各方利益的平衡。客观的观察不难发现，同为中华民族后人的海峡两岸人民在长时间的政治隔离过程中，关于婚姻问题已然逐渐形成了专属于自身的生活态度和舆论导向。两岸相向而行的前提就是要认识并承认差异，离婚自由权的行使不仅仅关乎两岸人民的切身幸福，同时也是审视一个整体社会文明与否的重要标杆。其实，在追求法治上的平等和自由人权方面大陆与台湾志同道合，两岸民间交流互访频繁的同时，两岸民事司法合作也应乘胜追击，在充分认识、尊重两地民俗的基础上，公平对待由通婚衍生的离婚冲突，培养两岸司法系统高效处理区际离婚纠纷的能力，在一国两制、平等互信的先导思想下，更好地为两岸人民谋福祉。

论离婚时按揭房产的法律处置

——以 2012 年到 2014 年中国重庆市某基层法院离婚案件判决书为样本的实证研究[*]

李 俊 朱晓旭[**]

【内容摘要】近年来，随着我国房地产行业的蓬勃发展，商品房价格也是一路高涨，通过按揭方式来实现自己的买房梦想已成为社会民众买房时的一种普通选择。然而，我国对按揭房的法律调整却并未完全符合现实生活之需要，特别于因离婚而引发的对此类房屋之分割方面更是问题重重。文章通过对重庆市某基层法院 2012 年至 2014 年离婚时按揭房产处理中的各类问题进行调查和梳理，以了解离婚时按揭房产在实践中的具体处理举措及所面临的困局，并有针对性地提出了部分完善建议。

【关 键 词】离婚案件　　按揭房产分割

在我国，房屋所有权的获取已不仅仅是对物质性生产资料的占有，更是人们拥有个人家园之精神需求的一种体现。近年来，随着房价的不断升

---

[*] 本论文系中国婚姻法学会课题《婚姻法实施状况评估和对策建议》的阶段性成果。
[**] 李俊，男，西南政法大学民商法学院副教授，法学博士，主要研究方向：民法、亲属法学。
朱晓旭，女，西南政法大学民商法学院硕士研究生，研究方向：亲属法学。

高，采用全款给付的方式购房对于一个普通家庭而言自然存在很大的困难，此时，按揭方式的存在及其普及无疑为越来越多的人提供了更为现实化的选择，但随之引发的种种问题也在法律层面逐渐体现，然而我国相关立法对于这些问题的处置却难称完备。因此，我们就这一现状，在重庆市某基层法院召开专题调研，通过对相关案卷的查阅和分析，以期找出在法院审理阶段所存在的实际问题，并尝试性地提出解决问题的建议。

一 调研数据

（一）按揭房屋的基本数据

表1 2012～2014年按揭房屋的数量情况

年份	离婚案件的数量	涉及房产的案件数量	涉及按揭房产的数量	按揭房产数量占涉及房屋案件数量的比例
2012	461	46	13	28.3%
2013	601	77	24	31.2%
2014	667	122	47	38.5%

2012年离婚案件共461件，其中涉及房产的有46件，按揭房屋的有13件，占28.3%。2013年离婚案件共601件，其中涉及房产的有77件，按揭房屋的有24件，占31.2%。2014年离婚案件共667件，其中涉及房产的有122件，按揭房屋的有47件，占38.5%。

从上述数据可以看出，2012～2014年离婚案件的数量呈上升趋势，离婚案件中涉及房产的案件数量激增，其中涉及按揭房屋的案件数量占涉及房屋的案件数量的比例大大提高。这表明域外超前消费的思想在相当程度上改变了中国民众保守支出的传统观念，大众逐渐接受了类似按揭这样的消费模式。随着社会的发展，许多民众不但在买车买房时采用按揭方式，甚至对手机或护肤品这类商品也逐渐习惯选择按揭购买，这不仅是商家营销策略不断革新的结果，更是人们消费观念渐趋前卫的一种表现。

按揭房屋数量的上升还表明房价的飙升使普通人群一次性付清房屋价款显得日益困难，房屋的现有价格明显超出了一般工薪阶层的支付能力，在这种情况下,按揭买房的模式应运而生,不仅满足了房地产相关产业的牟利需要,也迎合了民众分期购买房屋的现实需求。

(二) 当事人基本信息

1. 按揭房屋案件原告的性别

表2 按揭房屋案件原告的性别情况

年 份	原告为女性案件数量	原告为女性的案件占按揭房屋总数量的比例	原告为男性案件数量	原告为男性的案件占按揭房屋总数量的比例
2012	8	61.5%	5	38.5%
2013	15	62.5%	9	37.5%
2014	31	66.0%	16	34.0%

2012年涉及按揭房屋的案件中,原告为女性的案件数为8件,占61.5%。原告为男性的案件数为5件,占38.5%。2013年涉及按揭房屋的案件中,原告为女性的案件数为15件,占62.5%。原告为男性的案件数为9件,占37.5%。2014年涉及按揭房屋的案件中,原告为女性的案件数为31件,占66.0%。原告为男性的案件数为16件,占34.0%。从上述数据可以看出,涉及按揭房产的离婚案件中,原告为女性的案件比原告为男性的案件要多,当然,这也与离婚案件总量中女性提请的数量较多这一趋势有关。

2. 按揭房屋案件当事人的年龄

表3-1 按揭房屋案件原告的年龄情况

年 份	20~30岁之间	31~40岁之间	41~50岁之间	51~60岁之间
2012	6	5	2	0
2013	13	9	2	0
2014	26	19	1	1

表3-2 按揭房屋案件被告的年龄情况

年 份	20~30岁之间	31~40岁之间	41~50岁之间	51~60岁之间
2012	5	7	1	0
2013	11	11	2	0
2014	23	21	2	1

2012年涉及按揭房屋的案件中,原告的年龄在20~30岁之间的有6件,在31~40岁之间的有5件,在41~50岁之间的有2件。2013年涉及按揭房屋的案件中,原告的年龄在20~30岁之间的有13件,在31~40岁之间的有9件,在41~50岁之间的有2件。2014年涉及按揭房屋的案件中,原告的年龄在20~30岁之间的有26件,在31~40岁之间的有19件,在41~50岁之间的有1件,在51~60岁之间的有1件。2012年涉及按揭房屋的案件中,被告的年龄在20~30岁之间的有5件,在31~40岁之间的有7件,在41~50岁之间的有1件。2013年涉及按揭房屋的案件中,被告的年龄在20~30岁之间的有11件,在30~40岁之间的有11件,在41~50岁之间的有2件。2014年涉及按揭房屋的案件中,原告的年龄在20~30岁之间的有23件,在31~40岁之间的有21件,在41~50岁之间的有2件,在51~60岁之间的有1件。

从上述数据可以看出,涉及按揭房屋的案件,原、被告年龄主要集中在20~40岁这一阶段,一方面,因为该年龄段正是有购房需要的年龄;另一方面,处于该年龄段的当事人往往具有办理按揭能力和资格。同时,这一阶段也是夫妻双方感情容易出现矛盾并因此引发离婚的时期。

3. 按揭房屋案件男女双方收入对比

表4 按揭房屋案件男女双方收入对比情况

年 份	女方收入比男方多的案件数	女方收入比男方多的案件数占总案件数的比例	男方收入比女方多的案件数	男方收入比女方多的案件数占总案件数的比例
2012	1	9.1%	10	90.9
2013	2	9.5%	19	90.5%
2014	7	17.9%	32	82.1%

2012年涉及按揭房屋的案件中,有数据可查的女方收入比男方收入多的有1件,占9.1%,男方收入比女方收入多的有10件,占90.9%。2013年涉及按揭房屋的案件中,有数据可查的女方收入比男方收入多的有2件,占9.5%,男方收入比女方收入多的有19件,占90.5%。2014年涉及按揭房屋的案件中,有数据可查的女方收入比男方收入多的有7件,占17.9%,男方收入比女方收入多的有32件,占82.1%。从上述数据可以看出,涉及按揭房屋的案件中,男方的收入一般比女方高,这也符合中国"男主外女主内"的传统观念和现实生活中的情况。

（三）原告请求离婚的理由

表5　按揭房屋案件中原告请求离婚的理由

年　份	有配偶者与他人同居	家庭暴力	虐待遗弃家庭成员	与婚外第三人有不正当关系	有赌博等恶习	其他
2012	1	4	1	2	0	5
2013	2	4	1	5	3	9
2014	6	9	4	10	4	14

2012年涉及按揭房屋的案件中，请求离婚的理由中，有配偶者与他同居的有1件，占7.69%，家庭暴力的有4件，占30.8%，虐待遗弃家庭成员的有1件，占7.69%，与婚外第三人有不正当关系的有2件，占15.4%，其他理由的有5件，占38.5%。2013年涉及按揭房屋的案件中，请求离婚的理由中，有配偶者与他同居的有2件，占8.3%，家庭暴力的有4件，占16.7%，虐待遗弃家庭成员的有1件，占4.2%，与婚外第三人有不正当关系的有件5件，占20.8%，有赌博等恶习的有3件，占12.5%，其他理由的有9件，占37.5%。2014年涉及按揭房屋的案件中，请求离婚的理由中，有配偶者与他同居的有6件，占12.8%，家庭暴力的有9件，占19.1%，虐待遗弃家庭成员的有4件，占8.51%，与婚外第三人有不正当关系的有件10件，占21.3%，有赌博等恶习的有4件，占8.51%，其他理由的有14件，占29.78%。从上述数据可以看出，原告的离婚理由中被告一方有过错的情况占很大一部分比例，虽然不排除原告因希望离婚而夸大事实的情形，但以"过错"的存在而提请离婚确实占有一定的比例。

（四）房屋的情况

1. 按揭房屋登记情况

表6　按揭房屋登记情况

年　份	登记在女方名下的房屋数量	登记在男方名下的房屋数量	登记在双方名下的房屋数量	登记在一方父母名下的房屋数量
2012	1	6	4	2
2013	4	10	8	2
2014	7	16	18	6

2012 年涉及按揭房屋的案件中，房屋登记在女方名下的有 1 件，占 7.6%，房屋登记在男方名下的占 6 件，占 46.2%，登记在男女双方名下有 4 件，占 30.8，登记在一方父母名下的有 2 件，占 15.4%。2013 年涉及按揭房屋的案件中，房屋登记在女方名下的有 4 件，占 16.7%，房屋登记在男方名下的占 10 件，占 41.7%，登记在男女双方名下的有 8 件，占 33.3%，登记在一方父母名下的有 2 件，占 8.3%。2014 年涉及按揭房屋的案件中，房屋登记在女方名下的有 7 件，占 14.9%，房屋登记在男方名下的占 16 件，占 34.0%，登记在男女双方名下的有 18 件，占 38.3%，登记在一方父母名下的有 6 件，占 12.8%。从上述数据可以看出，按揭房登记在男方一方名下的案件数远远大于登记在女方一方名下的案件数，即使在女性地位较高的重庆地区也不例外。不动产登记簿上的登记是对不动产物权的权利推定，如果该不动产属于夫妻共同财产却只登记在男方一方名下，客观上对于女方的利益保护存在着不利的影响。

2. 按揭房屋首付的出资情况

表 7　按揭房屋首付的出资情况

年　份	女方出资	男方出资	男女双方共同出资	一方父母出资	其他
2012	1	4	4	3	1
2013	3	7	8	5	1
2014	4	15	14	10	4

2012 年涉及按揭房屋的案件中，女方一方出资付首付的案件有 1 件，占 7.69%，男方一方出资付首付的案件有 4 件，占 30.8%，男女双方共同出资付首付的案件有 4 件，占 30.8%，一方父母出资付首付的案件有 3 件，占 23.02%，其他情况有 1 件，占 7.69%。2013 年涉及按揭房屋的案件中，女方一方出资付首付的案件有 3 件，占 12.5%，男方一方出资付首付的案件有 7 件，占 29.2%，男女双方共同出资付首付的案件有 8 件，占 33.3%，一方父母出资付首付的案件有 5 件，占 20.8%，其他情况有 1 件，占 4.2%。2014 年涉及按揭房屋的案件中，女方一方出资付首付的案件有 4 件，占 8.5%，男方一方出资付首付的案件有 15 件，占 31.9%，男女双方共同出资付首付的案件有 14 件，占 29.8%，一方父母出资付首付的案件有

10 件，占 21.3%，其他情况有 4 件，占 8.5%。从上述数据可以看出，按揭房屋的首付款由女方单独出资的情况较少，这也是很多地方"男方买房，女方装修"或"男方买房，女方买家具"风俗的一种体现。

3. 房屋贷款偿还情况

表 8　房屋贷款偿还情况

年　份	男女一方以婚前个人财产偿还贷款	双方共同偿还贷款	其他
2012	1	11	1
2013	2	17	5
2014	2	35	10

2012 年涉及按揭房屋的案件中，男女一方以婚前个人财产偿还贷款的案件数为 1 件，占 7.69%，双方共同偿还贷款案件数为 11 件，占 84.62%，其他情况主要是指一方以婚前财产偿还一部分贷款，婚后双方偿还一部分贷款的情形，这种案件有 1 件，占 7.69%。2013 年涉及按揭房屋的案件中，男女一方以婚前个人财产偿还贷款的案件数为 2 件，占 8.33%，双方共同偿还贷款案件数为 17 件，占 70.83%，其他情况的案件有 5 件，占 20.84%。2014 年涉及按揭房屋的案件中，男女一方以婚前个人财产偿还贷款的案件数为 2 件，占 4.25%，双方共同偿还贷款案件数为 35 件，占 74.47%，其他情况的案件有 10 件，占 21.28%。从上述数据可以看出，婚后双方共同参与还贷的占大多数，这也和按揭房的还贷时间跨度大的特点有关。

4. 房屋的套数

表 9　房屋套数的情况

年　份	1 套	2 套	3 套以上
2012	9	3	1
2013	18	4	2
2014	36	8	3

2012 年涉及按揭房屋的案件中，夫妻双方有 1 套房产的有 9 件，占 69.23%，夫妻双方有 2 套房产的有 3 件，占 23.07%，夫妻双方有 3 套以上房产的有 1 件，占 7.7%。2013 年涉及按揭房屋的案件中，夫妻双方有 1 套房产的有 18 件，占 75%，夫妻双方有 2 套房产的有 4 件，占 16.7%，夫妻

双方有 3 套以上房产的有 2 件，占 8.3%。2014 年涉及按揭房屋的案件中，夫妻双方有 1 套房产的有 36 件，占 76.6%，夫妻双方有 2 套房产的有 8 件，占 17.02%，夫妻双方有 3 套以上房产的有 3 件，占 6.38%。从上述数据可以看出，大多数家庭只有一套房产，这样双方在离婚时更容易就房产问题产生纠纷，产生双方都争夺房产的现象。

5. 按揭房的房产证夫妻何时取得

表 10　按揭房房产证夫妻何时取得

年　份	婚前取得	婚姻关系存续期间取得	离婚时尚未取得
2012	0	3	10
2013	1	7	16
2014	1	11	35

2012 年涉及按揭房屋的案件中，婚姻关系存续期间取得房屋产权证案件数量是 3 件，占 23.1%，离婚时夫妻尚未取得的有 10 件，占 76.9%。2013 年涉及按揭房屋的案件中，婚前取得房产证的有 1 件，占 4.17%，婚姻关系存续期间取得房屋产权证案件数量是 7 件，占 29.16%，离婚时夫妻尚未取得的有 16 件，占 66.67%。2014 年涉及按揭房屋的案件中，婚前取得房产证的有 1 件，占 2.1%，婚姻关系存续期间取得房屋产权证案件数量是 11 件，占 23.4%，离婚时夫妻尚未取得的有 35 件，占 74.5%。从上述数据可以看出，离婚时尚未取得房屋产权证的案件占多数，这也和按揭房还贷时间跨度大存在一定关系。

（四）法院的处理结果

1. 法院的结案方式

表 11　法院的结案方式

年　份	判决	调解	撤诉
2012	4	5	4
2013	8	9	7
2014	15	16	16

2012年涉及按揭房产的案件中，4件是以判决的方式判决结案，占30.77%，5件是以判决的方式调解结案，占38.46%，4件是以判决的方式撤诉结案，占30.77%。2013年涉及按揭房产的案件中，8件是以判决的方式判决结案，占33.33%，9件是以判决的方式调解结案，占37.5%，7件是以判决的方式撤诉结案，占29.17%。2014年涉及按揭房产的案件中，15件是以判决的方式判决结案，占31.92%，16件是以判决的方式调解结案，占34.04%，16件是以判决的方式撤诉结案，占34.04%。从上述数据可以看出，以判决、调解和撤诉结案的案件数量基本持平，以调解方式结案的案件数量略高于以判决方式结案的案件的数量。因为以撤诉结案的案件就不涉及房屋处理问题，故以下对房屋处理情况的数据分析中不包括该部分案件。

2. 房屋的处理情况

表12　房屋的处理情况

年　份	归女方所有，补偿男方一定数量的金钱	归男方所有，补偿女方一定数量的金钱	其他处理方式
2012	3	4	2
2013	7	7	3
2014	15	13	3

2012年涉及按揭房产的案件中，房屋归女方所有，补偿男方一定数量的金钱的案件数量有3件，占33.3%，房屋归男方所有，补偿女方一定数量的金钱的案件数量有4件44.4%，其他处理方式有2件，占22.2%。2013年涉及按揭房产的案件中，房屋归女方所有，补偿男方一定数量的金钱的案件数量有7件，占41.2%，房屋归男方所有，补偿女方一定数量的金钱的案件数量有7件，占41.2%，其他处理方式有3件，占17.6%。2014年涉及按揭房产的案件中，房屋归女方所有，补偿男方一定数量的金钱的案件数量有15件，占48.4%，房屋归男方所有，补偿女方一定数量的金钱的案件数量有13件，占41.9%，其他处理方式有3件，占9.7%。从上述数据可以看出，房屋归女方的案件数量与房屋归男方的案件数量基本持平。

二 离婚时按揭房产的处理及存在的问题

近年来，随着我国房地产行业的蓬勃发展，房屋价值的也不断增大，离婚的双方当事人对于房屋的争夺愈演愈烈，离婚时按揭房屋的处理问题就显得格外重要。在本次调研中，我们发现此类案件的处理中主要存在以下问题：

（一）《婚姻法司法解释（三）》第十条内容不够完备，适用范围小

《婚姻法司法解释（三）》第十条的适用有着严格的条件限制，具体包括：其一，夫妻一方婚前以个人名义签订不动产买卖合同。其二，夫妻一方以个人财产支付首付款并在银行贷款。其三，不动产登记在夫妻一方名下。其四，婚后用夫妻共同财产还贷。以上四个条件需同时满足，才能适用该条。① 通过在法院的调研，我们发现，该法院2012年适用《婚姻法司法解释（三）》第十条的规定判决的案件仅有1件，2013年有1件，2014年有2件。其主要原因在于该条的规定虽可称细致但也因此显得适用范围狭窄，不能应对司法实务中出现的各种复杂情况，如夫妻一方婚前购买不动产却登记在对方名下或双方名下如何处理？婚前一方购买不动产且婚前还清所有贷款，但是房屋产权证书在婚后取得时房屋将如何处理？夫妻一方的父母在婚前出资支付首付款或在婚后代为清偿按揭款时如何处理等。这就导致法官在处理相关案件时缺乏直接性的指导，不利于现实问题的处理。

（二）缺少具体化的考量因素

从统计数据可以看出，2012年案件中，房屋登记在女方名下的有1件，房屋登记在男方名下的占6件，登记在男女双方名下有4件，登记在一方父母名下的有2件。2013年案件中，房屋登记在女方名下的有4件，房屋登记在男方名下的占10件，登记在男女双方名下的有8件，登记在一方父母名下的有2件。2014年涉及按揭房屋的案件中，房屋登记在女方名下的有7件，房屋登记在男方名下的占16件，登记在男女双方名下的有18件，登记

---

① 杨帆：《离婚纠纷中按揭房屋的归属与分割》[D]，硕士学位论文，华东政法大学，2011，第15页。

在一方父母名下的有6件。

从法院对房屋的处理结果来看，2012年涉及按揭房产的案件中，房屋归女方所有，补偿男方一定数量的金钱的案件数量有3件，房屋归男方所有，补偿女方一定数量的金钱的案件数量有4件，其他处理方式有2件。2013年涉及按揭房产的案件中，房屋归女方所有，补偿男方一定数量的金钱的案件数量有7件，房屋归男方所有，补偿女方一定数量的金钱的案件数量有7件，其他处理方式有3件。2014年涉及按揭房产的案件中，房屋归女方所有，补偿男方一定数量的金钱的案件数量有15件，房屋归男方所有，补偿女方一定数量的金钱的案件数量有13件，其他处理方式有3件。

房屋的处理结果并不与房屋登记完全重合，因为不动产登记簿上的登记只是对不动产物权的权利推定，且家庭中的财产具有人身依附性，比一般财产的处理更加复杂，所以不能把房屋登记作为离婚时按揭房处理的唯一依据。然而，离婚时按揭房屋的处理需要考虑哪些因素，我国法律并没有具体化的规定，导致法官裁判时容易感到无所适从。

（三）购买房屋的资金来源复杂，且往往难以查明

按揭房屋的出资比其他房屋的出资更加复杂，在按揭房屋的案件中，仅仅首付的出资情况就分为很多种，包括：女方一方出资付首付、男方一方出资付首付、男女双方共同出资付首付、一方或双方父母出资付首付等。还贷情况也分为：男女一方以婚前个人财产偿还贷款、双方共同偿还贷款等。由于按揭房屋种类的复杂，按揭房屋的资金来源往往很难查明。由于社会生活的多样性，即使按揭房的首付和贷款以一方的名义出资，但是事实上另一方的出资情况和双方父母的出资情况也很难查清楚。此外，婚后还贷行为，可能由一方承担，但是我国实行的是限制的婚后所得共同制，所以一方婚后用于还贷的财产是一方的个人财产还是夫妻共同财产，往往难以举证证明。

（四）照顾女方权益的分割原则在实际处理中表现得不明显

2012年涉及按揭房屋的案件中，有数据可查的女方收入比男方收入多的有1件，占9.1% 男方收入比女方收入多的有10件，占90.9%。2013年涉及按揭房屋的案件中，有数据可查的女方收入比男方收入多的有2件，占

9.5%，男方收入比女方收入多的有19件，占90.5%。2014年涉及按揭房屋的案件中，有数据可查的女方收入比男方收入多的有7件，占17.9%，男方收入比女方收入多的有32件，占82.1%。上述数据表明，女方在收入方面相比男方没有优势。2012年涉及按揭房产的案件中，房屋归女方所有，补偿男方一定数量的金钱的案件数量有3件，占33.3%，房屋归男方所有，补偿女方一定数量的金钱的案件数量有4件，占44.4%，其他处理方式有2件，占22.3%。2013年涉及按揭房产的案件中，房屋归女方所有，补偿男方一定数量的金钱的案件数量有7件，占41.2%，房屋归男方所有，补偿女方一定数量的金钱的案件数量有7件，占41.2%，其他处理方式有3件，占17.6%。2014年涉及按揭房产的案件中，房屋归女方所有，补偿男方一定数量的金钱的案件数量有15件，占48.4%，房屋归男方所有，补偿女方一定数量的金钱的案件数量有13件，占41.9%，其他处理方式有3件，占9.7%。我国现行《婚姻法》第39条规定离婚时，夫妻共同财产处理协议不成的，由人民法院根据财产的具体情况，照顾子女和女方权益的原则判决。由此可见，照顾女方的权益原则是离婚时处理夫妻共同财产的重要原则，但从上述数据可以看出，尽管男方在收入方面比女方有优势，但是在我国对按揭房房产的实际分割中，照顾女方权益的原则表现得并不明显。

三　离婚时按揭房产法律处置的完善建议

我国现行法虽然于《婚姻法司法解释（三）》直接规定了一方婚前贷款购买不动产的处理情况，但是其范围过于狭小，间接规定的条文又存在不少可能引发冲突的地方。

有的学者认为"婚姻契约的基本原则是最大限度地分享对方创造的物质精神财富，不计较个人得失，所以应当严格限制《婚姻法司法解释（三）》的适用范围，即使在符合其构成要件时，法院也只是可以判决该不动产归产权登记一方"。[①] 由于婚姻中的财产关系依附于人身关系，所以婚

[①] 季长龙：《婚前按揭房产分别所有制的法理反思——以最高人民法院〈婚姻法〉解释（三）第10条为对象》，《浙江工商大学学报》2015年第2期。

姻中的财产关系有很大的伦理成分在其中。这就造成了离婚时夫妻离婚时按揭房产的处理比一般的按揭房产的处理要难得多。然而,我国现行立法中缺少处理离婚时按揭房产的统一立法,只有少量的条文规范,而且这些条文之间有时会相互冲突。《中华人民共和国婚姻法》规定了夫妻共有财产的范围。① 《中华人民共和国婚姻法》第 19 条规定夫妻对婚姻关系存续期间所得的财产以及婚前财产的约定,对双方具有约束力。《中华人民共和国物权法》第 9 条规定:不动产物权的设立、变更转让、消灭,经依法登记发生效力;未经登记,不发生效力,但法律另有规定的除外。《中华人民共和国物权法》第 17 条规定,不动产权属证书是权利人享有该不动产的物权的证明。如果夫妻双方在婚前用个人财产购置按揭房,按揭款在婚前用个人财产归还完毕,但是房屋的产权证书在婚姻关系存续期间取得,依照《婚姻法》的规定此按揭房属于夫妻共同所有,但是按照《物权法》的此按揭房属于登记一方所有。再如一方的产权证在婚后才取得,如果按照房屋产权证书的取得时间来算,按照《婚姻法》的规定,该按揭房属于夫妻共同财产,但是按照《物权法》的规定,该按揭房属于登记一方的个人财产。有的学者认为该按揭房属于夫妻共同财产,② 也有的学者认为该按揭房属于登记一方的个人财产。③ 又如夫妻双方签订夫妻财产约定,约定按揭房归女方所有,但是没有变更登记,离婚时房产证上依然登记的是男方的名字,此时按照《婚姻法》的规定此按揭房时是女方的财产,但依照《物权法》该房屋时男方的财产。有的学者认为房产的归属应当按照夫妻财产约定的内容来确定,④ 而有的学者认为房产的归属应当依房屋产权登记为准。⑤ 针对立法上存在的缺失,结合调研过程中发现的种种问题,笔者认为,完善该制度需要考虑以下几个方面:

---

① 此法条第 17 条明确规定:"夫妻在婚姻关系存续期间所得的下列财产,归夫妻共同所有:(一)工资、奖金;(二)生产经营的收益;(三)知识产权的收益;(四)继承或赠与所得的财产,但本法第十八条第三项规定的除外;(五)其他应当归共同所有的财产。"
② 张宝华,王林林:《婚前个人贷款婚后共同还贷房屋的分割》[M],《人民法院报》2012 年第 4 期。
③ 杜万华,程新文,吴晓芳:《关于适用婚姻法若干问题的解释(三)的理解与适用》[J],《人民司法》2011 年第 17 期。
④ 付卫东:《婚前按揭房屋分割法律问题研究》[D],上海交通大学,2012,第 23 页。
⑤ 王娜:《婚前个人按揭房所有权归属及补偿之思考》[D],新疆大学,2012,第 12 页。

1. 以类型化的方式就按揭房的确权问题加以系统化规定

按揭买房成为普通民众买房的主要方式，而按揭的法律关系复杂、按揭房屋类型多样决定了要正确分割按揭房屋的前提是清晰界定"按揭"房屋的权属问题，而如前所述，我国现行《婚姻法》及司法解释中涉及按揭房屋的专门性规定不仅内容较少且涵盖不全，故应就按揭房的确权其分割加以系统化规定。

首先，通过类型化方式来对按揭房屋的权利归属加以全面调整，即突破现有规定仅局限于婚前一方个人支付首付款的情况，根据夫妻单方或双方本人支付首付款、夫妻之父母单方或双方支付首付款以及夫妻单方或双方、夫妻之父母单方或双方给付按揭款等不同情况，确认基本的权利归属原则。

其次，就各种类型化的房屋权属规则中设置一些弹性化的应用性规则，例如，司法解释三第 10 条的规定中，就要求法院"可以"而非必然地将按揭房的所有权判归登记名义方，而实务操作中，登记名义方无力承担剩余的按揭还款义务而对方有支付能力往往可作为法院将该房屋判归登记人配偶的一个典型例外。因此，在类型化的调整模式下，可以更为细致地就按揭房屋类型的不同来设置具有可操作性的弹性规则。

2. 就按揭房屋权利归属的考量因素加以具体化规定[①]

按揭房在产权确认时应当考虑哪些因素，是只考虑房屋产权登记，还是要考虑出资情况，包括首付的出资情况和贷款的出资情况，房产证婚前婚后取得会不会对房屋产权的归属有影响，法律没有系统的规定，而且法律也没有规定法院在认定房屋产权时需要考虑问题的顺位。[②] 笔者以为，确定房屋产权的归属是离婚时房屋分割问题的前提，因为只有属于夫妻共有的房屋才存在于离婚阶段的分割问题。按揭房屋确定房屋产权时必须考虑夫妻财产制的应用、房屋产权登记的效力、首付的出资、贷款的偿还等多方面问题，因此应就按揭房屋权利归属的考量因素加以具体化规定。

---

① 还有的学者主张在房产分割原则下设立具体考量因素，不同类型的房产有不同的考量因素。参见蒋月：《论夫妻一方婚前借款购置不动产的利益归属——对〈婚姻法〉司法解释（三）征求意见稿》第 11 条的商榷》，《西南政法大学学报》2011 年第 2 期。

② 夏吟兰：《离婚自由与限制论》，中国政法大学出版社，2007，第 113 页。

首先，需考虑夫妻财产制的应用。夫妻财产制是指夫妻婚前财产和婚后所的财产的归属、管理、使用、收益、处分，以及债务清偿、婚姻关系解除时夫妻财产的清算和分割。夫妻财产制可以分为法定夫妻财产制和约定夫妻财产制。我国法定夫妻财产制是"限定的婚后所得共同制"，因为我国现行《婚姻法》第十七条规定：夫妻在婚姻关系存续期间取得的工资奖金、生产经营的收益、知识产权的收益、除归一方所有的继承或赠与的财产等归夫妻共同所有。第十八条规定了夫妻一方个人财产的情形。此种规定可以推导出夫妻在婚后出资购买或建造房屋，不论登记在哪一方名下，除非有约定，此房屋都是夫妻共同财产。而且如果房屋是夫妻一方婚前出资购买，结婚时已经还清房贷，房屋产权证又在婚前已经取得，此房屋是夫妻一方婚前的个人财产。① 现行《婚姻法》第 19 条规定夫妻对婚前及婚姻关系存续期间所得的财产的约定对双方具有约束力。根据此条文，双方就婚前或婚内取得的不动产有约定，即使就该不动产没有办理变更登记，该不动产的归属依然应按照夫妻财产约定来处理。

其次，要考虑房屋产权的登记效力。我国实行二元的物权变动模式，即以公示生效主义为原则，以公示对抗主义为例外不动产物权已经登记，就产生权利正确的推定效力，这是公示公信效力的体现，对于保护交易效率和交易安全有着十分重要的作用。法院在确认按揭房的产权归属时，应考虑房屋产权的登记情况但又因为婚姻关系的特殊性而并不能仅以此作为确权的唯一依据。

最后，要考虑首付的出资和贷款的还款情况，符合《婚姻法司法解释（三）》第 10 条之规定，当然可依法处理。但如果房屋的首付是夫妻双方支付时，无论其出资比例如何应确认该房屋系双方共同财产，而如房屋首付是夫妻父母双方支付时，笔者以为《婚姻法司法解释（三）》第 7 条第 2 款所确认的"依出资比例认定为按份共有"之规则不能类推适用，其理由主要有二：其一，《婚姻法司法解释（三）》第 7 条第 2 款规定的是双方父母全额出资为子女购房之情形，在按揭购房的场合直接套用可能对婚后夫妻

---

① 丁赟：《婚前按揭房产分割问题研究》[D]，硕士学位论文，上海社会科学院，2011，第 12 页。

双方共同还贷的行为产生不利影响，因为，按此逻辑，既然夫妻就房屋已然形成了按分共有那么按揭款的偿付是否也应该依照各自比例来承担义务呢？如果夫妻一方的还款比例超过了其应承担的份额又是否享有追偿权呢？该追偿权的行使是否以夫妻离婚为条件呢？这一系列问题完全可以通过按揭房处理规则中简单的确认于此情形仍属于夫妻共同所有而得以避免。其二，《婚姻法司法解释（三）》第7条第2款之规定本身就是对我国现行夫妻财产基本规则的不当背离，因此，学界早已有对其之批评。笔者也认为，不能以夫妻双方之父母出资的多少来确认夫妻于房产中的份额，简言之，夫妻关系不是一种商业化的运作模式，夫妻之间的财产关系也不能简单套用商业社会中的一些既定方案，商业化出资行为系以"营利"为目标而婚姻生活中的出资则首先考虑"共益"，即维持夫妻正常生活且对夫妻乃至全体家庭成员产生积极影响，这种"利益"绝非可以通过简单的金钱衡量来加以确认的。

此外，未成年子女利益也应该在按揭房的确认及分割中加以考量。离婚后未成年子女的身心健康是全社会关注的重点，父母离婚对未成年子女有极大可能造成伤害，如果在对夫妻的按揭房归属及分割中完全不考虑未成年子女利益，则明显会对子女产生新的伤害，因此，《婚姻法》第39条第1款所确认的照顾子女原则在此情况下可以有两个具体表现：一是根据子女之情况而将房屋判归子女直接抚养方；二是在非直接抚养方取得房屋的情况下于房屋补偿金或分割价款中做出有利于子女的认定。

3. 在按揭房的确权及分割中更充分地体现照顾女方权益原则

受传统观念的影响，大多数地区男方购房女方购买家具或女方买车，男方如果一次性付清全款，房屋登记在男方名下，则房屋属于男方一方的婚前财产。如果符合《婚姻法司法解释（三）》的规定，房屋也属于男方的个人财产，仅就双方婚后共同还贷支付的款项及其对应部分，由男方对女方进行补偿。近年来，由于房屋价格的不断增长，房屋在婚后一般均呈现升值态势且还将继续保持很长时间，但女方出资购买的车辆或家具则由于是消耗类的产品而在婚后贬值，这导致上述规定的简单适用往往会在离婚财产分割中显得对女性较为不公，而照顾女方的权益原则虽然是离婚时处理夫妻共同财产的重要原则，但是如前所述，此原则在实践中体现得不是太明显。因此,有研究者建议在离婚时房产分割问题上,可以更多地照顾女方的权益,考虑双方的实际情况进行分割。① 具体而言,笔者认为可以有两种方案:其一,是彻底改造《婚姻法司法解释三》第10条规定,并不是仅以购房的首付款的支付和房屋登记作为确定房屋归属的核心要素,而是将非购房方(往往是女方)就房屋装修或家具购置方面的出资也加以考量,共同确认为就该房产所做出的"贡献",从而确定该房屋为夫妻共同财产;其二,是在基本坚持《婚姻法司法解释三》第10条规定的前提下,在房屋补偿的计算中考虑非购房方的上述"贡献"而增加补偿金的数额。

结　语

综上所述,离婚时按揭房产的法律处置在实践中还存在着许多具体的问题,对离婚中按揭房的法律处置提供更为具体化立法的工作还有很长一段路要走。当前,法院在处理该类问题时,可以在工作中不断地总结经验,探索解决此类问题的具体方案,为立法工作提供实践基础,而相关立法的完善也必须要针对司法实践中已经存在或可能存在的现实问题来提供有效的应对,唯有如此,才可期冀我国相关制度的整体进步与发展!

---

① 朱峻生:《论离婚案件按揭房权属的确认与分割》[D],硕士学位论文,上海交通大学,2012,第14页。

从"父债子还"到"夫债妻还"

何丽新[*]

【内容摘要】"父债子还"古代习俗所勾勒的遗产债务无限清偿责任为现代的限定继承制度所取代,继承人以继承所得的遗产价值为限清偿被继承人生前债务,实现继承人固有财产与被继承人遗产的分离和身份继承到财产继承的转变。但在现今"交易安全"彰显下,我国《婚姻法司法解释(二)》确立夫妻共同债务推定和连带清偿规则,出现大量的"夫债妻还"现象,导致离婚女性陷入生活困境,直接冲击婚姻家庭价值观念。法律保护家庭财产,应防止牺牲私人"静的财产利益"以保护"动的交易安全",夫妻债务制度也应吸收限定继承的立法理念,以在婚姻关系存续期间夫妻一方所产生的债务推定个人债务为基本规则,以日常家事代理权范围内产生的债务为夫妻共同债务作为必要补充,导入遗产管理制度的基础,实行离婚财产清算制度,借鉴继承人限定遗产责任的路径,实现夫妻债务离婚清偿有限责任。

【关 键 词】限定继承 夫妻债务 有限责任

---

[*] 何丽新,女,法学博士,厦门大学法学院教授,博士生导师。基金项目:2014年司法部课题"家庭财产保护法律问题研究"(XMK1400002)。

为平衡继承人和遗产债权人的双方利益,"父债子还"的遗产债务无限清偿责任止于限定继承,继承人对被继承人生前债务以继承所得的遗产价值为限承担有限清偿责任。但我国婚姻法在交易安全与债务有限责任的博弈中,以《婚姻法司法解释(二)》第 24 条确立在婚姻关系存续期间夫妻一方所产生的债务为夫妻共同债务的推定规则,且夫妻双方对此债务承担连带清偿责任。在"男主外,女主内"的婚姻家庭中,没有参与举债的女性即使"卸下婚姻",仍然"背上巨债",以其个人财产偿还在婚姻关系存续期间举债方所产生的债务,出现"夫债妻还"。此举将大量的交易风险引入婚姻家庭领域,婚姻沦为巨大的陷阱。

一 "父债子还"与限定继承

我国古代素有"父债子还"的习俗,子对其父生前所负的债务,无论其父是否存在遗产或生前债务是否大于遗产价值,都负无限清偿责任,甚至一代接一代的偿还,直到清偿完毕为止,这被称为无限继承。在无限继承下,被继承人死亡后,其财产上的权利义务一并转移给继承人,继承人对被继承人生前所负债务承担全部清偿责任,不以其所继承的遗产价值范围为限,即使对超出遗产价值的债务,继承人仍应以个人固有财产偿还全部债务。无限继承分为自愿的无限继承和强制的无限继承,前者强调在继承过程中,继承人主动地、无条件地继承被继承人的全部财产权利和财产义务;后者强调的是法定事由的出现,尤其是继承人丧失选择放弃继承或有限继承的情形,法律强制以无限继承的方式继承。

现代社会强调人格独立、责任自负,"父债子还"无限清偿责任为限定继承的有限清偿责任所取代。我国 1985 年《继承法》亦采用无条件的限定继承,且赋予继承人意思自治,第 33 条规定限定继承的同时赋予继承人选择权,继承人可以自愿清偿超过遗产价值的被继承人债务之一部分或全部,但这种清偿不是继承人的义务,而是一种权利。若被继承人的生前债务多于遗产价值,继承人可选择放弃继承而无须承担被继承人生前债务。即使继承人选择继承,继承人只需在继承遗产价值的限度内对被继承人清偿债务,而不以个人财产对被继承人的债务负责。这种限定继承,将被继承人的财产与继承人的财产相分离,保证被继承人的财产首先用以清偿被继承人的生前债务,而继承人的固有财产不因继承而受到损害。

限定继承以公平保护继承人和遗产债权人的双方利益为宗旨,一方面,家庭生活共同体一成员死亡,与其共同生活存在关系的特定生存人承继死亡者的遗产而维持生活,若被继承人债务明显大于遗产,继承人则会放弃继承而同时免除对被继承人债务的清偿责任,或选择继承而在遗产价值范围内限定继承,避免继承人因为替被继承人清偿债务而陷入负债累累,以保护继承人的合法利益不因继承而受到损害。另一方面,被继承人生前债务不因被继承人死亡而消灭,被继承人遗产和债务均作为继承标的而由继承人继承,其所遗留的财产首先用以清偿债务,保证被继承人的债权人能够就遗产优先受偿。继承人继承遗产的,只有对超出遗产价值部分的债务才可以拒绝清偿。因此,限定继承制度虽以继承人生活保障为目的,但为社会交易安全,亦可牺牲继承人权利之最大限度,限于继承积极财产范围之内,始可谓合情合理。①

大陆法系和英美法系的多数国家继承法也采用限定继承。《德国民法典》②从第1975条至第2013条共39个条文在"继承人的法律地位""继承人对遗产债务的责任""继承人责任的限制""遗产清册的编制、继承人的无限责任"的规定中通过遗产管理或者遗产破产或者制作遗产清册来限定继承人的责任,使继承人仅在遗产价值范围内清偿遗产债务。遗产管理制度是遗产管理人对已知债务均已清偿后将遗产交付继承人。遗产破产制度是继承人得知遗产无支付能力或者过度负债,申请进入遗产破产程序。遗产破产能力说起源于罗马法,遗产不仅被视为独立的财产团体,还可以通过相关的代理人行使有关权利并履行义务。③德国将遗产破产作为一种特殊程序规定在《德国支付不能法》,适用自然人破产程序。《德国民法典》亦对遗产破产制度进行规定。④制作遗产清册是限定继承的客观要件,继承人

---

① 陈棋炎:《民法继承新论》,三民书局,2001,第5~7页。
② 《德国民法典》,陈卫佐译,法律出版社,2010,第549~640页。
③ 〔意〕彼德罗·彭梵得:《罗马法教科书》,黄风译,中国政法大学出版社,1996,第54页。
④ 《德国民法典》第1980条规定,继承人如果得知遗产无支付能力或者过度负债,必须毫不延迟地申请开始遗产支付不能程序。

在接受限定继承的同时承担制作遗产清册的义务，遗产清册的内容应当是毫无保留地说明继承开始时所存在的遗产标的及债务，以避免继承人的个人财产与被继承人的遗产混同，保持遗产的独立性，保障遗产债权人了解遗产的多寡。继承人还可通过主管机关或公证人制作遗产清册以确定遗产价值而限制自己对遗产债务的清偿责任。《瑞士民法典》第580条至第592条所规定的"公式财产清单"和"官方清算"，其效力亦相当于限定继承，继承人可自知悉被继承人死亡一个月内以口头或书面形式向主管官署请求制作公式财产清单，在财产清单制作完成后一个月内，继承人可以同意财产清单而无条件地接受继承，且对财产清单中的债务，不仅以其继承的遗产，而且以其本人的财产承担责任；继承人也可以选择放弃继承权或基于公式财产清单承认继承权但请求主管官署进行官方清算，限定继承主要是通过官方清算来实现，继承人对遗产债务不负超过遗产价值的清偿责任，被继承人的债务超过其遗产时，由破产官署根据破产法的有关规定进行清算。《法国民法典》第793条至第810条、《日本民法典》第923条至第936条都规定了限定继承。同时，《日本民法典》受罗马法遗产主体学说的影响，不仅承认商人具有破产能力，而且承认非商人也具有破产能力，第六章第951条、第955条①也存在遗产破产的规定，将自然人破产、法人破产、遗产破产三种制度统一规定在破产法中，《日本破产法》第十章"关于继承遗产的破产等的特则"规定了继承财产破产、继承人破产、受遗赠人破产等三节。② 英美法系国家实行间接继承，如《美国统一遗嘱检验法典》规定，继承开始后，遗产不直接归属继承人，而是由遗产管理人或者其他法定机关检验遗嘱，评估、清算遗产，清偿遗产债务或遗产税，遗产管理人只有在缴纳被继承人生前所欠的税款、清偿遗产债务完毕后，才依照法律规定或遗嘱的指定，将剩余遗产分配给继承人，继承人所继承的只是积极财产。这种间接继承制度是绝对的限定继承制度，遗产被视为独立法人，有关遗产的债权债务由遗产享受和承担，继承人无须以其个人的固有财产

---

① 《日本民法典》第951条规定："继承人有无不明时，继承财产为法人"；第955条规定："有继承人事已分明时，法人视为不存在，但不妨碍管理人于其权限内实施的行为的效力。"

② 〔日〕石川明：《日本破产法》，何勤华、周桂秋译，中国法制出版社，2000，第3页。

承担被继承人的债务。英国则将遗产破产认为是个人破产的一种情况,同个人破产程序一样适用1986年《英国破产法》。①

因此,在限定继承制度下,当被继承人的遗产足够清偿债务时,遗产债权人有权就其债权以遗产获得全额清偿;当遗产不足以清偿全部债务时,继承人放弃继承或选择限定继承,遗产债权人就其债权只能以遗产获得一定比例的清偿。可见,遗产由此视为一个独立的主体来清偿债务。在遗产分割前,遗产保持相对的独立性,先由遗产承担债务。在遗产分割后,若继承人放弃继承,未清偿的债务不存在承受问题,放弃继承的继承人因此无须承担被继承人生前未清偿的债务。若继承人接受继承,尚未清偿的债务移转给继承人承受,在共同继承人内部,各继承人承担与其应继分相对应部分的债务,这是物上责任,继承人以所继受的遗产为限予以清偿遗产的债务。因此,遗产清算成为限定继承的必经程序,限定继承基于遗产清算,通过法定程序进行遗产清算,使遗产与继承人的固有财产保持分离而不致混同,使继承人承担有限责任。② 在无限继承中,继承人的财产与被继承人的遗产混同,继承人对被继承人生前债务承担无限清偿责任,遗产清算无实质意义。在限定继承下,遗产清算能够实现遗产与继承人的固有财产的分离,同时兼顾继承人和被继承人债权人的利益,继承人仅以其受领的遗产价值为限,对遗产上的债务负有限清偿义务。早在古罗马查士丁尼时期,"如果在某段时间里,继承人准确地把遗产编列清单,那么他的责任将被限定在遗产或者遗产价值之内"。③ 这也被认为是有限责任继承原则和遗产管理制度的由来。④ 遗产债务清偿有限责任,使继承人对遗产债务的责任性质完成从人的无限责任到物的有限责任的转换,继承法的价值取向也从牺牲继承人的利益以保护遗产债权人发展到平衡继承人利益与遗产债权人利益。

当然,为保证遗产优先用于清偿被继承人的债务,防止继承人利用其

---

① 《英国破产法》[Z],丁昌业译,法律出版社,2003,第4页。
② 张平华、刘耀东:《继承法原理》,中国法制出版社,2009,第435页。
③ 周枏:《罗马法原论》,商务印书馆,1994,第472页。
④ 郭明瑞、房绍坤、关涛:《继承法研究》,中国人民大学出版社,2003,第338~339、432页。

限定继承中的有利地位来侵犯遗产债权人的利益,《法国民法典》《日本民法典》等规定,继承人在某些情形下丧失限定继承的权利,如果继承人没有在法律规定的期限内按法定程序明确表示放弃继承或接受有限继承,或继承人选择有限继承却未履行法定义务,则推定继承人以单纯承认的方式接受继承而对遗产债务承担无限责任。无限继承作为与限定继承相对的一种继承制度,对无限继承的推定适用是对限定继承的限制适用。

二 "夫债妻还"与连带清偿夫妻债务

我国《婚姻法》第41条规定,为夫妻共同生活需要所产生的债务为夫妻共同债务,夫妻双方承担共同偿还的义务。该条款强调因夫妻身份而产生夫妻共同生活,因夫妻共同生活需要而产生夫妻共同债务,因夫妻共同形成债务而决定夫妻对共同债务不分份额地共同地承担偿还义务,夫妻共同生活是作为界定夫妻共同债务的逻辑起点。夫妻共同债务的确认,对于保护交易安全、促进财产流转具有重要的价值和意义。债权在现代社会具有优越的地位,在夫妻共同财产制的框架内,存在优先保护债权人的立法趋势。① 为进一步强化保护债权人利益,最高人民法院《婚姻法司法解释(二)》第24条确立在婚姻关系存续期间夫妻一方所产生的债务推定为夫妻共同债务的规则。在司法实践中,法院依据第24条直接判令非举债的夫妻另一方共同偿还在婚姻关系存续期间举债方所产生的债务,使没有参与举债的离婚女性承担着"夫债妻还"。在绝大多数"男主外、女主内"婚姻家庭中,妻子掌握的是日常生活开销,是以生活资源为主的显性消费性财产的支配权,而丈夫拥有与生产资源相关的隐性资本性财产,是家产的实际控制者,对外从事较多的生产、经营、负债等活动。② 当丈夫在婚姻关系存续期间与第三人从事交易活动产生债权债务关系时,妻子并不知情,直至离婚亦未从中受益,但这些离婚女性却因前夫在"巨额举债"中被推上了债务纠纷的被告席,她们没有参与举债,没有从中得到任何利益,对前夫

---

① 胡苷用:《婚姻合伙视野下的夫妻共同财产制度研究》,法律出版社,2010,第98页。
② 郭旭红:《论夫权占优婚姻习俗及其主要影响》,《中华女子学院学报》2014年第3期。

的举债事实根本无法辨别真假，但法院凭据"借条"+"24条"，直接判决非举债方共同偿还或承担连带清偿责任，使离婚女性陷入生活的困境。

可见，《婚姻法司法解释（二）》第24条以交易安全为最终价值，将在婚姻关系存续期间的夫妻身份作为标准，用"身份名义论"将在婚姻关系存续期间产生的债务推定为夫妻共同债务，夫妻双方承担连带清偿责任，这实质上造成夫妻一方需要以个人财产为对方承担个人债务的情况，进而产生个人财产作为他方以自己名义发生债务的担保，是以牺牲私人"静的财产利益"来保护"动的交易安全"。这种夫妻消极财产的分配在缺乏法律明确授权的情况下，合法性存疑。诚然，夫妻共同债务的推定规则符合债权人的期待，强调基于夫或妻的个人人格因结婚而纳入婚姻共同体，使得夫妻双方对在婚姻共同体存续期间的债务承担共同偿还责任，有利于强化交易安全的保护。但这种"应当按夫妻共同债务处理"硬性的规定，导致司法实践中，法院不分青红皂白地一律将婚姻关系存续期间夫妻一方在外单独举债作为共同债务处理，严重损害了婚姻关系不知情的非举债的另一方的合法权益，直接危及婚姻的稳定和安全。婚姻关系是一种身份关系，将大量的交易风险引入婚姻家庭领域，必将与传统的婚姻家庭观念相冲突，影响婚姻家庭生活的安定性，导致婚姻家庭价值观念的失范。同时，夫妻共同债务推定规则将使夫妻共同债务范围无限扩大化，夫妻一方的恶意举债、非法债务或与第三人串通虚构的债务都被推定为夫妻共同债务，在家维持日常家事的非举债的女方即使解除婚姻关系，也无法免除连带偿还债务的责任。夫妻共同债务本应是夫妻为了婚姻共同生活目的而管理婚姻事务所承担的消极后果，简单粗暴地以夫妻身份关系对夫妻共同债务进行推定，没有"夫妻共同生活需要"的基础和前提，使债务方的配偶因婚姻身份的存在而无法免除连带清偿债务的责任，造成婚姻身份关系是夫妻共同债务的替代品，引发系列的社会问题。

婚姻的发展趋势，男女的人身自由度越来越大，夫妻在身份上的"对外连带性"正在逐渐淡化，而在财产上对外承担连带责任的条件是夫妻作为共同财产的共有人对共有财产享有平等的权利，承担平等的义务。但夫妻共同债务推定规则笼统地强调夫妻一体，要求婚姻关系存续期间发生的债务的清偿责任原则上由夫妻双方共同承担，完全以婚姻关系作为推定夫妻共同债务的根据，保护债权的立法初衷被严重异化扭曲，混淆了夫妻对外交往中的家事代理和非家事代理的界限，把夫妻之间的一切行为都视为家事代理，婚姻成为巨大的陷阱。一旦结婚，就有了为对方债务承担责任的义务，合法的婚姻关系所要承担的风险明显大于同居关系，同时，婚姻的义务多于权利，影响着人们对缔结婚姻的选择。①

夫妻共同债务的界定应维护婚姻共同体、夫妻各方与债权人三者之间的利益的动态平衡。我国《婚姻法》《妇女权益保障法》将保护妇女合法权益作为基本原则，妇女财产权是重中之重。妇女在婚后支出大量时间从事家务劳动和相夫教子，女性维持婚姻的更高成本支出与损耗应在离婚时得到更多的财产性补偿，应强化对离婚妇女财产权益的保护。②但《婚姻法司法解释（二）》所规定的夫妻共同债务推定规则使广大女性在卸下婚姻的同时却背上巨额的债务，侵害了离婚女性的财产权益，使婚姻的安全性受到冲击。法律的主要作用之一就是调整和调和相互冲突的利益，界定"各种利益予以保障的范围和限度以及对于各种主张和要求应当赋予何种相应的等级和位序"。③只有进一步完善夫妻共同债务认定规则，才能切实维护非举债的夫妻一方财产权益，防止虚假债务和恶意债务，以避免婚姻风险，促进婚姻稳定，实现公平正义的法律价值。

三 建立推定个人债务为主与夫妻债务为辅的规则

每个个体是私法上最基本的行为主体，个人责任自负是私法基本原则。从夫妻财产制的发展进程分析，婚姻与财产的日趋分离，夫妻人格日趋独立，夫妻个人财产权益日趋彰显，立法理念从家庭本位向个人本位发展，立法日趋侧重维护夫妻个人独立主体的合法权益。婚姻家庭不是民事主体，家庭成员才是独立主体，夫妻一方以个人名义举债，应当推定为个人债务。

---

① 卓冬青：《夫妻一方以个人名义所负债务的认定》，夏吟兰等主编《婚姻家庭法前沿——聚焦司法解释》，社会科学文献出版社，2010，第130页。

② 沈剑：《妇女离婚财产保护的法经济学分析——以房产的归属于分割为切入点》，《理论探索》2013年第6期。

③〔美〕埃德加·博登海默：《法理学、法律哲学与法律方法》，邓正来译，中国政法大学出版社，1999，第398~399页。

债的形成是债权人与债务人双方相互选择的结果,是双方间相互信赖的结果。债权债务关系的发生多以当事人意思自治为基础,在债权人与夫妻一方所形成的债权债务关系中,是债权人对形成债权债务关系的夫妻一方个人资历、能力和信用的信任,而不涉及债的当事人之外的第三人包括非举债的夫妻另一方。① 债权人在借债时,注重的是交易对象自身的信誉和资质,而非交易对象是否婚配、配偶如何、背景如何等。即使在共同财产制下,夫妻财产共同共有,债权人愿意将款项出借给债务人,也只能基于有理由相信夫妻一方的举债行为是以夫妻共同财产为担保,而不是建立在非举债的夫妻另一方的个人财产的基础上。债权是一种相对权,是特定债权人对特定债务人的权利,债的相对性是债的基本法律属性。因此,债的核心是给付,意味着债权的核心内容只是请求权而非支配权。当夫妻一方以个人名义与第三人为法律行为,无论是缔结债务还是其他法律行为,无论是承担债务还是获得利益,均是个人承担或享有,将夫妻一方在婚姻关系期间所负债务推定为共同债务,严重违背债的相对性。

"夫债妻还"强调的是丈夫作为债务人在与第三人形成债务时,由妻子承担连带偿还责任。"连带责任"的目的是为了使债权的索取和债务的清偿更为便利,强调的是在责任负担和权利享有上的"整体性",每一债权人有请求整体给付的权利或每一债务人有整体给付的义务,这时的夫妻双方对外呈现一个整体,夫妻一方的行为由夫妻双方负责,将夫妻共同体看成一个与自然人、法人并列的第三类民事主体。《婚姻法司法解释(二)》第24条是基于婚姻作为共同体而存在,夫或妻个人的人格部分被吸收进婚姻共同体,婚姻共同体就像一个面纱一样遮住了夫或妻个人,夫或妻以个人名义举债时,首先是作为婚姻共同体的代表承担债务,只有在个人的意志以一种明确的方式凸显出来,从而得以超越婚姻的面纱时,个人才能脱去婚姻共同体代表的身份,而以个人的身份形成个人债务。② 这种强调夫妻在身份及财产上的对外连带性,使得婚姻充满风险,夫妻共同体沦为"投机

---

① 裴桦:《夫妻共同财产制研究》,法律出版社,2009,第223页。
② 尚晨光:《婚姻法司法解释(二)法理与适用》,中国法制出版社,2004,第81页。

者乐园"。① 婚姻关系的成立,虽为创设一个生活共同体,但并不意味着一个新的人格的产生,② 夫妻个人人格相互吸收无从论及。现代的夫妻关系立法采取的是夫妻别体主义,夫妻婚后依然保留各自独立的人格。婚姻的本质在于伦理性即让夫妻情感回归本真的状态,婚姻的伦理是婚姻安全的基本要素,从公共政策的角度出发,交易安全和婚姻安全不可偏废,一方对另一方并无绝对的优先性,不存在"作为个人利益的夫妻利益,理当让位于处于更高位阶的代表社会共同利益的交易安全保护的需要"的问题。③

日常家事代理权是明确夫妻共同债务的立法基础。基于婚姻关系而直接推定夫妻承担连带责任的范围只限于为夫妻共同生活的家事范围,日常家事代理权所产生的债务应限于生活性债务,经营性债务应纳入社会经营范畴而不适用日常家事代理权。超越日常家事范围而举债,除非另一方追认,否则应当认定为个人债务。我国 1950 年《婚姻法》、1980 年《婚姻法》和 2001 年《婚姻法修正案》都未明确规定日常家事代理权。就日常家事代理权,法国规定为"维持家庭日常生活与教育子女",④ 德国规定为"家庭生活需要",⑤ 日本规定为"日常家事",⑥ 瑞士规定为"婚姻共同生活"。⑦《法国民法典》第 1414 条明确规定,只有在夫妻一方依法行使日常家事代理权所产生的债务,债权人方可扣押配偶所得的收益与工资。只有立法明确规定日常家事代理权的适用范围,才能有效地保护交易相对方和夫妻另一方的合法权益。日常家事范围之外的事务,他方是否负连带责任或对第

---

① 贺剑:《论婚姻法回归民法的基本思路——以法定夫妻财产制为重点》,《中外法学》2014年第 6 期。
② 史尚宽:《亲属法论》,中国政法大学出版社,2000,第 110 页。
③ 唐雨虹:《夫妻共同债务推定规则的缺陷及重构——〈婚姻法司法解释(二)〉第 24 条之检讨》,《行政与法》2008 年第 7 期,第 108~111 页。
④ 《法国民法典》第 220 条规定:"夫妻各方均有权单独订立以维持家庭日常生活与教育子女为目的的合同。夫妻一方依此缔结的合同对另一方具有连带约束力。"
⑤ 《德国民法典》第 1357 条规定:"婚姻的任何一方均有成立使家庭的生活需求得到适当满足并且效力也及于婚姻对方的事务。婚姻双方通过此种事务而享有权利和承担义务,但是如果根据情况得出另外结论的则除外。"
⑥ 《日本民法典》第 761 条规定:"夫妻一方就日常家事同第三人实施了法律行为时,他方对由此而产生的责任负连带责任。但是,对第三人预告不负责任意旨者,不在此限。"
⑦ 《瑞士民法典》第 166 条规定:"配偶双方中任何一方,于共同生活期间,代表婚姻共同生活处理家庭日常事务。"

三人是否产生效力,须获得他方的授权或以第三人是善意还是恶意进行判断。《婚姻法司法解释(一)》借鉴外国有关日常家事代理权的规定,第17条规定:"因日常生活需要而处理夫妻共同财产的,任何一方均有权决定。夫或妻非因日常生活需要对夫妻共同财产做重要处理决定,夫妻双方应当平等协商,取得一致意见……"可见,夫妻之间在婚姻关系存续期间,只能就"日常生活需要"具有代理权,对另一方产生拘束力。对于一方超出日常生活需要范围的举债,非日常家事代理权的范围,不能当然认定为范围共同债务。日常家事代理制度的合理性不能推导出"推定共同债务"规则。[1] 在共同财产制为基本形态的夫妻财产制下,夫妻双方对共同财产均有管理和处分权。如果夫妻一方滥用权利,不仅由夫妻共同财产承担责任,而且使夫妻个人财产对对方行为承担责任,必然损害夫妻另一方的权益。因此,将在婚姻关系存续期间夫妻一方所产生的债务"推定个人债务"为基本规则,以日常家事代理权范围内产生的债务为夫妻共同债务作为必要补充,既符合债的属性和债法的基本原则,又最大限度地维护婚姻当事人和交易债权人的双方利益。

四 导入遗产管理制度理念与实行离婚财产清算制度

无论是英美法系国家还是大陆法系国家,都存在遗产管理制度。遗产管理是限定继承的必经程序,该制度通过对遗产实施有效的管理,明确遗产的数量、范围和价值,编制遗产清册,拟定遗产清偿方案,进行遗产清算活动,以贯彻和维护被继承人生前的意志,保障遗产公平、有序地分配。同时,遗产管理人在清偿遗产费用和相关遗产债务后,依法将剩余遗产交付给继承人或遗产受益人,妥善地处理继承人间、遗产债权人间、继承人和遗产债权人间的利益关系,平等地保护遗产权利人利益和保障交易安全。英美法系国家的间接继承制度,被继承人死亡后遗产不直接归属继承人,必须经历遗产管理程序,由独立地位的遗产管理人对遗产进行专门管理,且接受法院的监督,遗产在清偿债务后流转至继承人。大陆法系国家的直

---

[1] 裴桦:《夫妻共同财产制研究》,法律出版社,2009,第221页。

接继承制度，被继承人死亡后的遗产直接归属继承人所有，继承人选择概括继承、限定继承或者放弃继承，但无论是选择继承还是放弃继承，也应启动遗产管理程序，编制遗产清册，保全和清算遗产，公示催告遗产相关事项，追讨遗产债权和清偿遗产债务，而后才存在遗产的流转。遗产管理制度充分体现对继承人和遗产债权人的平等保护，防止占有遗产的继承人私分、转移或者隐匿遗产或因继承人管理不善而使遗产遭受损坏、灭失，保持遗产的完整和安全，保障后续的遗产债务清偿。同时，遗产管理制度合理地清理债权债务关系，将遗产与继承人财产分离，使继承人免去财产混同而以自己财产负担遗产债务的责任，这样既了结遗产的债务，又保障剩余遗产转移给继承人之间进行分配。我国《继承法》虽然原则性地规定了遗产保管，但因该制度在继承人间、遗产债权人间以及继承人和遗产债权人间的利益关系无法得到有效的平衡，诸多学者提出应建构我国的遗产管理制度，[①] 以平等地保护继承人和遗产债权人的利益，维护遗产继承秩序。

夫妻离婚和一方死亡均导致婚姻的终止。我国以婚后所得共同财产制为夫妻法定财产制，婚姻关系的终止导致夫妻共同财产制的终结，两者均应当对婚姻财产进行分割或清算。我国《继承法》第26条规定："夫妻在婚姻关系存续期间所得的共同财产，除有约定的以外，如果分割遗产，应当先将共同所有的财产的一半分出为配偶所有，其余的为被继承人的遗产。"离婚是婚姻的解体或婚姻的死亡，也诸如被继承人死亡，发生婚姻财产的清算。离婚财产清算是因婚姻解体所产生的重要财产效力，离婚导致共同财产的分割就是离婚财产清算的体现。在社会经济活动中，共同财产分割的原因多样，《婚姻法司法解释（三）》第4条虽就非常情形下的共同财产分割问题做出规定，但我国缺失离婚财产清算制度，仅仅规定离婚共同财产分割的基本规则。财产存在载体，一个团体没有任何可供自己支配

---

① 在梁慧星主编《中国民法典草案建议稿附理由·继承编》，法律出版社2004年版；徐国栋主编《绿色民法典草案》，社会科学文献出版社2004版；王利明主编《中国民法典学者建议稿及立法理由·人格权编·婚姻家庭编·继承编》，法律出版社2005年版；张玉敏主编《中国继承法建议稿及立法理由》，人民出版社2006年版等中均提出建立我国遗产管理制度。

的财产,也就失去了存在的物质基础,婚姻的解体意味着婚姻共同体丧失了产生共同财产的基础,离婚在分离夫妻身份的同时,在财产方面也发生解体的清算,因此,应构建离婚财产清算制度。

(1) 编制共同财产表和个人财产表及债权债务清单。《德国民法典》第1379条第1款①和《美国加州家事法》第2100~2133条②均规定夫妻财产关系终止时,彼此提供或报告财产状况的义务,尤其是应披露债务情况。在此基础上,厘清共同财产和个人财产的范围,厘清夫妻共同债务和个人债务的金额。对于不清楚是夫妻债务还是个人债务的,以在婚姻关系存续期间夫妻一方所产生的债务推定个人债务为基本规则,以日常家事代理权范围内产生的债务为夫妻共同债务作为必要补充来界定债务的类型。

(2) 变现非货币性的资产,明确婚姻共同财产的金额。共同财产是共同债务偿还的物质基础,离婚财产清算应划清共同财产和个人财产的金额范围。法国法和德国法均规定在分割共同财产前,先将个人财产从共同财产中取回,以保障婚姻财产的纯正性。《法国民法典》第1467条、1468条、1469条、1470条规定,共同财产制一经解除,凡是没有进入共同财产范围的财产实物尚在时,夫妻各方均可取回这些财产或者取回用以替代该财产的其他财产,随后得进行共同财产的清算,包括对共同资产与共同负债的清算。《魁北克民法典》第483条还规定,财产分割前应当对财产进行评估。

(3) 共同财产清偿共同债务。诚然,如果尚未清偿共同债务,就已经分割夫妻共同财产的,对债权人而言,其债权的实现往往就缺乏保障。③ 因此,共同财产是保障夫妻共同债务清偿的基础。日常家事代理权范围内的债务属于"用于家庭共同生活的债务",是夫妻共同债务,应以夫妻共同财产偿还,而个人债务以个人财产清偿。我国澳门民法典第1563条规定:"属共同财产制者,共同财产先用以支付夫妻负责的债务,继而支付其他债

---

① 《德国民法典》第1379条第1款规定:"夫妻财产制终止后,配偶任何一方有义务向另一方提供关于其终结财产现状的情况。配偶任何一方可以请求:在制作依照第260条须向其提交的目录时请其参加,并且查明财产标的与债务的价额。"
② 《美国加州家事法》第2100~2133条也规定,在1993年1月1日之后所开始的离婚诉讼,配偶双方都必须提供最初和最后的资产与负债申报资料给配偶另一方。
③ 陈苇:《夫妻财产制立法原则及若干问题研究》,《东南学术》2001年第2期。

务"。共同财产不足以清偿共同债务或个人财产不足以清偿个人债务时,以下述的夫妻债务离婚清偿有限责任来偿还债务。

(4)分割剩余财产。我国《婚姻法》以男女平等、保护妇女、儿童等弱势方的合法权益、尊重当事人意愿、有利于生产和方便生活、照顾无过错方等原则,在离婚时对夫妻共同财产予以合情合理的分配。

因此,离婚财产清算制度的构建,明晰夫妻债务范围,防止虚假或伪造债务,避免因单方举债而推定夫妻债务所产生的"夫债妻还"困境,为平等地保护债权人利益和婚姻当事人权益奠定制度基础。

五 遵循继承人限定责任路径与建构离婚夫妻共同债务清偿的有限责任

遗产管理制度所制作的遗产清册有效地达到了被继承人遗产和继承人的个人财产分离的效果。因此,在限定继承制度下,继承人基于遗产清册,可以放弃继承的方式免除对遗产债务的清偿责任,也可以接受继承,遗产债务的清偿以遗产价值为限。就此,包括继承人在内的其他任何人都没有对未获清偿的遗产债务另行承担清偿的责任,这体现了继承人对遗产债务的责任限制。[①] 限定继承建立在继承人、被继承人和债权人的人格和地位平等的基础上,消除身份继承下的继承人与被继承人的人身依附关系,避免被继承人对继承人的财产享有处分权而课以遗产债务的过重负担,体现保护遗产债权人和继承人利益的平等性。

我国《婚姻法》第41条、《婚姻法司法解释(二)》第25条、第26条规定,夫妻双方对于夫妻共同债务承担连带清偿责任,不仅由夫妻共同财产对夫妻债务承担清偿责任,而且夫妻一方的个人财产对夫妻共同债务也承担清偿责任。这种立法过度保护债权人利益,但缺乏对夫妻个人财产权益的保护,尤其是夫妻一方在外赌博、肆意挥霍、管理不善以及其他不当举债的情形,婚姻当事人即使解除婚姻关系仍无法免除夫妻债务的清偿责任,大量的"夫债妻还"就是妻以离婚后个人财产为婚姻存续期间所推定

---

① 薛宁兰、金玉珍:《亲属与继承法》,社会科学文献出版社,2009,第356页。

的夫妻债务承担偿还责任。《意大利民法典》第190条规定，在以夫妻共同财产无法清偿全部债务的情况下，债权人可以请求用夫妻任何一方的个人财产清偿债务，但以满足债权额的半数为限。这种夫妻债务清偿规则存在合理性，体现夫妻债务承担有限责任的发展趋势，有利于平衡夫妻债务的债权人和夫妻个人之间的财产权益。

夫妻共同债务的界定应维护婚姻共同体、夫妻各方与债权人三者之间的利益的动态平衡。夫妻债务的清偿规则既要求保护夫妻个人财产权益，又要维护交易安全和债权人利益。夫妻债务离婚有限清偿责任是指婚姻关系解除时，夫妻一方的个人财产对夫妻共同债务承担有限责任，夫妻共同财产对夫妻一方的个人债务承担有限责任。

首先，夫妻债务以在婚姻关系存续期间所产生的共同财产为限进行清偿，是婚姻财产离婚清算的第一层限制。共同财产和个人财产具有各自的价值和功能，共同财产和个人财产是共同债务和个人债务的经济基础。将夫妻财产与婚姻做出一定程度的分割，将财产关系从婚姻的枷锁中解放出来，"婚姻归婚姻，财产归财产"，净化了婚姻关系的爱情本质。夫妻共同生活期间创造共同财产，也产生共同债务，婚姻的解除导致共同财产和共同债务的清算，因此，夫妻共同债务，必须由夫妻共同财产承担全部清偿责任。对于"夫债妻还"，债务人的配偶没有与债权人直接打交道借贷，若债务的资金被用于夫妻共同生活或者夫妻分享共同债务带来的利益的，非债务人的配偶一方在婚姻关系存续期间取得资金的共有权，从权利和义务相一致而言，应共同偿还。但离婚导致共同共有关系的结束，非债务人的配偶一方所取得的权利仅是债务转为资金的共有权，因此，其所负担的义务也只能以夫妻共同财产为限，而不能及于夫妻个人财产。

其次，在以夫妻共同财产无法清偿全部夫妻债务的情况下，债权人可以请求用夫妻任何一方的个人财产清偿债务，但以满足剩余债权额的半数为限，这是第二层限制。从债的相对性出发，夫妻各方在设立保证和进行借贷时，仅得用其个人特有财产与个人收入承担义务，除非在设立债务时得到配偶的明示同意的不在此限。《德国民法典》第1438条第1款规定，基于在财产共同制存续期间实施的法律行为而发生的债务，仅在管理共同财产的配偶一方实施该法律行为或该方同意实施之，或该法律行为不经其同意也为共同财产的利益而有效力时，共同财产才就该债务负责任。但即使如此，离婚后配偶的自有财产也不应该对该债务承担无限责任。"夫债妻还"就是发生在夫妻一方婚后单独举债的情形，且离婚并无法解除"推定夫妻共同债务"所产生的连带清偿责任，此且不说，婚姻的解体导致婚姻财产的清算，既以共同财产无法清偿在婚姻关系存续期间所推定的夫妻债务，那么，离婚后的夫妻个人财产对夫妻债务的负担更有必要加以限制，《意大利民法典》第190条所规定的"债权人就夫妻共同债务主张权利的，以满足债权额的半数为限"，既满足债权人应有的财产利益，又限制了婚姻当事人在解除婚姻后就夫妻债务的清偿责任，此有效地平衡了债权人和婚姻当事人的财产权益。

第三，夫妻共同财产中有负债一方的财产份额，共同财产若不能用于清除个人债务，不利于保护债权人利益，但若夫妻共同财产对个人债务承担全部责任下，对非举债的夫妻另一方不公正。因此，夫妻个人债务，由夫妻个人财产承担清偿责任，在无法以夫妻一方的个人财产清偿其个人全部债务的情况下，夫妻一方的债权人也可以请求用夫妻共同财产清偿，但以该方在共同财产中享有的财产份额为限。《意大利民法典》第189条规定，对于夫妻个人债务，无法以夫妻一方的个人财产清偿其个人全部债务的情况下，夫妻一方在婚姻关系存续期间对应取得但未取得配偶他方同意的特殊管理行为所承担的债务，可以用共同财产清偿，但以该方在共同财产中享有的财产份额为限。《俄罗斯家庭法典》第45条第1款也规定："对于夫妻一方的债务只能追索该一方的财产。在该财产不足时，债权人为追索债务，有权请求分出作为债务人的夫妻一方在分割夫妻共同财产时应分给该债务人的份额"。

婚姻关系是一种伦理关系，婚姻的缔结并非导致夫妻人格混同，更不能因此成为夫妻共同债务连带清偿的当然归责。夫妻债务离婚承担有限清偿责任势在必行，是夫妻别体主义立法理念的体现，反映个人本位价值取向，有利于维护夫妻人格的独立和夫妻个人财产权益，有利于在债权人利益和非举债配偶利益之间寻求平衡，有利于维护离婚两方的经济利益和经济秩序。

域外专论

现代诗论

家华出版社

论当代外国成年监护制度的发展趋势[*]

李 霞[**]

【内容摘要】在历经六十多年世界范围内的大规模改革后，成年监护制度的发展目前清晰地呈现出以下国际趋势：从医疗监护模式转向人权监护模式，从全面监护转向部分监护，制度利用者扩大化，保护与支援措施多元化，意定监护为主法定监护为辅。中国成年监护制度立法尚滞后于现代世界立法的主流趋势，故作为《联合国残疾人权利宣言》的签署国，我国应结合我国老龄化社会的发展实际，顺应当前成年监护制度发展的国际趋势，确立新制度的人权监护模式，以尊重自我决定、最小限制和能力推定为原则，并扩张制度的利用者范围，以意定监护契约为监护主要设定方式的老龄化社会之基本制度。在法定监护中确立有限监护的中心地位，并在此基础上新设监护、保佐与辅助三种措施。同时完善《老年法》第26条的司法解释，建立起以吸收《精神卫生法》和相关行政规范为重要组成部分的监护监督体系。

---

[*] 本文系中国法学会2014年度部级课题《老龄社会视野下之成年意定监护制度研究》，华东政法大学中美老龄问题研究中心课题《老年监护之能力欠缺及判断》的阶段性成果。

[**] 李霞，女，山东威海人，华东政法大学教授，婚姻家庭法与妇女法研究中心主任，法学博士，博士生导师。

【关　键　词】　人权监护　　部分监护　　意定监护　　支援措施　　监护监督

在人权保障和人口老龄化的背景下，许多国家或地区的成年监护制度（以下全文简称监护制度），从 20 世纪中期开始进行了改革完善。改革后的成年监护制度尽管在立法形态上多姿多彩，但却呈现了相对一致的立法趋势。我国成年监护制度在立法上明显有些陈旧，与此相关的法学研究不仅尚呈碎片化状态，而且在为何引进和借鉴国外最新立法成果上缺乏深入论证。本文拟在对国外最新立法趋势系统介绍的基础上，结合我国立法和理论研究的最新成果，对我国新制度体系的建构做出尝试，以期就教于同仁，并为我国成年监护制度的更新提供参考。

一　从医疗监护模式转向人权监护模式

（一）旧的残疾医疗监护模式

成年监护制度的前身，即两大法系中的传统禁治产制度，其理念、制度、特征和目的等都奉行着医疗监护的模式。其适用对象是精神障碍、智力障碍等脆弱成年人。鉴于残疾给人类带来的损害，成年监护制度一直以来秉承着残疾的医疗监护模式，该模式注重的是对身心障碍者的治疗和修复，故精神障碍者和其他残疾者，通常是被封闭在精神病院或者疯人院中，作为医疗、康复和慈善的客体，被隔离于正常人的社会（区）之外。医疗监护的理论依托是"法律家父主义"，监护人是缺乏行为能力的成年人意志的替代决定者。[1] 受监护（本）人无人身、财产和治疗护理方面的决定权。医疗模式采取的是"他治式"保护措施，阻止了身心障碍者融入正常人的社会（社会参与）。他们被限制了甚至剥夺了决定自身事务的权利和机会，监护人成为被监护人实质上的行为约束者和管理者。[2] 受监护者（本人）的

---

[1] Wolf Wolfensberger, and Stephen Tullman, *A Brief Outline of the Principle of Normalization*, (Rehabilitation Psychology, 1982), p. 135.
[2] 朱涛：《自然人行为能力制度研究》，法律出版社，2011，第 216 页。

人身与财产都受监护人的支配,这是旧的成年监护制度的本质属性。①

在英国,医疗监护自从20世纪下半叶开始就受到抨击,批评者认为其违反人权保障,因为监护过度剥夺了一个人的自主权,已沦为一种不必要且无保证的侵犯个人自由的工具。② 此外,在监护程序的各个方面,都没有足够的程序措施来保护人权;③ 造成了个人的自主权和自由的实质性丧失。④ 在美国,医疗监护被批评为"通常,当老年人的财产被以'监护'的幌子来控制时,就等于剥夺了尊严和选择"。⑤ 总之,对脆弱的成年人而言,监护制度借保护之名过度限制了个人的自由,因此,如何矫正保护过度,在自治与他治中寻求到平衡点,成为成年监护法改革的目的。

(二)人权监护模式的逐渐确立

二十世纪中期以降,如何对待身心障碍者的人权开始转向了"权利模式"。⑥ 该模式重申并确认了脆弱的身心障碍者的人权和基本自由,采取的是能动措施支援个人的自主和自立,身心障碍者不再仅仅是医疗和福利的对象,而是社会生活的平等参与者,他治为主的保护逐渐转为自治为主的支援或辅助,立法理念从法律父爱转向尊重自我决定权和正常化。⑦ "自主决定权"是人格权题中之意,是意思自治的体现。"正常化"系身心障碍者的生存(活)境遇应该与正常人的相同,应与完全行为能力人(正常

---

① 申政武:《东北亚成年监护国际研讨会发言稿》,《东北亚成年监护制度国际会议论文集》,杭州师范大学2012年4月28日。
② The Ireland Law Reform Commission Consultation Paper on Law and the Elderly (LRC CP23, 2003).
③ The Ireland Law Reform Commission Consultation Paper on Vulnerable Adults and Law: Capacity (LRC CP23, 2003).
④ The Ireland Law Reform Commission Consultation Paper on Vulnerable Adults and Law: Capacity (LRC CP23, 2003).
⑤ Christy Holmes, *Surrogate Decision-making in the 90's: Learning to Respect Our Elders* (28 University of Toledo Law Review 605, 1997).
⑥ 2006年联合国大会通过的《残疾人权利国际公约》确立了国际残疾人人权保护的国际化标准。该公约序言中明确确认残疾是一个演变中的概念,残疾具有多样性,残疾是伤残者和阻碍他们在与其他人平等的基础上充分切实地参与社会的各种态度和环境障碍,相互作用所产生的结果。第12条明确要求各缔约国应承认残疾人在法律面前的平等地位,应采取一切措施保障残疾人享有平等权利。可拥有或继承财产,掌握自己的财务,并应当确保残疾人的财产不被任意剥夺。公约第19条确认残疾人的独立生活和融入社区的权利。
⑦ 参见《联合国残疾人权利国际公约》。

人）平等地享有权利承担义务，不可因残疾就被隔离于社会（社区）以外。

今天，"正常化、自主决定权"已成为身心障碍者国际人权保障的准则。英国、美国、加拿大、澳大利亚、新西兰、日本、奥地利、德国、韩国以及我国台湾地区，相继接受了人权模式，改革旧制度。在人权模式指导下的改革，普遍遵循以下三个基本原则。

一是"能力推定"，指所有的成年人，皆推定为有能力决定自己的事务，除非有相反证据。① 二是"最小限制"（详见下文第二部分）。指监护仅于必要时设立，换言之，惟其他方式皆无力救济本人权益时，方可指定监护，且应在最低限制之范围内代理本人事务或替代本人决定，以期给予本人生活最大程度的自主权利。英国2004年专门成立了成年监护法律改革委员会，目标在于建立起一种在达成所需保护目标之同时，将法律的干预程度最小化的监护法体系。此外，日本、加拿大、韩国、台湾地区的法制中相继引进了最小限制原则。三是"最佳利益"，是指以被监护人本人的最大利益为中心，来考量何种选择和决定最有利于本人，以期最大程度地避免对本人的可能损害。从最佳利益的视角考察监护人如何执行监护职务，是否尊重了本人的意愿。该原则确定于2005年的英国《意思能力法》第5条，② 并在英格兰、威尔士、澳大利亚和苏格兰地区具有指导性作用。除此之外，德国民法1901条第2款、第3款中亦体现了最佳利益原则。

（三）我国成年监护的隔离式概括监管模式

我国现行成年监护制度，通常被称为成年精神病人监护，规定在《民法通则》第14~19条、《民通意见》第10~23条、《老年人权益保障法》（下文简称《老年法》）、《精神卫生法》以及《关于依法处理监护人侵害未成年人权益行为若干问题的意见》（下文简称"新规意见"）之中。上述成年监护规范体系显示：成年监护制度采用的模式，不同于上述国家，既非医疗监护也非人权监护，而是一种独特的隔离式概括监管模式。以无行为

---

① Adult Guardianship and Trusteeship Act, SA2008, cA-4.2, §2(1).
② 该法规定："依据本法以缺乏能力者的名义实施一定行为或做出一定决定必须以其最大利益为目的"。

能力人监护为例,原则上本人被隔离于社会生活之外,所实施的法律行为都是无效的,须由监护人代理为之,自主参与社会生活的机会基本上被剥夺。制度的设计是以保护财产为中心,不重视本人人身自由和医疗保健等事务的保护。此外,本人对自己的事务基本上无自我决定权,而是全部由监护人替代决定,监护实行的是概括式监管模式。这种以《民法通则》个别规范构建而成的成年监护体系,是以剥夺自我决定权为特征的监护模式,为我国所独有,该模式既无优越于医疗监护模式之处,也没有超越人权监护模式。因而,在我国当前现代化民法典的制定编纂中,须改革和完善现有制度,建立以平衡"自治"与"他治"为目标,涵盖"自我决定权"和"正常化"等理念的新型监护制度。令人欣慰的是,在2013年起实施的《老年法》及《精神卫生法》中,人权监护的晨曦已依稀可辨,如前者第26条设置了"老年监护"的规定,后者第30条对"精神障碍的住院治疗实行自愿原则"等的规定。这意味着中国成年监护制度已经开始承认和部分接受人权监护模式,我国独特的隔离式概括监管正在慢慢撩开窗幔,迎接人权监护的曙光。这两条规范堪称是回应世界主流立法模式的里程碑,也是我国作为《联合国残疾人权利国际公约》缔约国践行条约的必然结果。

二 从全面监护转向部分监护

(一) 全面监护的谢幕

全面监护,与部分(限制)监护相对应,是指本人的全部人身和财产事务(生活、财产和医疗护理等)的决定权交付于监护,监护人有权替代本人决定其所有事务。全面监护原是针对无行为能力人的一种保护措施,是成年监护制度的中心,其弊端突出地表现如下。

首先,过度保护本人的财产权益而忽视其人身权益。从全面监护的前世"禁治产监护"之称谓便知,就是禁止本人管理自己的财产,然后由监护人替代本人行使财产管理权。因而,全面监护实则是对财产的保护。"在进入监护程序后,监护机构的保护重心便是本人的财产,换言之,全面监护所保护者，实为本人的抚养人和继承人，进而维护交易秩序。"① 全面监护，意味着本人实施的所有行为无效，即便从事的是日常生活交易，如购买生活必需品等，都受到限制。这种一切法律行为归于无效的制度，不但剥夺了本人行动的自由，而且危及本人的生存权。对此，有论者批判道："表面上似乎为保护本人而设，实际上是以保护交易的安全与家产之维护为其主要目的"②。其次，全面监护非但漠视人身权益，反而成为限制或剥夺本人自由的帮凶。它过度干预本人的人身事务，导致了对本人的基本权利和自由的限制和克减，监护制度被评价为虽然是保护无能力人的措施，但却过度剥夺了本人的自由，无能力人制度就是民法对本人的全部行为能力的褫夺。因此，在美国，全面监护被公认是"剥夺公民权利最彻底的民事惩罚制度，被监护人的法律地位与死人相差无几"③。

20 世纪中叶以降，在确立了禁治产人制度的国家，全面监护被相继废除。例如，1968 年法国第 68-5 号法律，德国 1992 年的《成年照管法》，日本 2000 年 4 月的《成年人监护法》，奥地利 1984 年 7 月的《成年障碍者事务管理法》，瑞典 1989 年的《成年监护法》，我国台湾地区 2008 年 5 月修正的民法第 15 条等，均废止全面监护。

（二）部分监护逐渐移据中心

部分监护，也称有限监护（limited guardianship），是指仅在本人实际需要的限度内设立的保护或援助措施。换言之，监护人仅在对本人造成最小限制的范围内执行监护职务。部分监护——是人权模式的实践，是遵循"最小限制"原则构建而成的。部分监护的特点是，监护作为一种法律干预措施，应在必要时适用。④ 它意味着对个人自治权的干预应在最低限度，法律

---

① 高一书：《成年监护之意思能力判定》，台湾《警大法学论集》，2007 年第 13 期。
② 刘得宽：《成年监护制度之比较研究——以日、台、德为中心》，《月旦法学杂志》2003 年第 101 期。
③ Lawrence Gostin, "Governing for Health as the World Grows Older: Healthy Lifespans in Aging Societies", *The Elder Law Journal Vol. 22*, p. 115.
④ The Ireland Law Reform Commission Consultation Paper on Law and the Elderly 和 The Ireland Law Reform Commission Consultation Paper on Vulnerable Adults and Law: Capacity. 两份文件均对法院监护体系做出详细论述。

家长的"强制爱"被限制到最小的空间，监护人的权限不再是无限的。

最少限制原则，也称最小限度干预原则、必要性原则、禁止过度侵害原则。是指"对于当事人自由的干预应尽可能最少"。① 该原则要求：在立法上，限制权利的手段和目的之间要有适当之比例，不应过分。表现在监护措施上，应先尝试以最少干预之各种方式辅助能力不足者自我决定，唯有在穷尽前述方式而仍无效果时，方可适用监护。应用"最少限制替代"原则的先例是英国 1966 年的 Lake V. Cameron 案。② 该案的法官在判决中认为，因为威胁到病人自身而剥夺其自由不应超过其保护需要。法院通过限制监护的范围，确保使本人享有相当的决定权，从而最大程度的控制自己的生活。2005 年作为英国《意思能力法》第 6 条正式规定。③ 在美国，成年监护制度的主要趋势是采"最少限制（least restrictive）原则"和"有限监护原则"。该原则始于 1960 年联邦最高法院于 Shelton v. Tucker 一案中提出"最低程度干涉自由原则"（the Least Restrictive Alternative Doctrine）。④ 部分监护于 1976 年加拿大艾伯塔省《非独立成人法》第 11 条始确立。⑤ 之后逐步被全国接受。另外，2000 年苏格兰《关于成人丧失能力法》中的第 2 条、第 3 条和第 6 条同样确定了最少干预原则。在随后的其他国家如德国，亦确立了必要性原则，"仅得就有必要照管的职责范围选任照管人（新德民第 1896 条第 2 款）"。在日、法等国，新制度都强调以部分监护为中心。如日本民法典第 9 条、第 13 条、第 17 条。即使在有些保留了全面监护的大陆法系国家，立法例中也都以"但书"规定，保留了本人的日常生活自主权，并强调该权利不得被撤销，以确保本人可以融入正常人的社会生活中。如德国民法第 1903 条第 2~3 款、我国台湾地区民法（修正）第 15 条第 2

---

① 陈新民：《德国公法学基础理论（下册）》，山东人民出版社，2001，第 358 页。
② 法院查明 Lake 夫人是一个患有"慢性脑病综合征"的老年人，在穷尽所有可能的，诸如在社区对其进行照料和治疗的替代措施之前，不可将她交付不定期民事关禁（Indeterminate commitment）。
③ Norman Fell, Guardianship and the Elderly: Oversight not Overlooked, (25 University of Toledo Law Review 1994).
④ 李文胜：《美国成年人监护法的改革及对我国未来民法典之借鉴意义》，《广西政法管理干部学院学报》2008 年第 1 期。
⑤ 艾伯塔省的《非独立成年人法》第 11 条规定，"监护人应为了被监护人的最佳利益，鼓励被监护人自我监护，对只关己身的事务做出合理判断，以最小限度干预的方式行使监护权"。

款、2013 年韩国民法修订案第 12 条 1 项。还有，英、美各自《合同法》中对"生活必需品规则"的规定，以及美国《统一成年监护与保护程序法》中，都是依据最少限制原则确立了有限监护的中心地位。

总之，最少限制原则指导下的有限监护，平衡了保护与自治，避免了对本人自由的过度限制，保全了本人的尊严和部分基本自由。

（三）我国全面监护的强势地位

中国监护制度继受了传统禁治产监护制度，因而，全面监护也同样是我国制度设计的重心。在对权利的限制上，我国的全面监护对被监护人权利的克减甚于禁治产制度。后者剥夺的仅仅是财产行为能力，并不涉及人身。而我国的全面监护则是在剥夺（限制）本人的财产行为能力外，还剥夺了人身行为能力。例如，婚姻的订立和解除行为、侵害性的人身医疗行为（如堕胎和器官移植等）、人身保险契约行为等，都得由监护人作为其法定代理人替代本人决定（代理）。这种全面监护明显地违反最小侵害原则，过多限制民事主体的权利，对被宣告（精神病）人私权构成过度侵犯。加之，监护缺乏程序保障，全面监护的启动可径行发生，这从《民通意见》便可推知，能力欠缺者的行为能力被法律剥夺或否定。在我国现行民事法律制度中，一个受全面监护的人，除被剥夺了财产能力外，人身行为能力也被剥夺，由监护人代为行使，[1] 实则是"被剥夺了一切权利之人"[2]。该制度的立法设计，超过了"保护本人兼顾交易安全"之目的所需的程度，背离了最小侵害原则。需探讨的是，对于限制行为能力人，我国实行的是部分监护吗？答案是否定的。限制行为能力人监护和无行为能力人监护唯一的区别，体现在二者的法律行为之效力上，一个是效力未定，一个是无

---

[1] 《民通意见》第 10 条规定：监护人的监护职责包括：保护被监护人的身体健康，照顾被监护人的生活，管理和保护被监护人的财产，代理被监护人进行民事活动，对被监护人进行管理和教育，在被监护人合法权益受到侵害或者与人发生争议时，代理其进行诉讼。

[2] 调查发现，"在多数精神病人的家庭中，作为法定监护人的亲属都没有真正尽到监护人的责任，精神病人基本上都处于放任失控的状态下"。"有些精神病人家属不堪监护的重负，甚至对精神病人采取铁链捆绑等远比监禁更为残酷的方式，家属杀死精神病人的事件也屡有发生"。参见《母亲勒死患精神病儿，90 多位亲朋联名上书求情》，中国新闻网，http://news.163.com/10/0607/18/6&JJ&VG40014AEE.html，最后访问日期：2016 年 8 月 25 日；《八旬老汉亲手掐死妻子，嫌其精神病拖累自己》，2010 年 2 月 13 日《南京晨报》。

效。限制能力人尽管可以实施与本人能力"相适应"的活动，但由于没有列举规定哪些事务受限制，加之既无程序保障，也无制度监督，因此，对限制能力人的监护实则还是全面监护。

令人欣慰的是，尽管我国《老年法》未曾撼动全面监护的根基，但同年实施的《精神卫生法》第30条，将"入住精神病院"这一重要的人身事务的决定权，从全面监护中剥离并归还本人行使。这一规定与发达国家一致，属于世界上较先进的立法，只是其落实条件需进一步跟进。

总之，鉴于全面监护背离人权保障的"最小限制"原则，我国也应当摒弃之，引入最小限度干预原则，以有限监护为中心。同时，进一步创制《精神卫生法》第30条的落实条件。

三 监护制度之利用者的扩大化

"监护制度的利用者"，在各国的旧制度中称为受保护人、受（被）监护人。法律术语的改变彰显了立法理念的转变。目前，国际社会的成年监护制度改革倾向于重新确认脆弱的身心障碍者主体地位，监护人作为国家的"信托人"，[①]应尊重其基本人权——人的尊严，并负有支持、协助其以独立之人格融入社会并得到发展的义务。而旧称"受保护的对象"，实则是以人为客体的旧民法观的反映，应予以摒弃。[②]

现代监护制度转向了社会法路径，公力和私力相结合的监护与援助法，已成为老龄化社会的社会法体系中不可或缺的组成部分。障碍者和高龄人等接受监护或者辅助者，相对于国家和社会而言，是权利主体而非是法律规制的对象。是由于国家和社会在发展中存在或设置的种种障碍，影响了部分脆弱的人无法管理自己的事务，故他们有权请求国家和社会提供各种帮助，以保证其与正常人平等地参与社会并得到发展。"这是身心障碍者的基本人权中的社会权的应有之义，是其基于社会权而对国家行使的请求权。

[①] Schmidt W. V., *Guardianship*: *The Court of Last resort for the Elderly and Disabled*, (Durham: Carolina Academic Press, 1995), p. 687~692.

[②] 〔日〕田山辉明：《成年监护法制の研究》（上卷），成文堂出版公司，2000，第61页。

因此，他们是监护制度的利用者"。① 在普通法系，一系列的称谓在悄然发生着改变，如新监护法用"需要监护者（a person in need of guardianship）""智力或认知功能障碍（impaired intellectual or cognitive functioning）"取代了"被监护人（ward）""精神病（mentally ill）"或"残疾（developmentally disabled）"等术语。② 伴随这些称谓的主要变化表现如下。

（一） 监护制度利用者的范围更为广泛

长期以来，传统监护制度适用于精神病患、酗酒者和吸毒成瘾的少数人。因此，与其说既有法制的重心是给他们以"保护"，毋宁说更需要的是对他们的管制或监督。③ 然而，从二十世纪后半叶起，在进入老龄化社会的国家，成年监护的主要适用者由少数人而成为众多认知能力正在减退的老年人，乃至当今适用意定监护契约的泛成年人化。而老年人即使已经罹患痴呆症，人们也不容忍将其视为精神病人、酗酒和吸毒成瘾者而加以管制。

现代监护制度利用者的范围更为广泛，主要表现为：

1. 意定监护制度的利用者泛成年人化，即凡成年人，都可利用（见第五部分论述）

2. 法定监护利用者的范围扩张表现在：首先，除了精神障碍者外，还增加了智障者、高龄者；有些国家还及于身体障碍者，如《法国民法典》第490条、第488条。德国民法包括四类：精神障碍；智障；身体障碍（含视觉残疾、言语残疾、严重的听觉残疾和视力残疾）以及导致几乎不能行为的严重疾病患者（德民第1896条第1款）。此外，还包括如严重的心脏病等几乎无行动能力的人。《瑞士民法典》第369条~372条规定的有四类。加拿大《魁北克民法典》第258条规定的是因疾病、身体缺陷或年老虚弱损害了其表达自己意愿的脑力或体力的情形；日本民法第7、11、14条规定的有四类人：在日本立法过程中，对"精神障碍者"的学理解释为：精神

---

① 〔日〕矶村保：《成年监护の多元化》，《民商法杂志（成年监护法改革特集）》2000年第4期。
② Peter Greenfield, *Public Guardianship Legislation Enacted* (6 Seniors Digest, 2005), p. 445.
③ 〔日〕渡部郎子：《成年监护制度的比较研究》，博士论文，日本千叶大学，2006，第3页以下。

病者、智能障碍者以及痴呆症、高龄者等。

英美法系国家制度利用者的范围与大陆法系诸国几乎相同,如《美国社会保障法》第 2 条 "因为心理疾病、心智低下、身体疾病、老年、慢性药物的使用、慢性酒精中毒或其他导致本人缺乏足够认知能力或交流能力而有可能受到损害的人"。①

归纳起来看,精神障碍者、智力障碍者、老龄者可以利用现代法定监护制度,基本上不存在分歧。但对身体障碍者、酗酒、毒瘾以及浪费行为者,在不同各国的立法例中尚存分歧。

首先,对身体障碍者,绝大多数国家允许其作为法定监护制度的利用者。法国民法典第 488 与第 490 条、德国民法典第 1896 条、意大利民法典均有规定。古罗马《十二表法》对聋哑人也同样地予以保佐。② 美国《身心障碍者法》对身体障碍经历了从排除到承认的立法过程。其次,对于酗酒、毒瘾、浪费行为者可否利用法定监护,在各国新制度中,存在较大的分歧。在英美普通法国家,针对酗酒者的受领养老金行为,《美国社会保障(安全)法》特别规定"由其监护人代理。"③德国和日本则持反对意见,日本通说认为,对浪费者的权利无须进行法律干涉。并且,浪费的情况依据当地的风土人情及富裕程度会有所不同。④ 因此,浪费人在日本新监护制度中取消。

在我国法律体系中,酗酒者、吸毒者、有赌癖或浪费人(挥霍者)并未予以单独规范。

(二) 我国的成年精神病人监护

从《民法通则》、《民事诉讼法》及《〈民法通则〉意见》、《老年法》等相关法律和法释来看,我国监护制度适用者主要为精神病人(痴呆),适用主体的范围极其有限,远远小于现代成年监护之利用者的范围,我国的

---

① Ogg J., Bennet G., *Age Concern Legal Arrangements for Managing Financial Affairs* (Scotland, 2000).
② 周枏:《罗马法原论》(上册),商务印书馆,1994,第 243 页。
③ Jeffrey A., and Helewitz J. D., *Elder Law* (Cannada: West/Thomson Learning, 2002), p. 244.
④ Legemaate J., *Legal protection in Psychiatry: Balancing the Rights and Needs of Patients and Society* (13 European Psychiatry, 1998), pp. 107~112.

规定存在着下述问题。

首先,法定监护的请求权主体缺乏单独列举规定。我国的请求权主体范围主要集中于精神障碍者(含痴呆症者)。将痴呆症者视为精神障碍者是违反医学的常识性分类的,二者分属于两类不同的民事主体。① 在医学上,痴呆属于"智力障碍(认知障碍)"的一种,② 成年人痴呆多发生在老年。"高龄者的专属病症——老年痴呆症",作为一种智力上的障碍,直接影响判断能力(意思能力),③ 因而,痴呆症理应与智障者同类。在法理上,对于存在认知障碍的成年人而言,其自我决定,不是简单地赋予其自我决定权就能解决,还必须为其提供容易认知的信息并加以说明,对其在取得信息、理解信息直至形成意思决定的过程中,消除所存在的障碍提供援助。正是这种支援自我决定的认识,成为认知障碍者有必要适用成年监护的理由。④ 综上,智障者应该作为独立的主体成为成年监护制度的利用者,而不应该"被视为"精神障碍者,在立法上应单独列举规定。

2. 身体障碍者应赋予请求权。对与"精神障碍者"同属残疾人的聋、哑、盲者,他们是否有请求权,同样是我国的制度设计中存在的问题。不可否认,这部分人的意志是(精神能力)健全的,但在行为、意思表达(表示沟通)等方面,却存在着障碍,客观上妨碍了其行为能力的实现及权利的行使。然其可资利用的救济手段只有《合同法》中的委任制度,委托他人代为民事行为,双方的权利义务由委托合同约定。但作为体能上有障碍的一方,无疑是难以亲自监督其委托代理人行为的,若代理人滥用权利,则无其他救济制度,显然,在此种情形下体能的障碍妨碍了本人的意思自治,亦属于意思实现能力不足者,在行为能力上同样是有欠缺的,因而,他们成为该制度的请求权人是具备正当性的。事实上,对这部分特殊主体的特殊需求,我国法律其他领域也是予以特殊对待。《刑事诉讼法》第34条、《治安管理处罚法》第14条、《刑法》第19条,都肯定了盲、聋、哑残疾人的意思表达和意思形成能力的天然不足,并给予诉权上的特殊保护。

---

① 关家:《法医学》,四川大学出版社,2006,第222页。
② 吴崇其主编《卫生法学》,法律出版社,2005,第380页。
③ 邝穗雄:《老年痴呆症患者:渴望阳光关爱》,《羊城晚报》2002年5月27日。
④ 〔日〕西川瑞子:《认知障碍者的成年监护的原理》,信山社,2010,第3页。

相比之下,民法的规定就显得不足。

3. 意定监护利用者外延不周。在对意定监护利用者之规定方面,我国规定该制度只适用于老年人,而其他,如十八岁以上不满六十岁者、在意外事件中造成的意思能力丧失、宣告失踪中的成年人等,是否有资格利用该制度,都无从确定。而在现代成年监护制度中,这些主体确有资格利用意定监护,先进国家的立法中多以列举方式规定,例如,美国2006年的《统一代理权法》第102条(5),甚至扩及"失踪;被扣留(包括刑事监禁);离开美国不能返回",都列为制度的利用者之范围。故我国老年法需要进一步扩张解释第26条的外延。

鉴于目前我国监护制度的利用者之范围过于狭窄,且在制度利用者的区分上存在着问题,如视力、语言、听力障碍者都应列入有请求权人之列。

四 保护和支援措施的多元化

各国旧制度对脆弱成年人所提供的保护措施,均无视本人残存的意思能力的差别性,用法技术拟制出了一个概念,即行为能力,然后先行剥夺或限制脆弱的成年人的行为能力,进而予以他治式的监护或者保佐措施。这种保护模式的弊端,一是行为能力的划分种类极其简单,忽视了身心障碍者这类脆弱成年人残留的意思能力所具有的差异性、渐进性和时段性的特点;其二是监(保)护措施过于僵化,不能适应脆弱成年人的多层次保护需求。而为了最大限度地实现个人自主权就必须增加保护类型。① 所以,各国的改革与《联合国残疾人人权宣言》的标准相呼应,均采多元化保护措施用以支援那些脆弱的成年人,以尊重并激活其余存的不同程度的能力。整体上,两大法系成年监护在目前的支援体系上呈现出了意定监护与法定监护两大分支。其中,前者又分成人身事务照顾、财产代理、医疗健康护理的持续代理等(见下文"五"详述)。在法定监护方面,新的保护措施主要有三种:一是剥夺本人的部分行为能力,而后予以的监护和保佐;二是

---

① Carolyn L. Dessin, *Financial Abuse of the Elderly: Is the Solution a Problem?* (34 McGeorge L. Rev. 267, 2003).

不剥夺行为能力，仅仅对本人的个别行为予以"辅助"；三是支援本人共同做出意思决定的"顾问"。其中以"辅助"为代表的措施，强调本人为主体，辅助人的作用是支援本人的意思决定，替代了旧制度中监护人、保佐人为主体替代或代理本人做决定的方式，改变了原传统监护固有的"非此即彼"的方式，辅助人的权限不再为本人的代理人，而是辅助或支援本人做决定，或者仅仅是为本人提供信息、提出建议，甚或仅作为本人的使者传递讯息。本人借助辅助人的辅助（支援），从而具有了完全的行为能力，参与社会。具体以言，各国新制度的保护方式纷呈如下。

（一）一元化的德国法和多元化的其他国家立法

采一元化的德国，由原来的"监护、辅佐"二元保护方式，构造成一种类型——"照管"。按照每个人不同的需求予以援助。法院须在个案中为本人定制不同的照管措施（必要性原则）。（德国法第1896条第2款，第1902条）。

多元化，也称类型化，是针对脆弱的成年人所残留的意思能力的不同程度，划定本人的自治范围。对无能力自我决定的事务，配备相应的监护措施，不同类型的监护人的职权范围各异。采类型化主义的国家又分为二元、三元、四元类。其中采二元化类型的国家，如瑞典、智利、蒙古、魁北克和我国台湾地区规定的监护和辅助（新法第14第3项、15之1、15之2）[①]；采三元主义的有法、澳、瑞、俄、奥、日、韩等。法国规定的是司法救济，监护和财产管理。澳大利亚分为特定事务监护、一定事务监护、全部事务监护。瑞士分为监护、辅佐和司法保护。俄罗斯联邦分为监护、保护和庇护。奥地利分为个别事务监护、一定事务监护和全部事务监护。日本规定有监护、保佐和辅助。韩国分为全面监护、部分监护和特定监护；在采四元化的国家，如美国老年法中的财产监护、人身监护、全权监护、有限监护；英国的管理、监护、保护、财产管理；加拿大的《统一代理权法》以及安大略省1992年的《替代决定法》中的共同监护、信托、辅佐、代理。

---

① 林秀雄：《论我国新修正之成年监护制度》，《月旦法学杂志》2009年第164期。

（二）一元化与类型化的比较

德国民法规定的措施，只有一种——照管，在形式上尽管不作区分，实则是最广泛的类型。它以权利侵害最小化的方式最大化地满足障碍者的保护需求，堪称贯彻比例原则的典范，显示了公权力的立法和司法在行使时确保自治与他治的平衡。反映在法定监护制度上，将尊重自我决定权与正常化理念进行了妥适的协调。这对法官的职业素养水准的要求颇严。采类型主义的法、日、瑞、奥、澳、韩等国，同样是按照必要性原则，设计出保护措施的类型。类型主义模式对本人自治的范围，既作了一般性的规定，又允许他治，平衡了他治和自治。英美法系的四元化措施，对本人的私权维护极为周全，符合英美普通法的判例规则，有利于法律适用。

多元监护措施的构建，不但为各类脆弱的成年人提供了菜单式的多种选择，而且也缓解了社会老龄化所带来的诸多问题。

（三）中国大陆监护措施的单一化

我国对现有的监护措施未作区分，依据《民法通则》第13条、第18条第1款以及《〈民法通则〉意见》第10条的规定，受监护人分为两种：一是对无能力人的监护，监护措施是赋予监护人以代理权和财产管理权；二是限制能力人的监护，监护措施也是代理权和财产管理权，但有别于无行为能力人的监护措施之处在于，与其精神健康状况相适应的民事活动可以单独实施，其他民事活动则由监护人代理或征得监护人的同意。① 除了在代理权限上有区别之外，监护人的其他监护职责是完全相同的，② 由此可

---

① 《民通意见》第5条规定，精神病人（包括痴呆症人）如果没有判断能力和自我保护能力，不知其行为后果的，可以认定为不能辨认自己行为的人；对于比较复杂的事物或者比较重大的行为缺乏判断能力和自我保护能力，并且不能预见其行为后果的，可以认定为不能完全辨认自己行为的人。《民通意见》第6条：不能完全辨认自己行为的精神病人进行的民事活动，是否与其精神健康状况相适应，可以从行为与本人生活相关联的程度、本人的精神状态能否理解其行为，并预见相应的行为后果，以及行为标的数额等方面确定。
② 根据《民通意见》第10条的规定，均为"保护被监护人的身体健康，照顾被监护人的生活，管理和保护被监护人的财产，代理被监护人的民事活动，对被监护人进行管理和教育，在被监护人合法权益受到侵害或者与人发生争议时，代理其进行诉讼"。

知,我国采用的是一种概括式的保护措施——监护,既有别于一元化,也不同于类型化,对监护措施不加区分的概括式立法,隐藏着对人权实现的若干阻碍。

首先,违反必要性原则。必要性原则要求在所有能够达成立法目的的诸方式中,必须选择对主体权利最小侵害的方式。也就是说,在以不违反或减弱该法律所追求之目的的前提下,立法者应该选择对主体权利侵犯最轻之方法。成年监护制度的目的是保护本人,并兼顾交易安全。而我国的这种保护措施,优先保护的是交易安全,保护效率和简单,用一种监护措施来应对那些脆弱的成年人的不同保护需求,用简单的两类"无和限制"行为能力,来涵盖所有的余存不同的意思能力的成年人。显然是对每个个体自我决定权的无视,过度限制了本人的基本自由。其次,从立法的科学性上考量,单一的监护措施也存在着僵化有余却灵活性不足的瑕疵。既然《民法通则》将能力不完全的成年人区分为"限制"和"无"两级,那么,两者对应的监护措施也应有别,不应该只有一种。例如,老年痴呆症(奥兹海默症),作为年老时常发生的智力障碍,老龄痴呆症者的判断能力是随着年龄升高渐次消退的。即使是行为能力完全的老年人,也无法避免意思能力的日渐衰退的,只不过衰退的程度因人而异。

因此,如何将成年人的行为能力类型化,不仅是技术问题,而且是涉及人权保障的问题。而我国却无视具体的个体的能力具有阶段性和相对性的特点,在监护措施上,采"一刀切"式的立法,一律适用同样内容的保护措施,这对于限制行为能力人而言,无疑是过度干预了本人的自由。由于法律规定其可以进行与其智能状况相适应的法律行为,然而"智力状况"这一规定的边界过于模糊,其无能力管理的是哪些范围的人身事务和财产事务,法律却无明确规定,而医学鉴定和实验表明:某些限制能力人,是完全有能力处理其人身事务的,他们只是缺乏管理财产的能力,或者反之。故民法不应罔顾个体的不同需求,不加区分的适用同一种监护措施。

总之,只有将保护措施类型化,并赋予每种类型不同的内容——或保护或援助或辅助——这才能最大程度地尊重本人残余的意思能力,最大程度地保留自治空间,也才能符合比例原则。

五　意定监护为主法定监护为辅的新体系

(一) 意定监护及其优越性

1. 意定监护在两大法系的共同认可

意定监护，与法定监护相对应，是大陆法系的学理称谓，在各国的立法称谓中，则名称各异。意定监护，系指基于当事人的意思表示而成立，并就监护人的选定、监护事务与监护（代理）权限等，由当事人自己决定的委任监护契约。简言之，本人在能力完全时，通过委任契约，预先为自己能力不足时的生活（尤其是老年）做出安排，以确保年老时的生活符合自己的意愿。如能力完全的人预先选任了受托人，当自己能力不足以处理其日常生活、医疗事务或者财产事务时，受托人成为监护人，代理本人（被监护人）管理事务。在普通法上，意定监护被称为持续性代理制度，系指"本人以书面形式指定代理人，该代理人的代理权不受本人无意思能力和精神障碍的影响，或者代理权，于本人无意思能力时开始生效，其效力自设立开始，不受时间限制，除非指定了终止时间"。[①]（2006年美国《统一代理权法》第1条）。此外，还包括生前预嘱（Living Will）和生前信托Living Trust）。[②] 在大陆法系的意定监护中，监护人仅有代理权，即监护人实为意定代理人，与英美法系中的"持续性代理权"制度中的代理人相比，两者的法律地位相同。故学理上统称意定监护。

生前预嘱是当事人就其健康护理方面预先做出的决定或安排，表达了当自己处于绝症晚期或者持久无意识期间，需要或拒绝某项医疗措施的意愿，比如生命维持系统、插管进食等。生前信托是就其某项财产的决定，当事人提前选定受托人代为管理信托基金，于其丧失意思能力时开始财产管理，以防自己的意思能力丧失后对其财产造成不当损害。[③] 这也是私法尊

[①] 李霞：《成年监护制度研究》，博士学位论文，山东大学，2007，第120页。

[②] Israel Doron, *From Guardianship to Long-Term Legal Care: Law and Caring for the Elderly*, Graduate Program in Law Osgoode Hall Law School at York University, (Toronto, 2010), p. 127.

[③] Israel Doron, *From Guardianship to Long-Term Legal Care: Law and Caring for the Elderly*, Graduate Program in Law Osgoode Hall Law School at York University, (Toronto, 2010), p. 127.

重自我决定权及应对人口老龄化快速发展的制度创新。

2. 意定监护的优越性

就意定监护制度优先于法定监护的原因，正如日本在其任意监护法的立法理由书中所阐明的："成年监护制度的中心，从民法典的法定监护，向意定监护转移，是基于理念和法制层面的考虑"[1]。具体而言：第一，在理念上，意定监护秉持的是尊重自我决定，法定监护的理念则是保护本人并兼顾交易安全，本人是被动的，以监护人的意思优先。在监护措施上，采取强制的法律父爱主义之立法形态。在这个意义上来说，鉴于意定监护制度更好地贯彻了现代人权保障理念，与法定监护制度相比，理应占据更加优越的地位。尊重自我决定权，表现在不仅尊重意思能力不健全时残留的自我决定，而且尊重意思能力丧失之前的自我决定。[2] 重要的是，这种尊重还及于本人预先对自己将来能力欠缺后的事务的决定。[3] 使其在能力完全时对自己将来能力丧失后的事务预先做出决定。这也是监护制度改革确立意定监护为核心的根本原因。[4] 第二，从正当性来看，意定监护是尊重自我决定的必然制度设计。民事主体从出生到具有完全能力直至其能力衰退，生命历程中的两端都适用到监护制度，是完全符合法的正当性的。利用意定监护的当事人，可以不必受行为能力宣告制度之限制，假借监护人的援手，活用自己余存的能力，自主决定自己的生活。意定监护是在行为人有意思能力之时，对人身与财产事务的事前意思表示——于本人能力丧失之后由该制度对本人预先的意思予以支援和保障。这是一种能力欠缺以先的自力救济；而法定监护，仅是在能力欠缺以后的公力救济。意定监护创设之目的是弥补法定监护的不足。在英美法系称意定监护为"监护的替代措施"。同样是一种保护措施，持续性代理权日益成为一种社会提倡且个人乐于选择的法定监护的替代方式。如果说法定监护提供的是单一型的保护措施，

---

[1] Harriet P. Prensky, "Durable Powers of Attorney and Revocable Living Trusts", http://www.caregiver.org/caregiver/jsp/content_node.jsp? nodeid=434.
[2] 〔日〕新井诚:《任意後見制度の立法の必要性について》，ジュリスト1141号，1998年，第42页以下。
[3] 〔日〕细川瑞子:《认知障碍者的成年监护的原理》，信山社，2010，第6页。
[4] 李霞:《成年后见制度的日本法观察－兼及我国的制度反思》，《法学论坛》2003年第5期。

那么意定监护提供的则是菜单式的可选择型，①因其意定性、差异性从而极富弹性，符合"最低干预"原则。

（二）两大法系新模式的殊途同归

1. 普通法上的意定监护制度，于1954年以持续性代理契约的形式出现于美国的弗吉尼亚州法，到20世纪80年代中期，该法在全美的统一成文法地位被确立。此后，该法被英国于1986年仿效并发展。②受英国影响，新西兰于1988年、澳大利亚于1992年相继将该制度引进。③美英两国为加拿大奠定了理论和制度的根基。④20世纪90年代初，加拿大普通法各省相继引入持续性代理制度，如1992年安大略省实施的《替代决定法》。1991年在施行大陆法的魁北克省，在其民法典中规定了"自委托合同"制度。⑤在大陆法系，1999年德国施行的《照管法（第1次修正案）》民法1904条2项、1906条5项，转向意定监护。实际上，德国整个成年照管制度是以"预防性代理权"为基础的意定监护制度据于优先地位的。⑥德国民法1896条第2项规定的"任意性措施"，旨在补充法定监护，是以相当于持续性代理权的"预防性代理权"为中心的。⑦据此，德国已经采用了与持续性代理权制度同样构造的"伴随公共监督的任意代理权"。这种新制度在2007年被法国民法修正所采纳。日本在继受美、英、加、德诸国的制度基础上，于1999年颁布了《任意监护法》，2011年该法被韩国引入⑧。此外，瑞士于2013年1月1日施行的《瑞士民法典》（修正）以及中国大陆2013年《老

---

① 渠涛：《最新日本民法》，法律出版社，2006，第438页。
② Robert Craig Waters, Florida Durable Power of Attorney Law, (Florida State University Law Review, 1990), p. 522. Kare E Box, *The Durable Power of Attorney's Place in The Family of Fiduciary Relationships*, (6 Georgia Law Review, 2001).
③ 刘德宽：《新成年监护制度之检讨》，《法学丛刊》1997年第2期。
④ 朱雪林：《加拿大成年监护制度研究》，博士学位论文，吉林大学，2012，第65页。
⑤ 朱晓琳：《我国成年监护制度研究》，硕士学位论文，曲阜师范大学，2012，第43页。
⑥〔日〕新井诚：《成年后见制度与自己决定》，《老年精神医学杂志》2003年第14期。
⑦ 戴瑀如：《初探德国成年辅助法》，《月旦法学杂志》2009年第4期。
⑧ 林秀雄：《论我国新修正之成年监护制度》，《月旦法学杂志》2009年第164期。（2013年7月1日生效的韩国民法第959-20条1项，特别增设意定监护制度——未来保护委任）。法国意定监护制度之重要内容如下：一，必要性原则：监护法官仅于必要之情形，得裁定实施保护措施；二，采取保护措施之一般原则。

年法》第 26 条，相继承认了该制度。

2. 两大法系相互借鉴，持续性代理制度和大陆法上的意定监护制度表明，意定监护制度是现代成年监护制度改革的共同选择。这种模式成为维持他治与自治的平衡点，成为现代成年监护制度的方向。当代成年监护制度以意定监护为基本制度，主旨是应对日益老化的社会，提倡成年人在能力完全时，提前决定和规划自己丧失能力之后的事务。

意定监护制度，以当事人之间缔结的契约为基础，内容及方式等均由本人决定，因而更具柔性及弹性，且融合了前述三个理念——尤其是重视自我决定权（特别是事前的自我决定），因此，一经诞生便受到了世界各国的普遍重视。此后成年监护分成法定监护和意定监护两个分支，在两者的关系上，当代各国的成年监护立法例中，"意定监护制度优先的原则"已成为基本原理。[1] 具体来说，在意定监护和法定监护竞合时，原则上应当优先适用前者。如日本《任意监护法》第 10 条 1 项、《德国民法》第 1896 条第 2 项和英国《持续性代理权法（EPA）》第 7 条。[2]

（三）我国《老年法》意定监护制度的首次发声

我国未成年人监护制度中，监护人可以将监护职责全部或者部分委托他人，但这不属于意定监护，因为设立委托的是委托人的意思表示而非本人的，而且委托的内容是部分监护事务而非全部。此外，其在时间上仅仅是法定监护职责的暂时转移。所以，严格意义上说，我国仅有法定监护不存在意定监护。令人耳目一新的是，《老年法》第 26 条第 1 款规定，"具备完全民事行为能力的老年人，可以在近亲属或者其他与自己关系密切、愿意承担监护责任的个人、组织中协商确定自己的监护人。监护人在老年人丧失或者部分丧失行为能力时，依法承担监护责任"。该条是中国意定监护的首次发声，也是对我国民法的新突破。若说新法遗憾之处，尚有以下：其一，只规定了意定监护的发生原因，但其内容的规定尚付之阙如。例如，作为意定监护法律关系的内容，监护是通过意定监护契约确立监护关系的，

---

[1] A. Frank Johns, *Ten Years After: Where is the Constitutional Crisis With Procedural Safeguards and Due Process in Guardianship Adjudication?*, 1999, 7 (1) Elder Law Journal.

[2] 持续性代理人与财产管理人（监护人）权利竞合时，持续性代理权具有优先性。

具有附条件的法律行为的特点,所附条件成就时监护契约生效,监护人开始执行职务。其二,欠缺重要的监督制度。由于意定监护的特殊性,在规定意定监护实体制度的同时,应规定相应配套的监督程序。其三,缺乏程序上的保障,如立法没有规定意定契约的成立生效、登记、公证程序。总之,程序问题概无规定。① 这与现代成年监护制度的距离很大。

六 中国民法典编纂时的新成年监护制度

(一) 中国未来成年监护制度的模式

在我国民法典编纂之时,对新成年监护制度(以下简称"新制度")的模式选择是首当其冲的。鉴于我国已签署和加入了一系列国际人权公约,因而应按照国际人权保障的标准,新监护制度的立法理念宜秉承自我决定权和正常化理念,以三个原则指导立法,制度目的旨在促进所有的脆弱成年人的社会参与,持守支援自我决定、体现平衡自治与他治和保护与援助之目标。在成年监护法的体系上,宜确立意定监护为主,法定监护为辅,并同时构建妥适的监督规则。具体如下:

第一,立法应以尊重自我决定、最少干预,能力推定(程序保障)为指导原则。确立最少限制原则主要基于尊重和保障人权的需要。因此,成年监护法应规定,"监护只在必要时设立,监护人的权限必须限定在'必要'之范围内。尊重自我决定原则,以本人为中心重新配置权利。在确定该决定是否符合成年人的最佳利益时,应考虑成年人在有意思能力时,曾经表达过的意愿和所持有的价值观和信仰"。②

第二,明确能力推定规则。能力推定,是指凡成年人,除非有相反证据证明,均推定其有意思(判断)能力。未成年人都要经历无行为能力、有部分行为能力和有完全行为能力的过程。与此相反,成年人的起点是有行为能力。这种规定系借鉴英国《意思能力法》第 1-1 条,与《民法通

---

① 杨立新:《我国老年监护制度的立法突破及相关问题》,《法学研究》2013 年第 2 期。
② Adult Guardianship and Trusteeship Act, SA2008, cA-4.2, §2 (4).

则》第 11 条的旨趣相同。

（二）意定监护的完善与解释

进一步完善我国《老年法》第 26 条的司法解释，宜借鉴日、韩的任意监护法。理由在于：德国立法模式过于激进，我国台湾地区则偏于保守，日韩模式应成为可能的借鉴模式。首先，日韩模式剪断了监护与行为能力的关联而构造新的制度，承认了社会生活和社会现实的复杂性，还原了市民社会的样貌。其次，日韩模式将监护制度分为法定和意定两种，兼顾了制度的稳定性与法律的弹性，故日本的任意监护法一经面世，受到了国际上的高度评价。[①] 最后，任意监护以契约为基础而产生，这在我国大陆的法制中有同样的基础，如委托监护和遗嘱扶养协议，易与我国的制度产生融合。

综上，在日、韩两国现行的监护法中，多数法规范可以直接为我国所借鉴，移植其先进的法律产品可以简省我国的立法成本。再者，基于法律文化的考虑，日韩制度模式可能契合于我国法律文化。我国意定监护的框架拟由两部分构成：委任监护契约和监督。具体而言，对《老年法》第 26 条第一款应做进一步解释如下："年满十八周岁之自然人，可以作为委托（本）人，与受托人约定，在本人能力不充分时，将自己的生活、医疗健康看护以及财产管理等事务，全部或者部分委托予受托人，并授予其代理权的委托合同"[②]。该合同是委托合同，是授予代理权的委托合同、是附生效要件的委托合同。其中，以生效时间为标准，合同可以分为转移型、即时生效型和将来型三种。委任监护合同的当事人由委托人（本人）、监护人（委任监护受托人）、意定监护监督人三方组成。在内容上，应具备合同的必要条款和代理权的授予。在形式上，采定式合同，合同成立和生效须符合法定方式。在效力上，附停止条件的法律行为，以法院选任监督人为生效要件。[③] 此外，当委任监护合同与法定监护竞合时，前者优先。关于监督部分的构造详见本文最后部分。

[①] 〔日〕小林昭彦等编著《新成年后见制度の解说》，金融财政事情研究会，2000，第 64 页。
[②] 日本《任意监护法》第 2 条第 1 项。
[③] 李霞：《意定监护制度论纲》，《法学》2011 年第 4 期。

（三）有限监护为中心的法定监护体系

鉴于全面监护背离人权国际保障的发展趋势，我国未来的法定监护制度宜以有限监护为中心，具体包含以下内容：

1. 在监护的设立原因上，应废除《民法通则》第 13 条的法定类型制，采用日、韩新法的三类型。即废除无行为能力，仅保留限制行为能力。并将限制行为能力再分为三类：（1）限制大多数法律行为（日常生活行为、纯获利益的除外）；（2）限制部分重要的行为以及法院就个案裁定的行为；（3）限制上述（2）中的个别行为以及另由法院个案裁定的个别行为。对上述限制能力人，按法律行为所需之相应意思能力，分为三种（简称"新类型"），即与其残余的意思能力相适应，分别对应着本人不能单独实施的三类行为：大部分法律行为、部分法律行为、特定法律行为。在法律行为的效力上规定为：对于受限制的三类行为，本人不得单独实施，须由法定代理（监护）人代理。未经代理人同意或追认的，效力为"可撤销"，重要的是，也将该撤销权赋予本人；同时，将《合同法》中的法定代理人的"追认权"修正为"撤销权"，并同时废止相对人原来的催告权和撤销权。①

（四）监护、保佐和辅助三种措施

与上述受限制的三类行为相对应的，分别是监护、保佐、辅助措施，以不同的保护或援助方式来满足意思能力不足者多元化的保（监）护需求。其中，监护、保佐和辅助的权限内容如下：

1. 监护

（1）监护人的权限。其一，法定代理权；其二，财产管理权；其三，撤销权。监护人可以撤销被监护人的单独行为，但本人购买日用品以及与日常生活相关的行为、纯获法律利益的行为除外。（2）监护人的身心注意义务与尊重自我决定的义务。其一，人身监护事务包括身心状态和生活状况，疗养看护等事项。此外，还有对本人人身行为的特别注意义务。其二，尊重本人意思决定的义务。

---

① 李霞：《意定监护制度论纲》，《法学》2011 年第 4 期。

2. 保佐

（1）保佐人的权限主要是同意权、撤销权。本人仅就几种重要的法定行为的实施须经保佐人同意。未经同意而实施的行为，则本人、保佐人可以撤销。① 应注意是的，原则上，保佐人没有代理权，仅就特殊的事务，可以由法院在个案中赋予。（2）保佐人的身心注意义务。是指在处理保佐事务时，保佐人必须尊重被保佐人的意思，关怀其身心状态和生活状况。其旨趣与监护人相同。

3. 辅助

由于此项措施是针对本人不能处理个别事务时而设定的，较为灵活且富于弹性。具体包含如下三类：其一，"同意权型"辅助，也称共同决定型辅助，辅助人仅有同意权，本人实施的特定行为，需要辅助人同意。需注意的是，该特定行为的范围只能是小于保佐范围内的八种，因为如果这些事项全部都需要"同意"，则不适用辅助而是适用保佐。其二，"代理权型"辅助。此类辅助人的代理权限是由法院审判而赋予的。代理权的范围不限于保佐的八种特定行为，而是由法院根据必要性原则予以裁定。辅助人拥有的代理权限与法定监护人法定代理不同，辅助人可为代理的行为由个案的不同而异。② 其三，"同意权型和代理权型"辅助。辅助人的权限含代理权和同意权。鉴于民事生活的丰富多样，为了克服成文法的局限性并满足主体多样性的需求而设定的辅助类型。另外，为适应身心障碍者能力的变化，可以追加、缩减或扩张辅助人的代理权、同意权及撤销权的范围。这既是辅助的特点，也是辅助类型得以存在的充分理由。可以及时地针对个体的不同需求加以弹性的调整，从而缓和了类型化的刻板和僵硬。此立法设计系借鉴德国的照管模式。

关于辅助人的义务，同样适用对本人的"身心注意义务与尊重自我决定义务"。需注意的是，辅助人仅在其职务范围内负有上述义务。其原理与

---

① 李霞：《行为能力欠缺者的种类及其行为的效力》，《政法论丛》2010 年第 5 期。
② 包括：(1) 存款本金的领取或使用，(2) 借款及借款担保，(3) 不动产或其他重要财产的处分行为，(4) 诉讼或仲裁，(5) 赠与、和解、仲裁合同，(6) 接受或放弃继承、遗赠、赠与，(7) 赠与（小额赠与除外），(8) 订立超过五年期的农（林）地转包合同，超过两年期的建筑物或重要动产的租赁合同。

法定监护和保佐相同。

4. 监护、保佐、辅助之间的效力关系

三者之间的关系得出现以下几种情形：第一，在监护与保佐的效力关系上，于设置法定监护时，如本人已接受保佐，法院须裁定撤销保佐。第二，在辅助与监护、保佐的效力关系上，在满足监护或者保佐的要件时，就不适用辅助。

上述三类监护措施是参酌了德国、日本、韩国①加拿大安大略省的立法例。②

（五）监督制度

1. 作为成年监护制度重要构成的监护监督

监督，之所以在监护中占据重要地位，主要基于理论与实践两方面的原因。从理论上看，监护制度对本人的保护，是以限制基本权利和自由为前提、以干预其日常事务为手段的，因而监护对本人而言，如同一把双刃剑，从而也决定了监督的必要性。从实践上看，本人一旦欠缺能力便无法监督监护人（保佐人、辅助人、委任监护人），失去了监督与控制的监护人（代理人），在执行职务时全靠自己的道德良知。在缺乏监督的真空地带，监护权的滥用极易滋生。而作为代理人和财产管理人的监护人，通常被赋予了广泛的代理权，包括出卖本人房屋与财产、投资、撤销保险单、重新指定受益人以及清空银行账户等重要权利。监护人的代理权容易变成代

---

① 如关于财产管理事项中的不动产买卖、租赁、金钱消费借贷、保证、抵押权、担保物权的设定等合同行为、存款的管理、退还遗产分割等事项、诉讼代理；再如人身监护事务中的医疗合同的缔结、疗养看护合同、人身或财产保险合同的订立与解除等，广泛范围的事务都可以成为赋予代理权的事项。但与人身利益相关的遗嘱、婚姻、收养等专属本人的行为，不得成为辅助代理的事项。

② 特定监护是临时的，或者可一次性使用的制度。通常，本人的日常生活会和家庭成员一起度过，但有时本人可能需要为特定的行为选任代理人。例如，代替本人签订遗产分割协议、当本人意识不明时代替本人同意实施某项医疗行为。这是参考英国 Mental Capacity Act (2005) 第 16 条和法国民法修订案第 433 条 1 项做出的规定。因此，实际上，特定监护是为那些不愿被长期保护的人设计的制度。该类型不是依开始原因做出的区分。简言之，即使已满足成年监护或限制监护的要件，亦可以请求适用特定监护。特定监护的期间和职责范围、必要的处分行为和特定监护人的选任都依特定监护的审判来确定。一旦期间和应处理的事务完成，特定监护即终止。

（监护）人侵吞本人财产的工具。① 调查显示，代理人（监护人）挪用自己所管理的本人的财产而受到逮捕、起诉并被判决有罪的案件比比皆是②。据统计，对能力欠缺者财产的侵吞多发生在与其关系亲密者中——加害人通常是其家庭成员或照管人。③

基于上述原因，无论是对意定监护还是法定监护，第三方的监督都是必不可少的。因而，构筑有效的监督制度是监护制度的重要课题④。大陆法系各国监护立法无不重视监护监督，很多国家立法甚至以公权力介入监护事务。

我国监护制度一直忽视监督的构建，尽管《民法通则》第18条第3款规定了监护人对被监护人的损害赔偿责任，《民通意见》第20条对监护人不履行职责或者侵害被监护人的合法权益做了进一步解释，但这些规范本质上只是对监护人加害被监护人之后的民事责任进行分配，而非对监护人职务执行行为的监督。另外，《老年法》同样没有对监督做出规定。

总之，成年监护中，谁为监督人、监督人的权利义务如何、如何保证监督行为的落实，从我国目前的法律体系看，这些问题都没有得到解决。⑤然而，在未成年监护领域的立法，已经开始重视监护监督，2015年1月1日生效的四部委联合制定的"新规意见"对未成年人监护不利规定了丧失监护权的后果，其中涉及民政部门、居民或村民委员会的临时监护，属于符合我国实情的自生制度，与国外不同。可以推知，成年监护监督也将必然受到重视，并应类推适用未成年监护监督制度。

2. 监护监督模式的比较

采纳私力监督模式的美国，作为一个崇尚自治的国家，为维护监护的私法性，美国采取赋予利害关系人向法院提请司法审查的私人监督模式，

---

① 理由见李霞《成年监护制度研究——人权的视角》，中国政法大学出版社，2012，第148页。
② Jennifer L. Rhein, *No One In Charge: Durable Powers of Attorney and the Failure to Protect Incapacitated Principals*, (17 Elder Law Review, 2009), p. 165.
③ Linda S. Whitton, *Durable Powers as an Alternative to Guardianship: Lessons We Have Learned*, (37 Stetson Law Review 7, 2007).
④ Toddi Gutner, *License to Steal: How to Protect the Elderly from the People They've Chosen to Trust*, (3987 Business Week 124, 2006).
⑤〔日〕冈孝：《面向21世纪的日本国成年监护制度》，刘善华译，《上海政法学院学报》2012年第4期。

2006 年的《统一代理权法》第 116（a）条对此予以了具体规定。① 也就是说，在美国，对代理人权利滥用的遏制主要依赖于利害关系人对代理人行为的事后审查，属于事后、消极监督模式。

公力监督模式的代表是英、日、德和韩等国，英国 2005 年《意思能力法》创设了公设监护办公室（Office of the Public Guardian）与保护法院两个机构，分别监督意定监护人和法定监护人，同时，法院还有权派出"保护法院专员"（Court of Protection Visitors），针对特定代理人的行为进行监督。并有权派出"保护法院专员"（Court of Protection Visitors）以监督代理人，② 公力监督模式采取了法院直接主动介入监护的姿态。

私人监督的优势在于：首先，可以充分实现私法自治，保护当事人的隐私。美国之制度设计其原旨系排除法院干预，以纯私法满足本人能力不足时的需求，将当事人的财产状况等隐私在公权力面前隐身。其次，简单易行成本低，节约司法资源。法院在监督上处于被动姿态，只在利害关系人提请司法审查时才予以调查。同时，司法审查并不针对整个代理关系，而仅限于代理人的个别代理行为。因而，伴随的劣势是私人监督在遏制代理权滥用方面收效甚微。美国的一项调查显示，94% 持续性代理权中（意定监护）存在着滥用情形；三分之一的司法人员在执业期间受理过代理权滥用案。③

公力监督模式的优点体现在：第一，监督全面。如上所述，英国、日本及韩国立法对持续性代理权的监督，既包括事前又包括事后。事前监督主要是指对持续性代理权的设立予以充分的程序保障，目的在于，"在持续性代理权创设前通过采用预防性措施，阻止了不适当代理权的产生"④。事后监督主要是指公设监护办公室等机构对代理行为的监督。第二，监督力

---

① 杨立新：《我国老年监护制度的立法突破及相关问题》，《法学研究》2013 年第 2 期。
② 该法规定，当本人欠缺或丧失行为能力时，以下人员可以提请法院就代理人的行为进行司法审查，"…（2）本人的监护人或其他代理人；（3）本人的人身照管人；（4）本人的配偶、父母或后代；（5）本人的可能继承人；（6）本人财产或信托的受益人；（7）对本人负有保护义务的政府机构；（8）本人的护理人或其他关系本人福利的人；（9）其他与此持续性代理权有关的人。"
③ Dep't for Constitutional Affairs, Mental Capacity Act 2005 Code of Practice, 2007.
④ Hans A. Lapping, *License to Steal*: *Implied Gift-Giving Authority and Powers of Attorney*, (4 Elder Law Review, 1996), p. 143.

度大。与私力监督相比,公权力监督主体处于优势地位,是一种自上而下的、强制性的监督,可以有效减少代理权的滥用。公权力监督的劣势在于创设成本高,导致制度的使用率低。英国 2008 年的一项调查显示,在拥有 5100 万人口的英格兰,仅有 4283 人利用持续性代理权制度。这与其高成本不无关系。① 另外一个劣势是创设程序过于烦琐苛刻,使人欲用而不能。据有关数据显示,由于公权力对持续性代理权创设程序的大量介入,令欲意思自治的当事人望而却步。② 劣势之三是,对代理人的监督过于严格,立法课以代理人过多的义务,"由于这些义务的存在,很多人拒绝担任代理人"。③

3. 我国的双轨制监督模式

通过以上分析可以看出,美国的私力监督模式不能有效遏制代理权滥用,损害了本人的利益;英国、日本及德国等公权力的介入模式虽然有效降低了代理权的滥用,然而其创设成本贵、创设程序复杂,使得该制度的应用率不高。因此,我国宜取长补短,构筑一个对委任监护实行公力监督,对法定监护采私力监督的双重监督模式。具体言之:

(1) 法定监护的私力监督

法定监护的私力监督主要指,在设定法定监护时由监护人的利害关系人充任监督人,公权力不主动介入。主要有以下两个问题需要解决:首先,监督人的选任。监督人可以为复数,可以是法人或自然人。但利害关系人不得出任监督职务。其次,监督人的职务内容包含四项:监督监护人执行监护事务;要求监护人报告监护事务;调查监护人监护事务的执行或本人财产状况;情况紧急时,可在监护人职务范围内为必要处分。在监护人不履行监护职务或侵害被监护人权益时,及时向法院报告。在监护人出现资格消灭的情况时,请求法院撤换监护人。④

(2) 委任监护的公力监督

公力监督含公证机构与法院两方的监督,前者的监督表现在事先对委

---

① Supra note, Jennifer L. Rhein, p. 165.
② Russell E. Haddleton, *The Durable Power of Attorney is On the Way*, (24 Probate & Property 2010), p. 3.
③ Supra note, Jennifer L. Rhein, p. 165。
④ 李霞:《成年监护制度研究——人权的视角》,中国政法大学出版社,2012,第 148 页。

任监护合同的审查，而后者的监督则主要表现为两个方面：一是要求监护人定期报告监护的执行情况，二是解任不称职的委任监护人。法院应该全面介入意定监护关系，有效的制约监护（代理）人。对于不称职的代理人法院有撤销意定监护改为法定监护的权力。此外，在代理人侵害本人权益时，有权要求监护人承担法律责任。应注意的是，对此问题上，应借鉴英美两国的立法例，除传统的民事侵权责任外，还要求监护（代理）人其承担刑事责任。[①]

[①] Carolyn L. Dessin, *Financial Abuse of the Elderly: Is the Solution a Problem* (34 McGeorge Law Review, 2003), p. 267.

日本离婚法的修改新动向及其启示

赵 莉[*]

【内容摘要】 日本先行婚姻制度在离婚方式上采户籍登记离婚和诉讼离婚两种方式，离婚事由采消极破裂主义，夫妻法定财产制为别产制但在离婚时则并不区分故被日本学者称为潜在夫妻共同财产制，在子女抚养上才离婚的单独亲权制度并于 2011 年修改日本民法时增加了探望权制度。日本学界呼吁将现行夫妻别产制修改为剩余夫妻财产制，离婚后的子女抚养采共同亲权制度。由此可见，我国在离婚的子女抚养及探望权的设立问题上已经先于日本采了共同亲权和确立探望权，但在夫妻法定财产制和司法实践中对未成年子女的保护方面依然需要向日本学习。

【关 键 词】 日本的离婚制度　共同亲权　探望权

众所周知，日本民法于 1898 年制定实施，迄今已经走过了一百多年，这一百多年，世界发生了翻天覆地的变化，日本民法的修改也提上了议事日程。与中国婚姻法单行立法不同，日本的婚姻家庭法规定在民法典第四

---

[*] 赵莉，女，南京师范大学法学院副教授，主要从事合同法、婚姻家庭法教学研究。

编,第二次世界大战后的1947年对婚姻制度进行了修改,废除了家长制,建立了男女平等、夫妻共同承担婚姻中的费用的制度。1996年,日本法务部发表了民法修正案,提出了修改纲要,关于婚姻家庭的修改建议有,比如从夫妻同姓修改为夫妻选择同姓或别姓、将女性的再婚禁止时间由现在的6个月缩短为100天等,但由于政府内部意见不统一,最终也没有提交国会讨论,被长期搁置。[①] 于是,有女性于2011年对日本国家提起了损害赔偿请求,认为姓的权利不应该被强制改变、夫妻同姓对女性不利、违反了宪法男女平等。但这些女性在一审和二审中均败诉,于是她们上告到日本最高裁。日本最高裁在2015年12月16日以"夫妇同姓制度具有合理性合宪"为由,驳回了原告的上告,但最高裁15名大法官中的,10人认为合宪,另外5人认为违宪,其中包含大法官中全部的3名女法官。另一制度的禁止女性再婚期间则被认定违宪,从而采纳了修正纲要的规定,即将6个月修改为100天。[②]

本论文通过考察日本先行民法中有关离婚制度的规定,通过实务判例的整理,以描绘日本离婚制度的整体图像,探讨可资借鉴之处。

一 日本的离婚方式:协议离婚和裁判离婚

日本和中国一样,是世界上较少的采用协议登记离婚和诉讼裁判离婚两种方式的国家。

(一) 协议离婚:如何判断"离婚合意"?

根据日本民法第763条规定,当事人双方合意可以协议离婚,有效的协议离婚须具备离婚合意之实质要件和办理登记之形式要件,为此,争论主要集中在对"离婚合意"的判断上。

---

① 日本法务省:《これまでの家族法の改正経緯》,日本法务省网站,www.moj.go.jp/content/000121354.pdf,最后访问日期:2016年2月10日。
② 日本每日新闻:《夫妻别姓、再婚禁止期间诉讼 再婚禁止100日超 违宪 夫妻同姓 合宪 日本最高裁の初判断》,每日新闻网站,http://mainichi.jp/articles/20151217/ddm/001040//163000c,最后访问日期:2016年2月10日。

1. 日本学界的观点

日本学界对于"离婚合意"的判断上主要有实质意思说、形式（登记）意思说、法律意思说之对立。实质意思说在战前为中川善之助博士所提倡，其观点主要为，婚姻的意思应该是社会通念上认可的夫妻关系形成的意思。而谷口知平教授也在战前提出婚姻意思应该理解为提出婚姻申请的意思，只要登记了即使无婚姻之实质意思亦产生结婚离婚之效力，该学说战后得到末川博博士的支持。① 二宫周平教授认为，实质意思说重视夫妻共同生活的生活事实，将身份行为意思和生活事实作为一体来考虑，但是，也有两者脱离的情况，比如与死囚的婚姻。而没有生活关系却全面认定法律效果的形式（登记）意思说则会更多地产生不合理的情况，从而支持大村墩之教授提出的法律意思说。该说认为，只要双方有产生法律上的效果的合意即可。因为夫妻关系应然状态的定型化是困难的，当事人寻求何种婚姻的效果也是多样的，为此，为了在人们的选择中保持中立，只需关注法律上的婚姻关系的设立意思即可。②

2. 日本司法实践的立场

日本司法裁判的观点如何呢？对于一方无离婚之合意而登记离婚的，该离婚无效且最判昭和 53 年 3 月 9 日的判例（家事月报 31 卷 3 号 79 页）认为，该无效不须经过法律程序的认定，为当然无效。③ 根据日本户籍登记规定，不论结婚申请还是离婚申请，都不需要当事人均到场而可邮寄，则如果双方在家签订好离婚协议后另一方反悔，一方提交了申请时，该协议离婚是否无效成为争论焦点。最判昭和 34 年 8 月 7 日的判例（民集 13 卷 10 号 1251 页），X 男和 Y 女夫妻双方在家填写好离婚协议申请后，男方反悔并在女方提出申请前一日去区政府请求不受理女方的申请，由于当时日本的户籍登记制度上尚无不受理离婚的规定，政府只好受理了 Y 女的申请，随后 X 男起诉要求确认离婚无效，一、二审均予以支持，Y 女上诉，最高裁支持了下级法院的判决，驳回了上告。④ 现在，日本户籍法第 27 条第 3

---

① 参见窪田充见著《家族法（第 2 版）》，有斐阁，2013，第 19 页。
② 参见二宫周平著《家族法（第 2 版）》，新世社，2005，第 44、45 页。
③ 参见窪田充见著《家族法（第 2 版）》，有斐阁，2013，第 93 页。
④ 参见本田純一、棚村政行编《基本判例 4：家族法》，法学書院，1999，第 16 页。

项规定了不受理制度,解决了该问题。

假离婚是否为无效的离婚? 在最高裁最判昭 57 年 3 月 26 日(判时 1041 - 66)的判例中,X 女与 A 男原系夫妻,A 因病接受低保而 X 在工作有收入。福利处的工作员告诉 X 如果没有离婚凭证而主张与 A 分居且 X 不提供收入证明,则构成不正当领取低保,XA 为此协议离婚但依然住在一起。A 死亡后,X 以其具有继承 A 的损害赔偿继承权为由,以检察官为被告诉请确认离婚无效。一、二审均判决 X 败诉,X 上告最高裁。最高裁认为,原审认为本案的离婚申请是基于双方解除法律上的婚姻关系的合意,无法认定该离婚无效的理由是正当的,从而驳回了 X 的上告。① 关联案例还有最判昭 38 年 11 月 28 日(民集 17 卷 11 号第 1469 页),夫妻为让入赘的丈夫成为户主而协议离婚,亦被最高裁认为,双方对于解除法律上的夫妻关系的合意是一致的,故不能认定协议离婚无效。更早的还有大判昭 16 年 2 月 3 日(民集 20 号第 70 页)为规避强制执行而协议离婚的夫妻,虽然之后继续保持圆满的婚姻关系,但之后男方与其他女性再婚,该协议离婚有效。大判昭 6 年 1 月 27 日(新闻第 3233 号第 7 页)同样为规避强制执行而协议离婚的夫妻,其后依然同居并生子抚养,但协议离婚有效。② 也即,日本的判例在离婚合意的判断上采法律意思说。

另一方面,日本民法还有离婚的撤销制度。根据日本民法第 764 条、747 条的规定,欺诈、胁迫达成的离婚合意可以向法院申请撤销,该撤销与结婚的撤销不同,具有溯及效力。

(二) 裁判离婚:从有责主义向消极破裂主义的转变

1. 裁判离婚事由

夫妻双方无法就离婚等达成协议时,则一方可起诉离婚。日本民法第 770 条第 1 款规定了四种具体的离婚事由和一种抽象事由,即(1)配偶者有不贞行为;(2)配偶者恶意遗弃的;(3)配偶者生死不明三年以上的;(4)配偶者患有重度精神病且无恢复可能的;(5)其他婚姻难以继续的重

---

① 参见本田純一、棚村政行编《基本判例 4:家族法》,法学書院,1999,第 15 页。
② 参见佃浩一、上原裕之编《家事事件重要判决 50 選》,立花書房,2012,第 32、33 页。

大原因。但该条第 2 款却规定，即使配偶有上述五种情形，但综合考虑后认为婚姻能继续时，可以驳回离婚之诉讼请求。

对于上述五种事由，实务中的争论主要有：（1）强奸他人是否属于"有不贞行为"。最判昭 48 年（1973 年）11 月 15 日（民集 27 卷 10 号 1323 页）的判例中，丈夫 Y 因数次强奸或欲强奸数名妇女构成强奸及猥亵未遂罪而被判处有期徒刑三年，服刑中。妻子 X 以 Y 的行为符合民法第 770 条第 1 款第 1 项规定的"有不贞行为"为由诉请离婚，一、二审均支持了 X 的诉请。Y 不服，上告认为，不贞行为是指有配偶者与配偶以外之人相互自由发生性关系的行为，欠缺自由意思的肉体关系不属于"有不贞行为"。日本最高裁认为，民法第 770 条第 1 款第 1 项规定的"有不贞行为"是指有配偶者，基于自愿，与配偶以外之人发生性行为，而对方是否是基于自愿则在所不问。（2）其他婚姻难以继续的重大原因包括哪些。司法实践认定的主要有家暴，如最三小判昭 33 年（1958 年）2 月 25 日（家月 10 卷 2 号 39 页）；重大侮辱，如东京高判昭 37 年（1962 年）2 月 26 日（下民集 13 卷 2 号 288 页）；性变态，如大阪地判昭 35 年（1960 年）6 月 23 日（判时 237 号 27 页）；性格不合，如横滨地判昭 59 年（1984 年）7 月 30 日（判时 1141 号 114 页）；过度的宗教活动广岛，如地判平 5 年（1993 年）6 月 28 日（判夕 873 号 240 页）等。

2. 破裂主义还是有责主义

如此规定则带来两个争议，一为离婚是采破裂主义还是有责主义，二为该条第一、二款的关系问题。

关于第一个问题，认为采破裂主义的理由为，第 1 款第 5 项是该款的主要原则，满足婚姻难以继续的要件则可以判决离婚而前四项不过是具体列举。但认为采有责主义的理由为，第 1 款第 5 项不过是兜底条款，而其他四项列举事由均为有责事由，可以排除破裂主义。实践中，以第 5 项为理由认定婚姻难以继续的主要有暴力、虐待、重大侮辱、犯罪、性不能等原因。但日本的司法实践则从有责主义转向了消极破裂主义，最初的最判昭 27 年（1953 年）2 月 19 日（民集 6 卷 2 号 110 页），因原告丈夫 X 与其他女性有婚外关系并离家与对方同居两年后提出离婚，最高裁认为，本案虽然符合民法第 770 条第 1 款第 5 项规定的"其他婚姻难以继续的重大原因"，但婚姻难以继续的重大原因在于 X 自身有情妇导致,"如果认可 X 的请求,则对 Y 来说无异于伤口上撒盐。法律不能支持如此不道德的放肆行为",该案被日本学界称为"伤口撒盐"案件。之后,最判昭 30 年(1955 年)11 月 24 日(民集 9 卷 12 号 1837 页)认可了双方均有责而有责较轻一方的离婚请求,最判昭 46 年(1971 年)5 月 21 日(民集 25 卷 3 号 408 页)认可了在夫妻双方感情破裂后有婚外性关系的有责一方的离婚请求。而发生重大转变的是最判昭 62 年(1987 年)9 月 19 日(民集 41 卷 6 号 1423 页)的判例。该案案情为,丈夫 X 和妻子 Y 之间没有孩子故收养了两个孩子,其后,X 和两个孩子的生母 Y 同居了 36 年,一直与 Y 分居。故 X 提出离婚。一、二审均以 XY 之间虽感情已经破裂但 X 为有责者为由驳回了 X 的离婚请求,X 不服上告最高裁,最高裁认为,尽管是有责者提出的离婚请求,但对照双方的年龄和同居、分居时间,以及双方之间无未成年子女,离婚不会将对方置于精神的、社会的、经济的极端不利状态,并无存在违反社会正义的特殊情形,而仅仅因为是有责者提出的离婚请求就不予准许是不妥当的,从而发回重审。可见,日本的司法实务界也随着社会潮流的变化,从最初的有责主义或者叫消极破裂主义开始转向了重视积极破裂主义。随着修法的推进,确立全面破裂主义也许只是时间的问题。

关于第二问题,在第一款列举了离婚事由的前提下却规定即使有该种事由,却规定"但综合考虑后认为婚姻能继续时,可以驳回离婚之诉讼请求",岂非相互矛盾,且如何掌握也是个问题。为此,在 1996 年日本民法修改纲要中,一方面提出全面破裂主义,一方面将此种驳回事由限定为"因离婚导致配偶或者子女生活陷入极端困难或者难以忍受的痛苦之中时,可以驳回离婚之诉讼请求"即苛刻条款以及"请求离婚者怠于扶养或者协助配偶致其请求违反信用原则"即信用则条款。而学者则质疑认为,苛刻条款与离婚并无关联性,即使离婚也可以通过相关措施解决生活困难等问题,以不许离婚的方式是否能回避生活穷困等情况的发生。①

---

① 参见窪田充見著《家族法(第 2 版)》,有斐閣,2013,第 100 页。

二 日本的离婚财产分割：潜在性夫妻共同财产制

首先，日本的法定夫妻财产制为别产制，即婚姻中以自己名义取得的财产为特有财产，但无法查明的推定为共同财产。如果以财产制为前提分割离婚财产，必然导致一方特别是丈夫的特有财产较多的结果，因此，离婚财产分割时并不需要分清财产之名义，故日本的夫妻财产制也被称为潜在性夫妻共同财产制。

其次，日本关于离婚财产分割的规定只有民法第768条的三款，第一款规定，协议离婚的一方有权向对方请求分割财产；第二款规定，双方协商不成或者无法协商时，可以请求家事裁判所作出裁判，但自离婚起超过两年的不在此限；第三款规定，家事裁判所根据双方当事人协力取得的财产金额等其他事情决定是否予以分割并决定分割的金额及方法。

关于离婚财产分割的性质，日本学说以及最判昭46年（1971年）7月23日（民集25卷5号805页）的判例均认为财产分割具有清算和离婚后的扶养之性质，该判例并以此为由支持了在财产分割后又以前夫的有责提出精神抚慰金请求的原告，从而确定了财产分割和抚慰金请求可以并行的规则。

故，财产分割具有以上三种性质，即清算性质、离婚后扶养性质和抚慰金性质。1.关于财产的清算，如上所述，日本虽为法定别产制，但在离婚分割时依然是两分法，不过，与中国分财产类型分割不同，清算的结果则为一方向另一方支付费用。2.关于离婚后的扶养问题如何解释，有余后效、政策义务效和补偿效三种观点。余后效即系离婚后扶养义务的余后效力；政策义务效即原本应该是由国家担负起的社会保障，作为过渡而获政策支持；补偿效即如果夫妻共同劳动则离婚后生活的差距不大，但如果丈夫工作而妻子在家相夫教子，离婚后须对妻子的生活予以补偿。补偿说最近较为有力。[①] 3.关于精神抚慰金。精神抚慰金是包含在财产分割中还是不

---

① 参见梶村太市等著《家族法実務講義》，有斐閣，2013，第146~147页。

同的应当分别处理，对此学说对立。① 一般，精神抚慰金的金额在 100 万日元（现在约为 5.6 万人民币）左右。最判平 8 年（1996 年）1 月 29 日（家事月报 48 卷 5 号 66 页）的判例中，中国籍的原告 X 在与日本籍被告 Y 在 1993 年离婚后以 Y 的家暴为由提起精神抚慰金请求，一审以原告 X 于 1992 年已经回到中国生活，应该按照中国的生活标准赔偿为由判决被告 Y 支付 20 万日元，X 不服上诉到高裁。二审高裁认为虽然损害赔偿金额的计算方法应该以离婚时双方的生活地为参考，但本案是基于在日本生活期间婚姻生活破裂提出的，没有理由参照中国的生活水准予以减额，否则 Y 支付的金额就远远低于与日本人离婚的案件的当事人，则显然是不公平的，从而改判为 100 万日元。

三 日本的离婚子女监护制度：单独亲权

（一）监护权的归属

父母婚姻中，当然父母对子女行使共同监护权，但父母离婚时，根据日本民法第 819 条的规定，则由一方行使监护权。这与以儿童最佳利益为出发点朝着共同监护权发展的世界潮流是不相吻合的，因此，在 1996 年民法修改纲要中提出改为共同监护权，不过，共同监护权的情况下，也会存在一些问题，比如，不跟子女生活的一方依然有财产管理权。

日本司法实践上决定监护权的基准主要有以下几个。②

1. 监护的实绩和继续性。东京高决昭 56 年（1981 年）5 月 26 日（判时 1009 号 67 页）的案例中认为，不能简单追认现状，而应该从子女的利益考虑尊重现实的监护人和子女之间继续性的心理联结。

2. 尊重子女意见。家事审判规则规定，法院在决定监护权时，需征求 15 周岁以上未成年人的意见（家事审判规则第 54 条、70 条、72 条）。一般有表达能力的，也会征求其意见。不过，孩子会对分居的父母一方表达强

---

① 参见梶村太市等著《家族法实务讲义》，有斐阁，2013，第 147 页。
② 参见二宫周平著《家族法（第 2 版）》，新世社，2005 年，第 119 页。

烈的抵触情绪，为此，东京高决平 11 年（1999 年）9 月 20 日（家事月报 52 卷 2 号 163 页）案例中，6 岁的女孩对母亲表达出强烈地抵触情绪，高裁认为其"不希望再卷入父母的争吵因而不希望改变现状"，撤销了将监护权判给照管着孩子的父亲的原审判决。但此案其实该父亲因有抢夺孩子的违法行为，如下述。

3. 母亲优先。一般乳幼儿的情况下，则母亲优先。

4. 是否保障对方的探望权。一方是不是能保障对方的探望权，是否能宽容对方并向孩子传达肯定对方存在的信息等，也是衡量标准。东京高决平 15 年（2003 年）1 月 20 日（家事月报 56 卷 4 号 127 页）案例中，由于女方表达了可以创造一个离婚后双方依然交流的探望权环境，以期孩子情绪稳定、身心健康发展，高裁将子女的监护权判决给女方。

5. 抢夺子女的违法性。对于在探望期间将孩子带离或者未与对方协商即将孩子带走的，即使孩子在其处生活安定，也绝不能认可这样的行为。比如前述东京高决平 11 年（1999 年）9 月 20 日案例，男方将 6 岁的女儿抢走，不执行交付子女的保全裁定，不出庭应诉人身保护程序等。

（二）抚养费的支付

和中国一样，不抚养子女的一方需支付子女的抚养费，根据日本最高裁 2011 年的调查，日本全国审理的离婚案件的抚养费，有 38.3% 在月 4 万日元（约 2400 元）以下，6 万日元（3400 元）以下的有 22.1%，10 万日元（5800 元）以上的有 5.1%，显然以月 4 万日元居多，且该金额并不高，然而，日本厚生劳动省 2011 年实施的全国母子世带等的调查结果显示，从离婚的父亲处接受抚养费的仅占 19.7%。对于抚养费的计算，东京大阪的抚养费等研究会制定了计算表，详细参见日本最高法院网站，在此不赘述。①由于日本有较完备的税收确定申告制度，所以，通过税收确定申告书的记载可确定收入。

虽然在日本抚养费的性质被解释为非生活扶助义务而是生活保持义务，

---

① 日本最高法院网站抚养费计算表：www.courts.go.jp/tokyo-f/vcms_lf/santeihyo.pdf，最后访问日期：2016 年 3 月 1 日。

但是，如果义务者的年收入超过 2000 万日元（约为 112 万人民币）时，以 2000 万计算；相反，即使义务者没有收入但有劳动能力则须支付抚养费。抚养费的计算中包含了公立学校的教育费用，如果孩子上的是私立学校，义务方同意支付该学费或者其收入有能力支付也是可以得到支持的。补习学校、留学费用等亦同。抚养费的支付时间和中国一样至孩子成年为止，但日本的成人年龄为 20 岁。20 岁正是大学二、三年级，因此，和我国一样，日本的司法实践中，对于 20 岁以后尚未大学毕业的子女抚养费的支付，亦有争议。认可了部分抚养费的有东京高决平成 22 年 7 月 30 日的判决（家事月报 63 卷 2 号 145 页）。

四 日本的离婚探望权制度：2011 年新增加的制度

（一）探望权的建立与性质

日本在法律上明确规定探望权的是在 2011 年民法 766 条的修改，其原因在于日本于 2013 年经过国会同意加入 1980 年的海牙《国际诱拐儿童民事方面的公约》并于 2014 年 4 月 1 日生效。不过，日本实务上早于 1964 年在东京家审昭 39 年 12 月 14 日（家事月报 17 卷 4 号 55 页）就认可了探望权。

关于探望权的性质，日本学界有父母的自然权利或者固有权、与父母监护权有关的权利、具有上述两种性质、子女的权利、权利性否定说等五种学说。日本最高裁在最决平 12 年（2000 年）5 月 1 日（民集 54 卷 5 号 1607 页）的判例中认为，与子女分居的父母探望子女属于父母监护内容。本案中原被告夫妻分居，丈夫 X 起诉妻子 Y，要求探望与 Y 一起生活的长子，一、二审均认为，虽然双方没有离婚，但 X 基于监护权有权探望长子，遂做出要求 Y 于每月的第一个周六下午 1 点至 5 点之间提供协助让 X 在其住所或者其他地方见面的判决。Y 不服上告，认为双方没有离婚，探望权不属于家事裁判的范围，但被最高裁驳回。随着 2011 年民法 766 条的修改增加了探望权的内容后，明确了探望权属于家事裁判的范围。

（二）否定探望权的事由

如果父母探望孩子，对孩子不利，则可以否定该探望权，司法实践中否定探望权的事由主要有以下几种①。

1. 探望权人有家暴。东京家审平 14 年（2002 年）5 月 21 日（家事月报 54 卷 11 号 77 页）案例中，要求探望三岁女儿的原告即孩子父亲有家暴，被告即孩子母亲经诊断需接受治疗。东京家事法院认为，现阶段如果认定男方享有探望权，女方协助，将给女方造成极大的心理负担，遂驳回了男方的申请。同样，东京家审平 14 年（2002 年）10 月 31 日（家月 55 卷 5 号 165 页）案例中，男方在离婚诉讼中申请探望，而法院因男方的家暴已经下了人身保护令，故其探望权的申请亦被驳回。

2. 擅自探望甚至将孩子带走。横滨家相模原支审平 18 年（2006 年）3 月 9 日（家事月报 58 卷 11 号 71 页）案例中，离婚的原被告已经就被告（两个孩子的父亲）的探望权达成协议，后原告（孩子母亲）申请中止探望权，理由是被告不仅多次在非探望时间擅自去学校、幼儿园等待孩子，还曾经把上幼儿园的小女儿带走两个小时，因绑架未成年人的嫌疑而被捕。原告认为鉴于被告的背信行为而无法协助被告的探望，其中止探望权的申请得到支持。

3. 有给子女带来不信任感的行为。东京高决平 19 年（2007 年）8 月 22 日（家事月报 60 卷 2 号 137 页）案例中，男方在离婚后申请探望权，但两个未成年儿子明确表示拒绝，因为男方曾在探望两孩子时，送给了孩子一个放入了位置信息确认装置的小包裹，导致孩子对其产生严重不信任；男方还给恩师写过威胁信。高裁从而撤销了认定男方有探望权的原审判决。

不过，即使判决否定探望权，探望权者依然可以通过写信等非见面方式和子女进行沟通交流。

五 日本离婚法修改对我国的启示

（一）离婚财产分割与夫妻财产制的分离

综上可见，日本法在处理夫妻财产分割上采取的是与夫妻财产制并不相连的独立制度，因此，尽管日本的法定夫妻财产制是别产制，且日本相

---

① 参见佃浩一、上原裕之编《家事事件重要判决 50 选》，立花书房，2012，第 208~209 页。

当多的女性在结婚生育后回归家庭做家庭主妇,但由于离婚时的财产分割是与夫妻财产制分开,故不会因为是丈夫的个人财产而导致女性净身出户。2003 年 12 月,民法修改委员会组成了由 10 位学者构成的"家族法作业部会",成员之一的东京大学大村敦志教授更是明确提出将潜在的夫妻财产共有制修改为剩余财产制、离婚财产的分割与夫妻财产制度分离等主张。①

考察我国离婚实务可见,除离婚中财产分割自身的纠纷,遭遇经济高速发展后的法定夫妻共有财产制,已经在一定程度上给离婚的企业家经营公司带来诸多问题,甚至影响到企业的上市。② 因此,在今后的修法中,不仅应该修改我国的法定夫妻财产共有制,更应该将夫妻财产制和离婚中的财产分割进行分割,从而区分对内对外关系,不因个人婚姻影响企业经营,同时也解决了长期困扰司法实践的夫妻债务清偿问题。

(二) 严惩离婚中抢夺子女的行为

和中国一样,日本夫妻在离婚时也会发生一方抢夺隐匿子女的行为,对此,父母不仅构成日本刑法上的绑架罪的主体,于离婚案件,亦同样导致抢夺方失去亲权。民法修改委员会成员之一的东北大学的水野教授提出将离婚后的单独亲权修改为共同亲权。③ 修改后应该不会影响对抢夺子女的惩罚。比较而言,在我国,离婚夫妻抢夺子女,除非在抢夺中构成其他犯罪,比如私闯民宅罪,仅仅趁对方不在将孩子带走隐匿,并不构成犯罪。即使报警,警察一听是被父母一方带走也不闻不问。另一方面,由于我国没有人事诉讼法,不可强制执行孩子的人身,因此,法院在判决时考虑到执行之难,甚至会将孩子判给带走方从而助长一方抢夺隐匿孩子。

(三) 明确探望权的不当行使情形

我国《婚姻法》第 38 条第 3 款规定"父或母探望子女,不利于子女身心健康的,由人民法院依法中止探望的权利",但是,对于哪些情形属于

---

① 中田裕康编《家族法改正—婚姻・親子関係を中心に》,有斐閣,2010,第 35 页。
② 上海沪家律师事务所企业家事研究中心:《离婚对网络上市公司的影响》,载夏吟兰等编《家事法研究(2011 年卷)》,社会科学文献出版社,2011。
③ 中田裕康编《家族法改正—婚姻・親子関係を中心に》,有斐閣,2010,第 134 页。

"不利于子女身心健康的",司法解释和实践的总结都较欠缺。因此,在考察总结我国司法实践的经验的同时,借鉴日本判例中已经确定的、于我国亦同样发生的上述事由作为中止探望权的理由,是非常有必要的。

总　结

离婚,作为一个社会问题,不仅涉及夫妻的婚姻、财产分割问题,还涉及子女的抚养、探望问题,研究近邻国家日本的离婚制度的构造以及今后的法律变化,对我国离婚制度中相关问题之解决,具有一定的借鉴意义。

意大利未成年人收养法改革评述[*]

罗冠男[**]

【内容摘要】在现行《意大利民法典》中只有关于成年人收养的内容，意大利未成年人收养法的内容被规定在单行法之中。现行意大利未成年人收养制度，既符合现代收养法的原则，也经历了一定的发展和变化。意大利未成年人收养法在制度结构、收养程序、收养的效力等方面都具有自己的特点，其根本目的是最大限度地保护未成年被收养人的利益，通过收养制度保障实现未成年人在养父母家庭中成长的权利。

【关 键 词】意大利　　未成年人收养法　　未成年人利益

一　意大利未成年人收养法的立法背景和改革

意大利民法中的很多制度都直接来源于罗马法，但是意大利法中的未成年人收养制度，却是在对世界现代法律原则和制度进行吸收后建立起来

---

[*] 本文为司法部法治建设与法学理论研究部级科研项目的阶段性成果。
[**] 罗冠男，女，北京交通大学法学院讲师。研究方向：民法、婚姻家庭法。

的。在古罗马,家庭作为社会的细胞,其重要性毋庸置疑,它不仅是一种自然的单位,更"是作为一种政治组织"。① 家庭地位和财富的继承对一个家庭的延续来说至关重要:如果一个家庭没有继承人,就面临着地位和财富旁落他人的危险。所以,罗马法中的收养制度就是针对这种情况,允许对未成年人或成年人进行收养,在收养人和被收养人之间建立起家父和家子的关系,由被收养人来继承家庭的姓氏和财产。收养要遵循严格的程序。② 这种收养制度的目的在于使没有子女的家庭的姓氏和财产也能够传递下去。③ 罗马法中的收养制度对意大利法影响深远,至今在《意大利民法典》中规定的成年人收养就是脱胎于此。④

在20世纪60年代,对弃婴的救助逐渐引起了意大利社会各方面的关注。意大利现代意义上的未成年人的收养制度最初就是为了救助弃婴而建立起来的。在政府和社会的多方讨论之后,意大利1967年的第341号法律第一次引入了相对于传统收养制度的"特殊收养",即为了救助未成年人而进行的收养。根据这一新的立法,未满8周岁的未成年人如果在精神和物质上被遗弃,可以由合适的家庭对其进行收养。被收养的未成年人与原来家庭的一切关系中断,作为合法的子女加入收养家庭,收养父母要对其承担起抚养和教育的义务。也是通过这次立法,收养制度将关注的重心从家庭转移向了孩子,不再关注家庭的利益,而在于保护弃婴的利益,而收养人也从权利的主体变成了义务的承担者。⑤ 虽然未成年人和原生家庭的联系被认为是非常重要的,但未成年人利益的保护优先于对家庭的保护,这种收养制度就是为了保证未成年人在有利于其成长和人格发展的家庭中成长。这种新的收养制度与原来传统的收养制度的不同之处还在于法官的作用:在传统的收养中,如果被收养人是未成年人,收养只需要收养人以及被收养人的亲生父母同意,法官虽然宣告收养的成立,但是只关注法律程序问题;但是在新的收养制度中,未成年人法庭要进行充分的调查,判断未成

---

① 〔意〕彼得罗彭梵得:《罗马法教科书》,黄风译,中国政法大学出版社,2005,第86页。
② 〔意〕彼得罗彭梵得:《罗马法教科书》,黄风译,中国政法大学出版社,2005,第89页。
③ Gilda Ferrando, *Diritto di Famiglia*, Bologna, 2015, p. 301.
④ 参见费安玲《意大利民法典》,中国政法大学出版社,2004,第77页及以下。
⑤ Gilda Ferrando, *Diritto di Famiglia*, Bologna, 2015, p. 301.

年人是否处于"被遗弃"的状态,收养人是否"适合"收养,在整个收养过程中扮演非常重要的角色。

从此,《意大利民法典》在第一编"人与家庭"的第八章"成年人的收养"中只保留成年人收养的情形,对未成年人的收养,则主要由单行法来规范。意大利收养法"在保持传统的基础上成功实现了收养制度社会功能上的转型"。① 在1967年的341号法律之后,1983年5月4日的第184号法律根据1967年4月24日的《斯特拉斯堡公约》确定的原则,对未成年人收养制度进行了修改,这部法律也是意大利现行收养制度的主体。② 它明确区分成年人收养和未成年人收养,规定未成年人收养人不再局限于8周岁以下的未成年人,并且规定了"特殊情况下"的收养和跨国收养,在父母遇到暂时的困难情况下,还可以对未成年子女进行寄养。之后1998年第476号法律引入了1993年《海牙公约》的内容。2001年的第149号法律对这一立法进行了进一步的修订,将法律的标题由原来的"未成年人的收养和寄养的规定"修改为"未成年人对家庭的权利",一定程度上反映了立法理念上的进步。随着2012年亲子法的修改,"被遗弃"的概念被界定为"父母的能力在一段合理的时间内不可恢复"(1983年第184号法律第15条第1款),而且"父母的贫穷状态不能作为未成年人行使对家庭权利的障碍"(1983年第184号法律第1条第2款)。立法者的用意是尽可能保护未成年人在原生家庭成长的权利,只有在没有选择的情况下才能进行收养。对该法最新的一次修订是2015年10月19日的第173号法律,对收养前寄养的延长进行了一些细节上的修改。

综上所述,意大利的收养法包括对成年人和对未成年人的收养,其中成年人收养法从罗马法中的收养制度中脱胎,而未成年人收养法却是对现代收养原则和制度的吸收,与传统的收养制度在立法目的和制度设计上已经有了本质的不同。目前意大利成年人收养制度和未成年人收养制度呈分立并行的状态,未成年人收养制度还没有被囊括到民法典中去,需要关注单行法。1984年的183号法律形成了意大利未成年人收养法的主干,但是

---

① 陈苇:《外国婚姻家庭法比较研究》,群众出版社,2006,第370页。
② 本文中关于未成年人寄养和收养的制度内容都主要来自这部单行法。

随着这一法律的不断的修订，意大利的未成年人收养制度也在不断地更新和完善过程中。

二 意大利现行未成年人收养法的主要内容

意大利的未成年人收养法对未成年人的寄养、未成年人收养的要件、程序、效果和解除都做出了明确的规定。该法明确规定了未成年人有在自己的家庭中成长和接受教育的权利，父母的贫穷状态不能作为未成年人行使对家庭权利的障碍。这也是1989年《纽约公约》和2000年《尼斯宪章》所公认的未成年人的一项基本权利，在《意大利宪法》第30条中也有所体现。[①] 国家、大区和地方政府，要在其职权范围内，在尊重家庭的自主权的情况下，尽力对处于危机当中的家庭进行适当的干预，以防止未成年人被遗弃，来保证他们在自己的家庭中成长和被教育的权利。当家庭确定无法为未成年人的成长和教育提供必要条件的情况下，才能对未成年人做出必要的安排。如果这种情况是暂时的，未成年人可以在一段时间内被寄养，如果这种情况是永久的，那么未成年人可以被收养。

（一）未成年人的寄养

与收养不同，寄养适用于暂时失去合适的家庭环境，在国家的适当干预和帮助下仍然无法在原生家庭中成长的未成年人。[②] 此时法律允许将未成年人寄养给家庭和个人，如果可能的话最好是已经有未成年人的家庭，或者寄托给一个可以保证给予未成年人适当的抚养、指导和教育的个人。在没有合适的家庭和个人的情况下，未成年人可以被寄托给最好是未成年人原生家庭附近的有家庭性质的团体或者公共、私人的帮助机构。如果未成年人小于6岁，则只能被寄养在家庭性质的团体。

各大区可以在自己的职权范围内，通过规章规定家庭式团体应当提供的最低限度的服务和帮助。这些家庭式团体和公共、私人的帮助机构行使

---

① 《意大利宪法》第30条规定："抚养、指导和教育子女……是父母的权利和义务。在父母无能力的情况下，法律改定履行该职责的办法。"
② Michele Sesta, Diritto di Famiglia, Milano, 2013, p. 493.

保护未成年人的权利，包括民法典第一章中的未成年人的权利，直至指定该未成年人的法定监护人来行使父母的责任为止。寄养机构要在接受未成年人后 30 日内提名监护人，但是机构或者机构的工作人员不能承担这一职务。如果父母重新获得对孩子的监护权，这些机构也可以根据未成年人具体的情况，请求监护法官确定对监护权的限制。

对未成年人的寄养需要获得双方父母、行使监护权的一方父母或者监护人的同意，年满 12 周岁的未成年人本人的意见也要被听取，即使不满 12 周岁，也可以根据他的辨别能力适当听取他的意见。如果缺乏行使监护权的父母或者监护人的同意，未成年人法庭可以在必要的情况下同意寄养。在寄养的程序中，未成年人法庭需要特别指明寄养的原因、寄养的时间、寄养人行使权利的方式，以及父母或者其他家庭成员与未成年人保持联系的方式。当地的社会服务机构有协助的义务，要在寄养的过程中进行监督，持续向监护法官或未成年人法庭提供未成年人的信息，特别是在寄养的过程中出现的一些可能造成寄养困难的情况。法官需要确定寄养的大概时间以确定何时返回原来的家庭，寄养一般不超过 24 个月。未成年人法院可以根据未成年人的情况延长或中断寄养。如果原生家庭暂时的困难已经消失或者寄养有损未成年人利益，寄养即告终止。

寄养人要将未成年人放在身边进行抚养、指导和教育，承担民法典规定的父母的责任。社会服务机构要在自己的职权范围内，根据具体情况，以适当的方式给予寄养家庭和未成年人精神上和教育上的适当帮助，这也适用于未成年人寄养于寄养机构的情况。国家、大区和地方政府，在其职权范围内，可以给予寄养家庭经济上的帮助。

（二）未成年人的收养

寄养针对的是暂时不能在自己家庭成长的未成年人，但如果未成年人确定处于"被遗弃"状态，就可以被收养。意大利法对未成年人收养成立条件和程序都做出了严格的规定。

1. 收养人的条件

收养需要结婚至少 3 年以上的夫妻双方同意，既不能是处于分居期间的夫妻，也不能是事实婚姻或同居伴侣。收养人可以有自己的子女。法院也可以根据具体情况考虑结婚未到3年，但在婚前已经稳定同居了3年以上的夫妻。这样的规定是想通过收养人关系的稳定性来尽量保证已经有被遗弃经历的未成年人不会因为收养人之间的关系不稳定再次被遗弃。除非存在着下文提到的特殊情况，否则单身者不能进行收养。①

除了对传统家庭的偏爱之外，意大利立法还对收养人的年龄做出了规定，要求收养人与被收养人之间的年龄差距应当像正常的父母和子女之间一样，其年龄差距应当大于18岁但少于45岁。但是对年龄差距的要求不是绝对的，为了未成年人的利益，法官可以允许不符合这一年龄要求的夫妻在特殊的情况下进行收养：比如夫妻一方的年龄与未成年人的年龄超过最大年龄差距10岁以内，夫妻双方还有未成年的子女；或者要收养的是已收养孩子的兄弟姐妹。

收养人必须适合教育、指导和抚养未成年人。这种合适性是一般性的规定，要根据被收养人的具体情况和需求来确定。在经济上，收养人应当有稳定的收入，可以为被收养人提供有尊严的生活。虽然1983年的立法不像1967年的立法一样明确提出身体和道德上的合适性，但在实际情况中，严重的疾病和犯罪记录都会影响收养人的收养资格。

2. 被收养人条件

被收养人必须是未成年人，而且未成年人的状态必须持续到收养宣告成立之时。未成年人必须根据法律的规定是"可收养"的，即处于"被遗弃"的状态。根据法律规定，"可收养"指的是因为缺乏父母或者其他亲属在物质和精神上的支持，而确定处于"被遗弃"的状态。如果存在四代以内的血亲对未成年人进行抚养，未成年人就并非处于"被遗弃"的状态。法律规定是一般性的，法官可以根据具体的情况来进行判断。在未成年人不被生父母认领或者彻底被遗弃的情况下，"被遗弃"的状态很好判断。但是有时在个案中，未成年人只是"相对"被遗弃，与父母仍然保持着某种联系，但是这种联系又不足以支持未成年人的成长，如父母将未成年人寄

---

① 罗马上诉法院以《斯特拉斯堡公约》为依据，认为不允许单身的人进行收养的规定违反了宪法。宪法法院于1994年5月16日183号判决这样的规定并不违宪，单身的人仍然可以在特殊的情况下进行收养。最高法院于1995年7月21日在第7950号判决中也确定这样的规定合法。Mario Bessone, Casi e questioni di diritto private, Milano, 2007, p.445.

托给他人抚养并对其漠不关心,这时就需要法官来判断未成年人是否可以被收养。如果父母对其进行虐待、殴打等违法或不道德的行为,也属于对其的遗弃。另外,如果由于不可抗力导致未成年人短暂地处于"被遗弃"的状态,则不足以构成未成年人可以被收养的条件。

如果未成年人已满 14 周岁,收养需要未成年人本人的同意;如果已满 12 周岁,也要听取本人的意见;即使不满 12 周岁,法庭也要根据其辨别能力适当考虑其意见。

3. 特殊的收养

意大利的收养法对收养人和被收养人都提出了严格的限制条件,是为了最大限度地保证收养发生在必要的情形下,并且充分保障被收养人的利益。但是在一些特殊情况下,不符合上述"被遗弃"状态的未成年人也有可能被收养,或者不符合上述收养人条件的人,也有可能进行收养。[①]

这些特殊的情形包括:第一,未成年人失去了父亲或者母亲,而收养人是其六代以内的血亲,或者在其父母去世之前就已经和未成年人形成了稳定和持久的关系。第二,收养人是未成年人父母的配偶,包括养父母的配偶。第三,有残疾的未成年人。第四,收养前的寄养被证实不可能。在第一和第二种情形下,未成年人实际上并不处于法律规定的"被遗弃"的状态。在第一种情形下,失去父母的未成年人被家中的亲属、家庭的朋友或者老师收养,有利于未成年人在熟悉的生活环境中成长,也不改变他与原来家庭的关系。第二种情形一般发生在未成年人的另一方父母死亡、父母离婚或婚姻被撤销后又再婚,或者是另一方父母在婚外出生的子女。这些情形下的收养有利于形成稳定的家庭关系,保证非亲生父母的一方也对未成年人承担起抚养和教育的义务。第四种情形主要是针对由于年龄、健康状况或者其他问题以至于找不到合适的收养家庭的未成年人,为了使他们易于得到收养,所以放宽了收养人的条件。2001 年的第 149 号法律增加了第三种情形,即残疾的未成年人,他们也难以得到收养。在第三和第四种情形下,单身的人可以进行收养。在第一和第四种情形下,收养人和被

---

① Mario Bessone, Casi e Questioni di Diritto Private (Milano, 2007), p. 491.

收养人之间年龄差距要求也被放宽。

特殊的收养在效果上也与传统的收养有所不同,更加类似于对成年人的不完全收养。收养不中断被收养人与原来的父母和家庭之间的关系。被收养人在自己的姓之前加上收养人的姓,获得对收养人的继承权,但反之收养人对被收养人没有继承权。特殊收养的被收养人的地位与亲生子女相似,但是并不完全相同。被收养人与收养人的父母不发生任何亲属关系。但是养父母对被收养人的责任与一般的收养并无差异,要承担父母抚养、教育和管理其财产的责任。

4. 收养的程序

在意大利,未成年人收养要严格遵守程序的要求,基本可以分为三个阶段:被可收养状态的宣告、收养前的寄养和收养的宣告。2001年的第149号法律对收养的程序进行了修改,以缩短整个收养程序所需要的时间,并且尽可能使得利害关系人都能够充分参与收养程序。这一法律的第8条第4款规定:收养的程序必须在未成年人、其父母以及与其有重要关系的其他亲属有法律帮助的情况下进行。在必要的情况下可以由有关机关指定辩护人。立法也更加重视未成年人本人的意愿,年满12周岁以及虽未满12周岁但有辨别能力的未成年人的意见都要被听取。

收养要想开始,首先需要未成年人所在地的未成年法院发出未成年人处于"被遗弃"状态的公告。对未成年人的这种状态,任何人都可以通知未成年人法院,其中负有特别责任的是老师、社会义工、医疗卫生机构的工作者,他们如果没有及时通报未成年人的"被遗弃"状态,有可能要负刑事责任。接到这样的通知之后,接下来未成年人法院要根据收集到的信息来判断未成年人的状态。根据未成年人是否有父母和四代之内的亲属,接下来的程序有所不同:如果没有父母和亲属,可以适用更加简洁的程序,未成年人可能在很短的时间内被收养;如果有父母或其他亲属,则需要与他们展开质询的程序以保证未成年人在自己的家庭中成长的权利。一旦未成年人被宣告为"被遗弃",就可以被收养。

提出收养要求的夫妇,需要被法院认为适合对特定的儿童进行收养。在正式收养之前,被收养人要在收养人家中进行"收养前的寄养",这种寄养的目的是为了确定被收养人可以融入新的家庭。寄养的时间一般为一年,在特殊情况下再延长一年。如果未成年人不能融入新的家庭，收养程序即告结束。

寄养结束之后，法院在听取所有利害关系人、被收养人、收养人其他年满14周岁的子女的意见后，来宣告正式的收养。收养人、被收养人的亲生父母，以及被收养人的同意是收养可以成立的前提。如果被收养人不满14周岁，由他的法定代表人代他发表意见，已满12周岁的被收养人的意见也需要被听取和考虑，年龄更小的被收养人的意见在适当的时候也要被听取。如果被收养人的亲生父母不同意收养，法庭在听取了利害关系人的意见之后，认为亲生父母的意见是不公平并且违背被收养人的利益的，在收养人的要求下，收养仍然可以进行。

如果在寄养的过程中，夫妻一方死亡，收养仍然可以为双方进行；如果夫妻在此过程中分居，收养只在特殊情况下为了被收养人的利益为一方而继续。

未成年人法庭对整个收养程序都负有特别的责任，需要就以下方面进行调查：收养家庭或个人是否能给被收养人足够的关爱并有能力抚养其长大、收养的原因、被收养人的性格、被收养人能否在合适的环境里成长等。法庭要通过调查来保证孩子的状况确是符合"被遗弃"的状态，并且要保证未成年人是收养行为的真正受益人。即使是在收养成立之后，还要关注未成年人和收养家庭的情况，及时采取措施解决未成年人和收养家庭遇到的困难，在特殊的情况下可以解除收养。

5. 收养的效力

收养的判决一做出，收养程序即告完成。收养的效力从生效判决做出之日起发生，要记录在被收养人的出生证明中。被收养人获得收养人子女的地位。养父母和养子女之间的权利义务和亲生父母与子女之间的权利义务相同。收养人有义务对其进行抚养和教育，在其患病需要治疗的情况下对其进行治疗，甚至可以以收养人的财产作为担保。

被收养人要在名字上加上收养家庭的姓。同时，养子女与亲生父母之间的关系完全解除。

被收养人亲生父母的信息要保密。任何关于未成年人的民事文件都应该记载他新的姓名，而且不提及他生父和生母的情况。民事登记工作人员除非得到法院授权,否则不得给出关于收养的任何信息和证明。被收养者25周岁之后,可以咨询自己亲属的信息。在未成年人成年的时候,也可以因为一些重要的的原因而咨询自己亲生父母的信息,但仍要经过未成年法院的准许。如果被收养人的亲生母亲不想知道任何有关自己孩子的信息,那么关于被收养人的信息不会通知亲生母亲。

6. 跨国收养

跨国收养指的是收养人与被收养人的国籍不同,通常是被收养人是收养人居住的国家之外的国籍。早在1967年的第341号法律中就已经提及了跨国收养,不过只规定了外国籍的未成年人在被意大利籍的夫妇收养后,自动取得意大利国籍,对收养的实质要件和形式要件并没有其他规定。规范的缺失却使得一些贫穷国家的被收养人相对于意大利本国的孤儿更容易被收养,甚至催生出了买卖孩子的市场。针对这种情况,1983年的第184号法律专辟一章对跨国收养进行了规范,以保证对外籍未成年被收养人的保护与对本国未成年被收养人的保护一样。

对于《海牙公约》的成员国来说,跨国的收养要符合1993年5月29日《海牙公约》的规定。由被收养人所在国有权机关来确定被收养人能否被收养,由收养人所在国的有权机关来决定收养人是否适合进行收养。

符合法律规定的收养人如果想要收养外籍儿童,首先要在居住地的未成年人法庭提交申请,要求未成年人法庭宣告他们为适格的收养人。未成年人法庭需要听取收养人的意见,进行必要的询问,来决定他们是不是有收养资格。一旦取得收养资格,想要收养的父母要指定特定的代表人来进行整个收养程序。

为了保证跨国收养依法进行,设立跨国收养委员会。委员会的主要任务是:协助在他国的收养机构并且搜集必要信息以完成跨国收养;协助提出双方国际收养条约;保存有关收养程序中的所有文件和信息;授权外国被收养人的进入和永久居留等。

跨国收养委员会可以宣布收养符合未成年人的最大利益并且允许该未成年人进入并且永久居住在意大利。但是,以下情形除外:外国当局递交的文件不能显示未成年人处于"被遗弃"的状态或者没有声明未成年人在其原来的国家无法得到安置或收养;收养并不能使未成年人得到合法的地位并且终止未成年人与原来家庭的关系,除非其亲生父母已经表达了对这一后果的同意。意大利在国外的领事馆应当在职权范围内帮助收养人成功进行收养。

任何以收养或者收养前的寄养为理由进入意大利的未成年人都会享受意大利被寄养儿童的权利。从未成年人进入意大利领土开始,至少在一年以内,当地社会服务机构将在利害关系人的请求下,帮助寄养的家庭、收养父母和未成年人融入家庭和社会。他们也要向未成年人法庭报告未成年人的情况以及出现的问题,及时采取措施。被收养的未成年人只要进行民事登记够就获得意大利的公民资格。

如果未成年人来自非公约国,或者没有签订任何双边协议的国家,收养仍在以下情形下有效:未成年人处于"被遗弃"的状态或者其亲生父母的同意可以使得未成年人取得养父母的合法子女的地位,并且与原来家庭的关系消灭;养父母根据法律的规定是适格的收养人,并且收养程序依照国际收养委员会的规定由特定的代表人进行。

在收养完成后,跨国收养委员会只会将有关于被收养人的健康的信息给养父母。而委员会和未成年人法庭则会采取措施保存关于未成年人的出生、其亲生父母、医疗记录等文件。

7. 收养的解除

对未成年人的收养是为了给未成年人提供适合成长的家庭环境,所以收养关系一旦成立,为了未成年人的利益,不得随意解除。只有在特殊的情况下才有可能解除:

(1) 如果被收养人试图伤害养父母的生命、其尊亲属和卑亲属,或者养子女已经对上述这些人进行了犯罪并且被判三年以上的监禁,养父母可以要求法院解除收养关系。

(2) 如果养父母对孩子,配偶或者尊亲属和卑亲属有伤害行为,养子女或检察官可以要求法院解除收养关系。

(3) 如果收养人怠于行使父母的责任,检察官可以要求解除收养关系。

可见,只有在共同生活有可能危及收养人、被收养人及其他家庭成员安全的情况下,或者收养无法实现其抚养、教育未成年人的目的时,收养才可以在利害关系人或者检察官的要求下解除。

三 意大利现行未成年人收养法特点评述

(一) 意大利未成年人收养法的立法结构

意大利收养制度包括成年人的收养和未成年人的收养,两种收养制度分立并行。对成年人的收养和对未成年人的收养,在收养主体、收养对象、收养程序、收养的效果和收养的解除等各方面都存在着很大的不同。这种制度结构一方面反映了罗马法律传统对意大利法的影响,另一方面也反映了意大利法对现代立法理念和立法制度的吸收。

在未成年人收养制度中,又分为一般情况的收养制度和特殊情况的收养制度,后者主要针对之前就有感情基础的收养人人选或者被收养比较困难的未成年人,适当放宽对被收养人和收养人的要求,以利于收养的成立。一般收养和特殊收养发生的效果也有所不同,特殊收养产生的效果更加类似于对成年人收养的效果,不产生被收养人完全断绝与原来家庭的各种关系的效果,属于不完全收养。但是收养人对被收养人的责任与一般收养是完全相同的。这样的规定是更好地为处于特殊困难境地的未成年人提供更多的保护。

(二) 意大利未成年人收养制度的立法原则

意大利成年人的收养和未成年人的收养两者的立法目的不完全相同。成年人收养来源于罗马法,目的是为了保证家庭的利益,而未成年人收养的目的是为了保障未成年人对家庭的权利。所以意大利收养法的立法原则经历了从保护家庭利益到保护未成年人的利益的转变。而最大限度地保护未成年人利益的原则也体现在收养制度的各个方面。

(三) 意大利未成年人收养的实质要件

意大利未成年人收养法关注收养人能否给被收养人提供稳定的家庭环境,不仅偏爱传统家庭,要求夫妻双方共同收养,还对婚姻的时间做出要求,其目的是确保夫妻之间关系的稳定性,以保证以及经历过不幸的被收养人能够在稳定的家庭中成长。另外，对收养人与被收养人之间的年龄差距也有规定，也确保收养人与被收养人之间建立起合适的父母子女关系。但是，在特殊的情况下，为了利于一些特别的未成年人得到收养，这些条件也会被放宽。

（四）意大利未成年人收养程序的公权力监督

在意大利未成年人的收养程序中，未成年人法庭要发挥非常重要的作用。意大利这种公权力的介入几乎出现在所有关乎未成年人利益的场合，专设未成年人法庭，关注对未成年人的监护、收养等事务。因为被收养人是未成年人，不具有完全的行为能力，法官在收养的过程中要花费很大的精力，来判断被收养人是否处于"被遗弃的地位"，收养人是否"合适"，是否有利于被收养人的利益。即使是在收养完成之后，法官仍然要关注未成年被收养人的状态以决定收养是否要继续。这种"国家监督原则，其实也正是各国保护未成年养子女利益的一种程序性手段，通过各国收养立法中所包括的如收养成立的形式要件等程序性规定而让有权机关得以介入收养活动并行使国家权利，从而确保收养制度社会功能的正常发挥，保证合法收养关系的正常建立和顺利维持，这也是当前世界各国收养立法的共同性趋势之一"。①

除了法院之外，一些社会工作者也负有对未成年人关注的义务。未成年人如果处于"被遗弃"状态但负有义务的人怠于报告，甚至可能承担刑事责任。这其实是一种社会责任的强化，其根本目的还是对未成年人利益的保护。

（五）意大利未成年人收养的效力

意大利的未成年人收养制度以完全收养为主，不完全收养为辅。对一般的未成年人收养来说，收养的效力是完全的，即与亲生父母之间的关系完全消灭，与养父母之间产生法律拟制的父母子女关系。但是对特殊的未成年人收养来说，产生与成年人收养类似的不完全的收养效力，被收养人

---

① 陈苇：《外国婚姻家庭法比较研究》，群众出版社，2006，第369页。

与原生家庭的关系并不消灭,但是收养父母对被收养人的责任与一般父母对子女的责任完全一样,这是为了适应特殊收养中被收养人的一些特殊情况,最大限度地保护被收养人的利益。

(六) 意大利未成年人收养的解除

意大利的未成年人收养法为不许解除为原则,以可以解除为例外。为了保证未成年人被收养人的利益,收养一旦成立,只在特殊的情况下才能被解除。这样的情形只限于养子女与养父母、养父母近亲属之间的相互伤害,以及养父母怠于行使父母的责任。只有在非常有限的情况下,即当共同生活危及双方的安全时,或者收养无法实现未成年人的利益时,收养才有可能被解除。

结　语

综上所述,意大利的收养法分为成年人收养法和未成年人收养法。其中成年人收养法脱胎于罗马法传统,而未成年人收养法则是随着社会的进步而产生和发展起来的,在立法宗旨上不同于罗马法中的收养制度,现在也仍随着立法的发展在不断修订和完善当中。意大利未成年人收养法在制度结构、收养程序、收养的效力和收养的解除等各个方面都具有自己的特点,但从根本上都体现了对未成年被收养人最大利益的保护,这也是现代世界各国收养法公认的立法原则。

论韩国监护制度的新改革

姜海顺*

【内容摘要】2013 年 7 月 1 日开始试行的《韩国民法典》修正案，对监护制度进行了全方位的改革，除了被监护人的财产管理以外，该修正案更重视对被监护人人身方面的监护。另外，通过新设任意监护制度和特定监护制度、将原有的法定监护中限治产与禁治产制度改变为限定监护制度和成年监护制度来达到了完善成年监护制度的目的。

【关 键 词】韩国成年监护　　任意监护　　自我决定

监护是指依法对无行为能力或限制行为能力的成年人的人身、财产及其他合法权益进行监督和保护的法律制度。人口寿命的延长和老龄化程度加深的现实需要世界各国关注成年监护制度。2013 年开始实施的《韩国民法典》采用民法修正案的立法模式，全面引入了成年监护制度，试图更好地保护随着人口的高龄化和疾病等原因，生活不能自理的老年人及其他需要他人关照的成年被监护人的利益。因此，本文通过对韩国监护制度的改革与成年监护制度的介绍，探寻构建我国成年监护制度的借鉴意义。

---

* 姜海顺，法学博士，延边大学法学院教授。

一 韩国监护制度的改革背景

韩国监护制度的改革,主要是围绕成年监护制度的设立而进行的。

(一) 尊重自我决定权及残存能力

韩国民法原有的禁治产人、限治产人的相关规定和监护制度,在高龄人和精神障碍人的保护方面,无法发挥应有的作用。① 因禁治产、限治产制度不考虑本人的意识和障碍程度,一律规定其行为能力,再加其保护范围仅限定在财产行为,出现对保护对象不能给予实质性帮助等问题。对欠缺判断能力的人也应最大限度地尊重其残存的能力。成年监护中被保护人的判断能力,一般不是瞬间丧失或降低到一定的水准以下,而是经过逐渐减退的过程。因此,一律适用身心丧失或身心薄弱等一贯的标准是不妥当的。

另外,修改前的监护制度存在法院须如实公告其禁治产、限治产的事实,因此当事人为保护自己的隐私等权利,不愿意利用禁治产、限治产制度本身;亲族会作为监护的监督人,很难履行监督责任并制裁没有履行监护责任的监护人;只设有一位监护人,社会福利机构等高龄人的管理机构不能担任监护人等问题。因此废止原有的禁治产、限治产制度,有必要引入更加尊重本人意愿和能力的成年监护制度。

表1 原有的监护制度和新的成年监护制度的比较②

比较的内容	禁治产、限治产制度	成年监护制度
用语	禁治产、限治产的用语不当	废止原来用语
监护对象	局限于重症精神患者	精神障碍、痴呆老人、高龄老人
适用范围	主要是财产行为	扩大到医疗、疗养和福祉领域
监护人的选任	规定优先顺序(配偶、直系血亲)	家庭法院根据情况选任
本人意愿	无反映本人意愿的程序	监护审判取得本人意愿

---

① 李承吉:《现行民法监护制度的问题与引入成年监护制度的相关考察》,韩国《中央法学》2009年第2期。
② 崔云英:《在社会福祉观念下引入成年监护制度的意义和课题》,韩国《月刊福祉动向》。

续表

比较的内容	禁治产、限治产制度	成年监护制度
监督机关	亲族会	家庭法院选任的监护监督人
监护人资格	一位自然人	数位自然人或法人都可能
监护契约	不许本人决定	本人可以与监护人协商决定

（二）人口高龄化及残疾人口的增加

随着医学技术的提高和营养状态的改善，人类的寿命越来越延长，因而不可避免地出现了高龄人增多与长期高龄化的现象。由于老年痴呆患者等精神障碍人的增多，需要保护的被保护人的形态和程度也变得多种多样。韩国的高龄化速度非常快。据统计早在 2000 年已经进入了高龄化社会，预计 2017 年要进入 65 岁以上的老年人超过 14% 的高龄社会。2026 年进入 65 岁以上老年人的比重超过 20% 的超高龄社会。还有人预测，到 2040 年韩国有可能成为世界上高龄人的比例最高的国家。另外，随着老年人口的增多，残疾老年人数量也在增加，残疾人口比例也增长。[①]

（三）保护老年人和残疾人人权的社会关注度提高

对老年人和残疾人的有关人权和福祉的关注度越来越提高。有关老年人的人权方面，韩国《宪法》和韩国《老年福祉法》都有所体现。韩国《宪法》第 10 条规定，所有国民都具有人的尊严和价值，有追求幸福的权利。韩国《老年福祉法》的第 2 条规定，老年人作为养育子孙，为国家与社会发展做出贡献的人应受到尊重，并得到健全与安定的生活保障。

有关残疾人人权的关心是以 2001 年联合国残疾人权利条约的生效为契机增多起来的。韩国于 2008 年 6 月向国会提出了批准残疾人权利条约的政府案，同年 12 月通过，并于 2009 年 1 月开始在国内实施。另外，2007 年 4 月 11 日通过颁布《残疾人差别禁止法》，禁止以残疾为由的不同待遇，达到了救济残疾人权利的目的。有了上述法律，国际条约的实施才有了实践的可能。成年监护制度的设立也是为了保护残缺判断能力的痴呆老年人，

---

① 金高恩：《成年监护制度的主要内容及今后的课题》，韩国《庆南发展研究院论文集》，2013 年第 124 辑，第 105 页。

智力残疾人权利的需要。

根据上述的社会现实，韩国国会于 2009 年对成年监护制度进行立法预告，2011 年 3 月 7 日，以《民法典》修正案的方式颁布，并于 2013 年 7 月 1 日起开始试行。

二 韩国监护制度的改革内容

（一）扩大成年监护人的范围

废止原来规定的法定监护人顺序的同时，扩大监护人的人数，可以由数位监护人共同承担一位被监护人的监护责任，引入了法人监护人制度，仅适用于成年监护。

1. 成年监护人数

修正前《韩国民法典》规定的监护人数为一人。但是修正后的《韩国民法典》考虑到成年监护人的职责是管理被成年监护人的人身和财产上一切事务的现实，允许一位被成年监护人的监护人为数人（《韩国民法典》第 930 条第 2 款）。

选任成年监护人之后，家庭法院认为有必要的，依据职权或依据本人、4 寸以内的亲属、利害关系人、检察官、地方团体负责人等的申请，追加选任监护人（《韩国民法典》第 936 条第 3 款）。选任数位成年监护人的目的在于通过数位监护人的协作监护，更好地保护被监护人的利益。数位监护人共同分担的监护职责，由家庭法院依据职权决定。家庭法院也可以变更或解除一部分人的监护责任（《韩国民法典》第 949 条 2 的第 1 款、第 2 款）。

因数位成年监护人之间的意见冲突或责任不明，有可能发生损害被监护人利益的情况。共同行使监护责任的过程中，监护人不协助履行监护责任的，家庭法院可以根据被成年监护人、成年监护人、成年监护监督人或利害关系人的请求，做出代替成年监护人意愿的判决（《韩国民法典》第 949 条 2 的第 3 款）。数位监护人之间可以分工监护责任，其权限应根据被监护人的残存能力，在限定的范围内赋予。

2. 法人成年监护人

法人可以成为成年人的监护人（《韩国民法典》第 930 条第 3 款），但是不能成为未成年人的监护人。可以成为成年监护人的法人是社会福祉团体等法人。法人充分利用机构的人员与物质条件,行使监护职责时,意思能力不充分的被成年监护人,可以取得比自然人的监护更好的服务。①

(二) 保护被监护人的身份利益

新引入了有关被监护人的社会福利、医疗行为、居住自由等有关身份利益的规定。成年的被监护人,在自己的能力限度内,可以单独决定与人身相关的事项(《韩国民法典》第 947 条 2 的第 1 款)。在居住与迁移,探望,医学治疗等问题上,应优先考虑被监护人的意见,监护人应经常与被监护人交谈,掌握被监护人的希望事项及其愿望。

监护人把监护权让与第三人的,被监护人可以取消其让与。没有取得监护监督人的同意而让与监护权的,被监护人或监护监督人可以取消其让与(《韩国民法典》第 951 条)。

因治疗的目的需要隔离被监护人于精神病医院或其他场所的,监护人因取得家庭法院的许可。对伤害身体的医疗行为,被监护人无法进行同意表示的,其监护人可以代其进行。但医疗行为的直接结果,有死亡或致残危险的,应取得家庭法院的许可。由于许可程序有可能造成治疗的迟延,而对被监护人的生命造成危险或身心重大障碍的,可以事后请求许可(《韩国民法典》第 947 条 2 的第 2 款、第 3 款、第 4 款)。

(三) 扩大监护的种类与内容

《韩国民法典》修正案通过将原有的法定监护中限治产与禁治产制度改变为限定监护制度和成年监护制度、新设任意监护制度和特定监护制度来进一步完善成年监护制度的体系,扩大了成年监护制度的种类。大体上分成年监护和任意监护,成年监护又分为成年监护、限定监护和特定监护三个种类。

1. 成年监护

(1) 成年监护人的选任

承担选任监护人职能的司法部门是家庭法院。家庭法院进行监护开始

---

① 黄永斗:《对民法中的成年监护制度的考察》,韩国《庆星法学》2011 年第 2 期。

的审判时，应依据职权为被宣告的成年人选任监护人（《韩国民法典》第929条，第936条第1款）。成年监护人死亡、缺格或因其他事由不能担任监护人的，依据被监护人本人、配偶、4寸以内的亲属、未成年人的监护人、未成年人的监护监督人、限定监护人、限定监护监督人、特定监护人、特定监护监督人、检察官、地方团体负责人等的申请，选任监护人（《韩国民法典》第936条第2款）①。

为了保护没有近亲属的被监护人的利益，《韩国民法典》修正案保留了作为公益代表人的检察官的请求权。但是考虑到以往的社会现实中，很少由检察官提出选任监护人请求的状况，许可了解精神障碍人、高龄人日常生活状况的有关自治团体的负责人提出选任成年监护人的请求。

（2）成年监护人的职责

被选任的监护人，应及时调查被监护人的财产，并于2个月之内制作其目录。有正当理由的应得到家庭法院的许可延长其期限。设有监护监督人的监督人未参与而制作的财产调查和制作的目录不能发生法律效力（《韩国民法典》第941条）。

监护人应全方位地考虑被监护人的财产管理与身份保护等事项，依照符合被监护人福利的方法处理各种事务。在不影响被监护人福利的前提下，应尊重被监护人的意愿（《韩国民法典》第947条）。监护人违背上述有利于被监护人福利事项的，可作为变更监护人的事由。

（3）财产管理权与代理权

成年监护人成为被成年监护人的法定代理人。家庭法院不仅可以决定法定代理人的代理权范围，也可以决定与被成年监护人人身相关的权利范围。家庭法院认为其法定代理人的权限范围不合适的，可以经本人、配偶、4寸以内的亲属、成年监护人、成年监护监督人、检察官、地方团体负责人等的申请，变更其权限范围（《韩国民法典》第938条）。

代理以被成年监护人的行为为目的的负担债务的法律行为的，应取得本人的同意。进行有可能侵害被监护人利益，与被监护人利益相反行为

---

① 金炯锡：《依据民法修正案的成年监护法律》，韩国《家族法研究》2010年第2期。

的，除了有监护监督人的情况外，应选任特别代理人（《韩国民法典》第949条3）。特别是代理被监护人进行营业行为、借钱行为、只负担义务的行为、不动产等重要财产的得失为目的的权利变更行为、诉讼行为、对继承的承认、限定承认、抛弃及遗产分割的协议行为等应取得监护监督人的同意（《韩国民法典》第950条第1款）。

2. 限定监护

第一，限定监护的意义

限定监护是对因疾病、残疾、高龄及精神方面的原因，缺乏处理事务能力的人，因一定请求权人的请求，家庭法院进行监护开始审判的监护。与原有的限治产制度相似，但是删除"身心薄弱"等带有贬义的用语，更加凝练了其表现形式。

第二，限定监护开始的要件

被限定监护人是因疾病、残疾、高龄及其他原因缺乏处理事务能力的人。与成年监护中"持续缺乏处理事务能力"的规定相比，只要求"缺乏处理事务能力"。限定监护人审判依家事诉讼法及家事诉讼规则，如果具备全部要件，则应由家庭法院进行审判（《韩国民法典》第12条第1项）。

第三，被限定监护人的行为能力

限治产人的法律行为与未成年人的法律行为一样，必须取得法定代理人的同意之后才能实施。但是修改后的限定监护人制度中，被限定监护人原则上具有行为能力，可以进行有效的法律行为，但是属于家庭法院规定的被限定监护人须获得限定监护人的同意，才能进行法律行为的范围的，可以撤销被限定监护人未取得监护人的同意而实施的行为。但是该法律行为为购买生活用品等日常生活所需，且其行为代价不大的，不能撤销（《韩国民法典》第13条第4项）。

家庭法院根据本人、配偶、4亲等以内的亲属、限定监护人、限定监护监督人、检察官或地方自治团体负责人的请求，可以变更同意权的范围（《韩国民法典》第13条第2项）。

需要获得限定监护人的同意的行为，在侵害被限定监护人利益的情况下，限定监护人也未同意的，家庭法院可以根据被监护人的请求，做出代替限定监护人同意的许可（《韩国民法典》第 13 条第 3 项）。①

第四，限定监护人的职责范围

限定监护人应综合考虑被监护人的财产及人身情况，以符合其福利的方法进行管理事务，在不违背被监护人福利的前提下应尊重被监护人的意愿。修改后的民法典规定，家庭法院可以决定限定监护人的职责范围，在其职责范围内也可以赋予概括的代理权。家庭法院可以进行赋予或变更限定监护人代理权的审判（《韩国民法典》第 959 条 4 之第 1 项）。有关被监护人人身的事项，被监护人在其能力范围内，自行决定，无法独自做出的家庭法院决定和变更限定监护人的权限范围。

3. 特定监护

第一，特定监护的意义

特定监护是因疾病、残疾、高龄及其他方面的原因临时需要帮助或对特定事务需要帮助的人，根据请求权人的请求家庭法院进行特定监护审判的监护。与成年监护或限定监护相比较特定监护制度可以对临时或对特定事务需要帮助的人提供帮助，因此，可以说是最能体现成年监护制度立法理念的制度。特定监护制度，对被监护人的行为能力方面没有任何的限制，其监护的主要内容由家庭法院确定。

第二，特定监护的生效要件

只有在被监护人临时需要帮助或需要处理特定事务时，才设立特定监护。其设立与其他种类的监护一样，以被监护人的精神限制为其原因，因此应进行有关身心状态的鉴定，但是不能违反本人意愿而设立特定监护。家庭法院根据本人、配偶、4 亲等以内的亲属、限定监护人、限定监护监督人、检察官或地方自治团体负责人的请求进行特定监护的审判。家庭法院通过审判确定特定监护人、特定监护的期限、处理事务的范围等事项。

第三，特定监护人的选任

家庭法院根据民法的规定，为帮助或代理被监护人的特别事务，而选任特定监护人，其选任程序准用成年监护人的选任规定。为帮助被监护人的需要家庭法院可以进行确定特定监护人、特定监护的期限、处理事务的

---

① 金相墨、尹成浩：《成年监护制度的检讨及今后课题》，韩国《法学研究》2013 年第 50 辑。

范围等事项的审判,并且可以要求特定监护人行使代理权时应取得家庭法院或特定监护监督人的同意。如果家庭法院认为有必要,可以依职权或被监护人、亲属、特定监护人、检察官、地方自治团体负责人的请求,选任特定监护监督人(《韩国民法典》第 959 条 10 之第 1 项)。

4. 任意监护

第一,任意监护的意义

任意监护也称监护契约。监护契约是因疾病、残疾、高龄或其他原因的精神制约,缺乏处理事务的能力或针对将来缺乏的可能性,事先委托他人进行有关财产管理及身份保护的行为并授予对方代理权为内容的契约(《韩国民法典》第 959 条 14 的第 1 款)。当事人可以根据契约选任数位监护人,处理自己的事务,在本人没有决定共同代理的原则下,各代理人按契约的规定履行代理义务。①

第二,监护契约的成立与生效

监护契约因需要接受监护的本人和将要成为任意监护人的双方当事人的契约而成立。为了防止将来发生纠纷,监护契约应按照法定的方式订立。法律规定的监护契约的订立方式是公证(《韩国民法典》第 959 条 14 的第 2 款)。订立契约时,当事人应具有意思能力,只有具备了解监护契约所具有的意义和结果的精神状态下订立的监护契约才有效。因此,因疾病、障碍、高龄等因素,精神能力受到一定的限制,但认为具有意思能力的,可以订立监护契约。②

监护契约生效的时间,原则上依据当事人在契约中的约定。因此,没有精神障碍的人,可以针对将来可能发生痴呆等现象而订立契约,希望发生精神障碍时发生效力;也可以是有一定精神障碍、但具有意思表达能力的人,订立契约并希望契约成立的同时得到任意监护。监护契约签订之后,家庭法院应选任任意监护的监督人。只有家庭法院选任监督人之后,监护契约才发生效力。因此,监护契约从家庭法院选任任意监护监督人之日起发生效力(《韩国民法典》第 959 条 14 的第 3、4 款)。

---

① 黄永斗:《对民法中的成年监护制度的考察》,韩国《庆星法学》2011 年第 2 期。
② 金炯锡:《依据民法修正案的成年监护法律》,韩国《家族法研究》2010 年第 2 期。

第三，任意监护人的职责

任意监护中的监护人的职责是由自由签订的监护契约决定的。监护契约的当事人有权协商有关财产管理及身份保护的范围，本人因疾病、精神障碍、高龄等引起的精神因素的原因，丧失行为能力时，由监护人行使有关财产管理及身份保护的权利。任意监护人应负担委托契约中善良管理人的注意义务，最大限度地尊重当事人的意愿（《韩国民法典》第959条14的第4款）。

第四，任意监护的解除

任意监护，因监护契约的订立而发生，也因监护契约的解除而终止。家庭法院选任任意监护监督人之前，被监护人本人或监护人可以通过公证方式表达撤回监护契约的意思表示（《韩国民法典》第959条18的第1款）。但是任意监护监督人被选任之后，因监护契约生效，被监护人不能作出撤回监护契约的意思表示。任意监护的解除包括正当事由的解除和监护人事由的解除。

一方面，选任任意监护监督人之后，本人或监护人只有在有契约一方无法继续维持契约或任意监护人因重病无法继续履行监护事务的重大事项等正当事由时，才可以取得家庭法院的许可，终止监护契约（《韩国民法典》第959条18的第2款）。另一方面，有以下两种情况下可以解除任意监护的监护人：一是行使监护职责时有显著不利于被监护人的不当行为；二是监护人发生了不能担任监护职责的事由。监护人发生上述事由的家庭法院可以根据监护监督人、本人、亲属或检察官的请求解雇任意监护人（《韩国民法典》第959条17的第2款）。监护契约一经解除，本人与监护人之间的权利义务关系消灭。监护代理权的消灭应进行登记，没有进行登记的不能对抗善意第三人（《韩国民法典》第959条19）。

（四）引入监护监督人制度

韩国原有法律中的监护监督人是亲族会。《韩国民法典》修正案废止了监督制度中有名无实的亲族会制度，新设了监护的监督制度。

1. 成年监护监督人的选任

家庭法院认为有必要的，可以依据职权或经利害关系人的申请，选任监护监督人。可以向家庭法院申请成年监护监督人的主体是被成年监护人及其亲属、成年监护人、检察官、地方团体负责人。原来的成年监护监督人因死亡、缺格或其他事由不能履行监督责任的，家庭法院可以依据职权或经被成年监护人及其亲属、成年监护人、检察官、地方团体负责人等的申请，选任监护监督人（《韩国民法典》第940条4）。

家庭法院可以依据职权或经被成年监护人、监护监督人、民法典第777条规定的亲属（8寸以内的血亲、4寸以内的姻亲、配偶）及其他利害关系人、检察官、地方团体负责人等的申请，调查被监护人的财产状况，针对财产管理等监护任务的履行相关的事项，可以向监护人做出必要的命令（《韩国民法典》第954条）。

2. 成年监护监督人的职责

成年监护的监督人随时可以要求成年监护人提出与履行成年监护义务相关的报告和财产目录，调查被监护人的财产状况（《韩国民法典》第953条）。

监护监督人应监督监护人的监护事务，没有监护人的应及时向家庭法院提出选任监护人的请求。被监护人的人身或财产方面出现紧急情况的，监督人可以亲自做出必要的处分行为。对监护人和被监护人之间存在意见分歧的代理事项，由监护的监督人代理被监护人进行（《韩国民法典》第940条6）。

监护人代理被监护人进行财产变动、诉讼、债权债务的履行等行为的，应事先取得监督人的同意，监督人可以取消没有取得监督人的同意而监护人独自进行的行为（《韩国民法典》第950条）。

配偶为成年监护人的，可以取得监护监督人的同意，提出亲生否认之诉，没有监护监督人或监督人无法做出同意表示的，可以向家庭法院提出代替监督人同意的请求（《韩国民法典》第848条第1款）。

三 韩国成年监护制度面临的课题

（一） 法院及其机关的作用问题

推广及其实施成年监护制度是国家与地方团体的义务，因此法院与行政机关为便利地利用其制度进行软硬件设施的建设，从行政侧面上应构筑其相应的体系。与以往的禁治产制度相比，实施成年监护制度要求家庭法院承担更多的功能。家庭法院是一个独立的专门法院，主要处理的事务是有关家庭及个人隐私的案件，但是只有首都首尔设立专门的家庭法院，设立高等法院的其他地区是由地方法院的家事部承担有关家庭法院的职能。为了保护家庭案件人的隐私，应需要分离与其他案件当事人和旁听人的独立的办公空间。另外，随着成年监护案件的不断增多，需要更多专门从事家事审判的法官和家事调查官，但是现有的人员远远不能满足社会发展的需要，应开发家庭法院专门化的教育体系。①

（二）监护监督机关的问题

《韩国民法典》修正案以亲族会与监护人的关系密切无法履行实质性的监督职责为由，废止亲族会，引入了成年监护监督人制度（《韩国民法典》第940条4的第1款）。监护人和亲族会的成员大部分是由被监护人的亲属构成，有同谋进行不利于被监护人行为的可能性，因此，家庭法院应选任成年监护监督人，监督监护人的行为。但是修正案中，除了任意监护制度之外的监护监督人是任意的机关，因此，在没有监督人的情况下，也有可能开始监护的业务，其结果是只有家庭法院充当监督人，因此有必要将家庭法院确认为监督人或应构建相应的对策。

家庭法院对成年监护人具有直接的监督责任，为了强化其监督责任，应增加成年监护的专门调查官、书记官等职位的同时设立当事人能够得到咨询的专门机构，随时为当事人提供帮助，另外也应构建为监护人提供咨询、培训的机制。

（三）成年监护的公示制度问题

为了保护禁治产人、限治产人和与其进行交易的人的权利和安全，原来民法的禁治产人、限治产人制度，要求将相应的状况公示于家族关系登记簿中。当事人与其家族不愿意将此种事项公开，成了阻碍禁治产人、限

---

① 金相墨、尹成浩：《成年监护制度的检讨及今后课题》，韩国《法学研究》2013年第50辑。

治产人制度因素。修改后的成年监护制度中也有公示成年监护开始的登记制度，因此也有可能发生上述的事情。民法之所以要求成年监护的公示是因为，防止与其进行交易的第三人不受不应有的损害。也可以通过家庭法院的监督，防止监护人滥用监护权利。

另外，毫无限制的阅览权，有可能危害当事人的隐私权，应有限制的开放监护登记簿上记录的事项。当然阅览监护登记的地方只限定为登记机关有可能影响交易的便利，有必要扩大阅览监督登记事项的场所。

（四）任意监护和法定监护的关系问题

任意监护是本人通过契约处理自己监护事务的手段。根据意思自治的原则，应尊重本人的意愿，允许本人签订监护契约。成年监护中即使是法定监护制度非常完备、具有很多保护措施，如果没有任意监护制度作为补充，就不可能成为完整的成年监护制度。在监护的设立顺序上任意监护优先于法定监护，任意监护已经登记的，原则上不能开始法定监护。

但是，任意监护契约登记之后，为了本人的利益有特别必要的，家庭法院可以根据任意监护人或任意监护监督人的请求，进行成年监护、限定监护或特定监护的审判。监护契约因成年监护或限定监护开始的审判而终止（《韩国民法典》第959条20的第1款）。这种状况有可能影响任意监护制度的实施。

（五）任意监护制度的强化问题

任意监护制度以尊重本人意愿为立法理念，当事人在自我判断能力下降之前以契约的方式预先决定，照顾自己的监护人。任意监护制度优先于法定监护制度，因此，国家应强化其制度的实施。国家、地方团体和社会福利团体首先要做的事情应该是向民众宣传任意监护制度，使他们增进对制度的理解。

任意监护契约需要公证为成立要件，因此，公证机关应提供当事人和第三人容易理解的公证格式的同时设立咨询窗口为监护契约的缔约提供服务。为了让更多的人利用任意监护制度，优先进行法律服务，法律专家应参与契约的缔结过程，支援监护实施的整个过程。

结　语

以上是对《韩国民法典》中监护制度的改革要点与分析。通过改革内容的介绍和分析发现，韩国的成年监护制度，从保护本人的理念和尊重本人意愿的观点出发，对被监护人的财产管理以外，重视了对其人身方面的监护。特别是在成年监护方面，除了保留法定监护制度之外，新设任意监护制度，许可当事人按照自己的意愿利用任意监护制度。为了更好地实施成年监护制度，今后韩国政府除了对成年监护制度的各种宣传之外，应通过强化法院及其机关的作用、完善监护监督机关、规范公示制度、理顺任意监护和法定监护的关系问题、强化任意监护制度等措施，提高成年监护制度的实施效果。目前，我国法律没有专门的成年监护制度，显现出明显的缺陷。因此，我们应该借鉴《韩国民法典》中设立的成年监护制度，构建适合我国国情的成年监护制度，更好地保护成年被监护人的合法权益。

2016年卷 总第12卷
家事法研究
RESEARCHES ON FAMILY LAW

咨政建言及其他

中国法学会婚姻家庭法学研究会《关于民法典体系下监护制度完善建议报告》

执笔人 夏吟兰 林建军 黄 晶*

《中共中央关于全面推进依法治国若干重大问题的决定》(以下简称《决定》)在"完善以宪法为核心的中国特色社会主义法律体系,加强宪法实施"部分明确指出,加强市场法律制度建设,编纂民法典。这一决定是我国建设社会主义法治体系和法治中国的重要步骤。在启动民法典编纂的背景下,监护制度作为民法体系中不可缺少并不可替代的重要制度,其在民法中的定位问题及其体例、内容的完善问题也提上日程。为了深入贯彻落实《决定》的精神,充分发挥中国法学会婚姻法学研究会作为我国婚姻家庭领域法治智库的作用,更好地配合国家立法活动,中国法学会婚姻法学研究会召开2015年年会和"民法典体系下的监护制度完善"研讨会,深入研讨监护制度问题,会后形成此建议报告,供有关部门决策参考。

在监护整体制度设计中,有关监护制度的定位、理念、未成年监护制

---

* 夏吟兰,中国政法大学教授、博士生导师、中国法学会婚姻法学研究会会长;林建军,中华女子学院教授、中国法学会婚姻法学研究会副秘书长;黄晶,中华女子学院讲师、中国法学会婚姻法学研究会会员。

度、成年监护制度、监护监督制度等问题成为与会专家学者的重要关切点。

一 关于监护制度在民法典中的定位

在法律层面,监护制度与民事主体制度、婚姻家庭制度和民事责任制度等相互联系和相互作用。目前,我国《民法通则》将监护规定在总则"公民"一章中,作为民事主体的一部分。但是未来民法典应否沿袭《民法通则》的立法思想及做法,尚需充分论证。目前,中国法学会婚姻法学研究会专家对监护制度的定位主要有三种观点:一是在民法总则中规定监护制度;二是主张民法总则只对监护做原则性规定,具体内容在亲属法(婚姻家庭法)中单独专章规定;三是主张民法总则作原则性规定,仿效收养法,以单行法的形式规定监护制度。①

我会建议,从立法的科学性、体系化出发,建议在民法总则中对监护做原则性规定,在亲属法(或亲属编)中对监护制度的内容专章规定。理由如下:

首先,符合民法典的总分体例。依照现有的大多数民法典的专家建议稿②,我国民法典的体例是总则统领分则,将民法典中具有共性、总括性和普遍性的规定抽象、概括于总则之中。因此,从体系化的结构分析,监护作为弥补法律主体行为能力的一项制度,可以在总则中做出原则性规定,将监护事务的具体内容规定在婚姻家庭编中细化展开。③ 这样既保留了监护制度的独立性,又维持了民法典的整体性和协同性。

其次,符合监护制度的双重法律属性。传统的监护制度被认为是纯粹的私法,是亲属权利的延伸,是家庭职能的重要体现。现代的监护制度则兼具私法与公法两种性质。一方面,监护的主体依然以亲属关系为主;④ 另

---

① 曹诗权在 2016 年 11 月 29 日中国法学会婚姻法研究会、中华女子学院中国妇女人权研究中心主办的"民法典体系下监护制度完善研讨会"上的发言中提出此观点。
② 参见有关民法典草案的三个版本:梁慧星:《中国民法典草案建议稿》,法律出版社,2003;王利明:《中国民法典草案建议稿及说明》,中国法制出版社,2004;徐国栋:《民法典草案的基本结构》,《法学研究》,2001 年第 1 期。
③ 李霞:《民法典成年保护制度》,山东大学出版社,2007,第 275 页。
④ 除亲属、朋友可以担任监护人以外,有些国家规定慈善机构、志愿者组织、专业的职业监护人机构等社会组织也可以担任监护人,但在监护顺序中,近亲属优先。

一方面，为更好地保障未成年人和其他无行为能力、限制行为能力人的权益，许多国家对监护制度加大了公权力干预和监督的力度，设立监护法院、监护法官，通过由监护法院、监护法官选任监护人、指定监护监督人以及设立相关行政机构协助监护等方式介入具体的监护事务。①但迄今为止，家庭依然是自然人成长和生活的最好环境，具有权利义务关系的亲属是监护人的主要人选，是监护职责的主要实施者，监护职责大多依托家庭实现。而且，国家公权力的介入并不消除家庭在监护制度中的重要作用，取消家庭的监护职能，国家公权力只是作为监护制度的制定者、监督者以及最后责任的承担者，确保未成年人、限制行为能力及无行为能力人权益的实现。因此，将监护制度规定在婚姻家庭中符合监护制度所具有的私法与公法的双重属性。

再次，符合大陆法系民法典的体系化传统。大陆法系的大多数国家均将监护制度置于亲属编或人法中，如《德国民法典》将监护置于第四编亲属编中的第三章，在第二章亲属关系之后；《意大利民法典》将监护置于第一编人与家庭中的第十章，在亲权之后；《日本民法典》也将监护置于第四编亲属编中的第五章，在第四章亲权之后。《魁北克民法典》将监护放在人法中，将未成年人监护和成年人的保护性监管分别规定。就体系化而言，监护制度与亲属制度的关联度高于主体制度，监护制度是亲权制度的延伸，与亲属制度密切相关，将监护制度置于婚姻家庭法中，符合大陆法系民法典逻辑严密、体例完整的特点。

最后，有利于监护制度的完善与发展。如果将监护制度置于婚姻家庭法中单设一章，可以克服目前在民法通则中监护制度过于简约、原则、缺乏可操作性的不足。监护制度内容庞杂，涉及监护人的设立、监护人的范围、监护的类型与方式、监护人的权利与义务、监护的执行、监护人的变更、监护监督人的设立以及监护的撤销、中止、恢复等具体的监护事务，绝非在总则中规定若干个条款即可实现完善监护制度的设想，应当在婚姻家庭法中专设一章。目前《最高人民法院 最高人民检察院 公安部 民政部关于依法处理监护人侵害未成年人权益行为若干问题的意见》就有44

---

① 《德国民法典》，陈卫佐译，法律出版社，2006，第1773～1908条；《日本民法典》，渠涛译，法律出版社，2006，第838～875条；《意大利民法典》，费安玲等译，中国政法大学出版社，2004，第343～384条。

条,使得《民法通则》第 18 条的规定具有了可操作性,但是在具体规定时可考虑将未成年人监护与成年人照顾分别规定,① 因为,成年人监护与不在亲权下的未成年人监护在理念和具体监护事务中有很大的不同,二者区别规定有利于构建内容完整、体系完备的监护制度。②

二 关于监护制度的立法理念

(一)未成年人监护以"子女最大利益"为原则

"子女最大利益原则"("子女最佳利益原则")是联合国《儿童权利宣言》《儿童权利公约》等人权文书确立的基本原则,是世界许多国家在决定子女监护问题时最普遍、最具支配性的审酌标准。"子女最大利益"即在决定未成年子女的监护人时,应将未成年人视为有独立人格的个体,充分考虑未成年人的需要,给予充分的法律保护。监护重点不是考虑父母"谁有权监护",而是"由谁监护对子女最为有利"。我国监护制度的规定,从名称用语、监护职责、监护权的变更、撤销以及监护监督等具体内容的设计,均应以保障"子女最大利益"为原则,制定一部具有现代亲子法精神的子女本位立法。③

(二)成年监护以"尊重自我决定权"和"维持生活的正常化"为原则

20 世纪中后期,随着国际人权保护运动的发展,尊重并保障身心障碍者人权的思想获得普遍承认,为此,联合国先后制定了《智力迟钝者权利宣言》(1971 年)和《残疾人权利宣言》(1975 年)、《成年人国际保护条约》(1999 年)、《残疾人权利国际公约》(2006 年)等人权公约。从人权的视角出发不再把残疾人当作消极被动的社会福利和救济对象,而是以残疾人为本,把他们视为社会生活的积极、平等参与者,并脱胎而出"尊重

---

① 梁慧星:《中国民法典草案建议稿附理由 - 亲属编》,法律出版社,2006,第 223~273 页。
② 参见夏吟兰教授在研讨中的学术观点。
③ 参见夏吟兰《离婚亲子关系立法趋势之研究》,载《吉林大学社会科学学报》2007 年第 4 期。

自我决定权""正常化生活"的监护理念。所谓"平常化""正常化"就是通过设置监护人,将身心障碍者置于一般社会中,使之能在正常的社会环境和条件下全方位地参加社会活动。原侧重于维护交易安全、以剥夺或限制当事人行为能力为核心的成年监护制度,忽视社会对残障者和老年人的利益保护,偏离了国际人权保障的发展要求。基于此,世界各国纷纷对成年监护制度进行改革。改革的重点"是创设老年监护制度,核心是尊重人的自我决定权。无论是法国的司法保护制度、德国的照管制度,还是日本的任意监护制度、我国台湾的监护、辅助制度,都体现了同样的主题"。① 另一方面,对存在认知障碍的成年人,不是简单地给予其自我决定权,而是给他们提供容易认知的信息并加以说明,对其在取得信息、加以理解直至形成意思决定的过程中存在的困难提供援助。此种支援自我决定的认识是对认知障碍者进行监护的理由。②

目前我国人口老龄化程度不断提高,"预计到 2040 年,65 岁及以上老年人口占总人口的比例将超过 20%"。③ 残障人士数量日益巨大。根据第六次全国人口普查,我国残疾人总数为 8502 万人。其中智力残疾 568 万人,精神残疾 629 万人,多重残疾 1386 万人。④ 为此,我国成年监护制度应适应我国社会发展的新情况及国际立法发展的新趋势。

三 关于未成年监护制度

(一) 区分亲权和监护权,构建未成年人"亲权+监护"的立法模式

对未成年人的行为能力补正,适用亲权抑或监护权,两大法系做法不同。英美法系无亲权概念,用监护权补足未成年子女的行为能力。主要大

---

① 杨立新:《我国老年监护制度的立法突破及相关问题》,载《法学研究》2013 年第 2 期。
② 〔日〕细川瑞子:《认知障碍者的成年监护的原理》,信山社,2010,第 3、6 页。转引自杨立新《我国老年监护制度的立法突破及相关问题》,载《法学研究》2013 年第 2 期。
③ 中国人口与发展国家报告,中国网,http://www.china.com.cn/zhuanti2005/txt/2002 - 12/27/content_5253203.htm,最后访问日期:2015 年 12 月 8 日。
④ 赵燕潮:《中国残联发布我国最新残疾人口数据全国残疾人口逾 8500 万》,载《中国残疾人》2012 年第 4 期。

陆法系国家，子女出生后，父母是当然亲权人，负有身份照护和财产照护义务；亲权人均死亡或丧失/被剥夺亲权时，为未成年人选任监护人。大陆法系国家仅将未受父母亲权保护的未成年人作为被监护的对象。如德国民法典第1773条规定："未成年人不处于亲权之下的，或者父母既非在涉及人身亦非在涉及财产的事务上有权代表未成年人的，未成年人获得监护人。未成年人的家庭状况不能确定的，未成年人亦获得监护人。"①

有着大陆法系传统的我国法律采用英美法系的监护模式，监护与亲权不分。完善监护制度，建议区分亲权和监护权。亲权是基于亲子之间的血缘关系自然产生并受到法律确认的，处于亲权保护之下的未成年人，其利益已能得到充分保护，无须通过监护制度另行保护。对未成年人而言，监护制度是亲权制度不能发挥作用时的有效补充和延伸，我国应明确采取监护与亲权分离的立法模式。

（二）在现有监护类型基础上增设遗嘱监护

目前我国的未成年人监护类型（法定、指定）过于单一，欠缺重要监护类型——遗嘱监护，难以适应未成年人监护的需要，不利于未成年人最佳利益的实现。

建议增设遗嘱监护，未成年人的父母得以遗嘱形式为未成年子女选定监护人。"亲子间自然之爱出于天性。"亲子间的血缘和情感纽带使父母天然本能地为子女选定最合适的监护人，寻求并实践子女的最大利益。遗嘱监护既能弥补现有法定监护人范围不足的弊端，又可避免有监护资格的人相互争夺监护权或推卸监护职责，有利于未成年人得到良好的不间断的保护。

四 关于成年监护制度

（一）扩大被监护人的范围

根据《民法通则》第十七条的规定，我国的成年监护仅限于"无民事行为能力或者限制民事行为能力的精神病人"，难以涵盖所有精神障

---

① 《德国民法典》，林景林、卢谌译，中国政法大学出版社，2014，第431页。

碍、心智缺陷或其他肢体障碍者等实际需求者，特别是难以适应老龄化背景下高龄老人因智力、身体机能衰退日益凸显的监护需求。为了适应人口老龄化的发展需要，成年监护制度应涵盖全部有实际需要的成年人，包括各种身心障碍者，即"因身心障碍欠缺全部或部分处理事务的能力"的成年人。

（二）监护职责区分为全面监护和部分监护

我国《民法通则》将欠缺行为能力的成年人二分为无民事行为能力和限制民事行为能力，但我国监护制度却不区分被监护人的意思能力状况，无视个体差异。建议监护职责与成年人欠缺民事行为能力二分为无民事行为能力和限制民事行为能力的制度相适应相衔接，区分为对无民事行为能力人的全面监护（全部事务的监护）和对限制民事行为能力人的部分监护（部分事务的监护）。

（三）增设意定监护制度，与法定监护并列

意定监护是成年人在意思能力健全时，预先选任信赖的人作为能力丧失或衰退时的监护人。意定监护以委托监护合同为基础，以公权力监护监督为保障。① 规定意定监护可最大限度尊重被监护人的自我决定权，因被监护人对自身情况最了解，自主选任更有利于本人。在理解意定监护时，应注意厘清任意监护、协议监护等相近概念的含义。意定监护强调委托人的意愿，如委托给谁、委托哪些事项、委托何时开始、何时终止等委托人的意志。它以委托授权的方式实现委托人对意定监护的设立，这是委托人单方意思的表示，属于单方行为，而非协议。故协议监护的概念不够准确。意定监护一旦设定，监护人就负有注意义务、勤勉尽职义务、委托人利益最大化等法定义务而言，任意监护概念亦不妥，易生歧义，以为监护人可以任意妄为。因此，建议监护制度中增设意定监护的类型，采用意定监护的概念表述。

---

① 李霞：《意定监护制度论纲》，载《法学》2011年第4期。

五 关于监护监督制度

近年来,我国监护人侵害被监护人的恶性案件频发。这既与我国的传统观念"孩子是父母的私有财产"有关,又与我国缺乏有效的监护监督制度不无关系。因此,未来民法典中应增设监护监督机制。通过对监护人的行为进行监督和约束,更好地保护被监护人的利益,各国通行做法是采取亲属会议或国家公权力介入的方式进行监督。如法国采用监护法官、亲属会议和监护监督相结合的多层次监护监督机制。德国是由监护法院(区法院)和有监护能力的监护人相结合的监督机制,监护人可以是被监护人的近亲属,也可能是政府成立的少年局。少年局担任监护人的,不得选任护监督人,同时,少年局也可以是监护监督人。日本对监护人的监督是通过家庭法院和监督人(亲属或检察官)共同进行的。越南采取政府机关与亲属会议相结合的监护模式。① 从发展趋势看,由国家公权力的介入设立专门机构监督监护人的履职情况和保障被监护人的利益是必要且可行的。但是考虑到我国社会重伦理、重亲情的传统,不宜直接由国家履行监督职能,可以采取多层次监护监督模式。首先,可以在被监护人的近亲属或关系密切的朋友(如邻居)中指定监护监督人,发挥他们关心被监护人的利益、距离近、熟悉情况的优势。也可以由特定的机构担任监护人,如居(村)委会对于其区域内的监护人和被监护人的情况较为了解,可以担任监督人。其次,设立专门的行政监督机构,对监护人履行职责的情况进行必要的监督。在我国现有的行政框架下,民政部门担任行政监督机构较为合宜。

---

① 张露:《他国监护监督制度探微与启示——以"四郎弃母案"引发的思考》,载《人民论坛》2011年第6期。程艳:《论我国监护监督制度的完善》,载《山东省农业管理干部学院学报》2007年第5期。

中国法学会婚姻家庭法学研究会《关于民法总则监护制度的立法建议》

执笔人　薛宁兰

2016年4月7日下午,中国法学会婚姻家庭法学研究会在中国社会科学院法学研究所召开"民法总则监护制度与婚姻家庭编协调立法"研讨会。研讨会围绕监护制度在民法总则与婚姻家庭编的协调立法问题展开讨论,形成基本共识,即:在立法技术、体例编排上,我国监护制度应当形成民法总则和婚姻家庭编分工协作、有机互补、有序结合、统一协调的立法架构。由民法总则规定监护制度的总括性和共性内容,婚姻家庭编规定监护制度的具体内容。

根据会议讨论精神,我会以国务院法工委民法室《民法总则(征求意见稿)》为基础,从以下两方面提出条款修改意见,以供参考。

第一部分　建议增加的条款

第一条【监护定义】

监护是对不在父母照顾下的未成年人、无行为能力、限制行为能力的成年人,以及依照本法规定需要进行监护的完全民事行为能力人的人身、财产及其他合法权益进行保护和监督的制度。

依法接受监护的人是被监护人；依法行使监护权利、履行监护义务的人是监护人。

第二条 【监护原则】

监护应当最有利于保护被监护人的利益；

监护应当尊重限制民事行为能力的被监护人的真实意愿。

第三条 【监护能力】

监护能力是指完全民事行为能力人具有的从事与监护事务相关的能力。

下列人员不具有监护能力：

（1）未成年人；

（2）无民事行为能力或限制民事行为能力的成年人；

（3）被依法撤销监护资格的人；

（4）正在接受刑事处罚（不包括缓刑、管制）的人；

（5）被宣告破产的人；

（6）被宣告失踪或宣告死亡的人；

（7）其他不具有监护能力的人。

第四条 【监护变更】

有下列情形之一的，监护变更：

（1）监护人和具有完全民事行为的被监护人达成协议的；

（2）监护人之间达成协议的；

（3）监护人有正当理由辞任的；

（4）其他需要变更监护的情形。

第五条 【监护终止】

有下列情形之一的，监护终止：

（1）被监护人依法具有完全民事行为能力；

（2）监护人或被监护人死亡；

（3）监护人丧失监护能力；

（4）监护人依法被剥夺监护资格。

第六条 【财产清算】

监护关系终止时，应当对被监护人的财产进行清算。

财产清算应在监护监督人参与下进行。

第七条【监护监督人】

监护人的监护行为应当受到监督。

下列人员和机构可以担任监护监督人：

（1）监护人的近亲属；

（2）关系密切的其他亲属；

（3）被监护人住所地的居民委员会、村民委员会；

（4）民政部门。

第八条【监护监督人的职责】

监护监督人的职责如下：

（1）监督监护人的事务，必要时要求监护人报告监护事宜；

（2）发现监护人缺位时，请求重新选任监护人；

（3）发现监护人违反监护职责时，及时申请撤销监护人；

（4）其他应当履行的监护监督职责。

第二部分　建议修改的条款

一、建议删除第二十四条第一款。

第二十四条第二款修改为："对不在父母照顾下的未成年人，由下列人员中有监护能力的人担任监护人……"

二、建议修改第三十条监护人的职责为以下三款：

"监护人应当依法行使和履行监护职责。

监护职责包括法定代理权、撤销权、人身照顾义务、财产管理义务、注意义务等。

监护人不得滥用监护权，因执行监护职责给被监护人造成人身和财产损害的，应当承担赔偿责任。"

《中国民法典·婚姻家庭编》制定的思考与建议
——中国法学会婚姻家庭法学研究会2015年年会综述

陈苇 董思远 司艳露[*]

2015年10月24日至25日,"中国法学会婚姻家庭法学研究会2015年年会——暨中国民法典之婚姻家庭编立法研讨会"在西南政法大学(重庆市渝北校区)召开。本次会议由中国法学会婚姻家庭法学研究会和西南政法大学共同主办,由西南政法大学民商法学院与外国家庭法及妇女理论研究中心联合承办。来自立法机关全国人大法工委民法室、司法机关最高人民法院和其他法院、高等院校的师生等理论工作者和实务工作者共计200余人出席本次年会。

本次年会共收到交流论文72篇。① 与会者围绕本次会议的主题"中国民法典之婚姻家庭编立法",分为五个小组进行研讨。现根据本次年会的交流论文和各小组的发言讨论情况,将与会代表小组研讨的主要问题和学术观点综述如下。

---

* 陈苇,女,西南政法大学外国家庭法及妇女理论研究中心主任、民商法学院教授、博士生导师;董思远,男,西南政法大学民商法博士研究生;司艳露,女,西南政法大学民商法硕士研究生。

① 其中,有1篇论文系现场提交。

一　婚姻家庭法与民法典的关系

（一）婚姻家庭法是否"入典"问题

关于婚姻家庭法的立法定位，主要有三种观点：第一种观点，大多数专家学者都认为婚姻家庭法应当被纳入民法典。因为我国《民法通则》已经宣告了婚姻家庭法向民法的回归。有的学者还从社会主义法律体系、调整对象、规范的性质和内容等方面对婚姻家庭法的回归民法进行了法理分析。有学者认为，由于婚姻家庭制度始终以自然人、自然人的结合、延续作为其规范的对象，因此在民法典的设计中应当居于优先考虑的位置。对于立法体例，可选择效仿《荷兰民法典》将人法和家庭法合并列编，或效仿《法国民法典》将有关自然人的一般规定与人格权、婚姻、家庭等内容混编在一编中以"人法编"命名，以凸显自然人的主体价值。第二种观点，少部分学者认为，从中华人民共和国成立以来，我国婚姻法一直被认为是独立于民法之外的法律部门，且现在的趋势是人权法不断地进入婚姻家庭领域，加强婚姻家庭领域的人权保障才是真正的时代潮流和历史使命，因此，不赞成将婚姻家庭法归入民法典之中。第三种观点认为，婚姻家庭法是否被纳入民法典都是"两可"的。关键是要通过制度设计实现家庭的诸多功能，立法形式不是问题，更值得关注的是尊重婚姻家庭领域的传统性、民族性、地域性和伦理性。

（二）婚姻家庭法"入典"的独立性问题

大多数与会者都认为，婚姻家庭法相较于一般民法具有独立性。有学者指出，婚姻家庭法中有的制度具有私法属性，有的则具有公法、社会法属性，因此不是所有的调整婚姻家庭关系的制度都应当被纳入民法典中，进入民法体系的只能是婚姻家庭法中属于私法的那部分。

另有学者认为，即使将婚姻家庭法纳入民法体系，也应该注意两者的统一和协调。比如在民法总则中规定监护，更多是从行为能力补救的角度。而婚姻家庭法中的监护制度，则更多的是强调发挥其家庭养老育幼的功能。有学者认为，民法总则中必须明确三点内容：一是明确规定我国的婚姻家庭制度；二是必须在民法总则中明确规定对婚姻家庭采取特殊保护；三是必须明确民法的普遍适用规则与婚姻家庭法的特殊规则之间的关系，并且细化国家和社会对家庭实行特殊保护的措施。

（三）婚姻家庭法如何"入典"的问题

第一，立法目的方面，有部分学者提出应当吸收宪法的相关规定，在民法总则中明确提出加强对婚姻家庭的保护。

第二，基本原则方面，有学者提出，婚姻家庭立法应将伦理道德优先、以人为本、遵从习惯、适度干预和适度超前与相对稳定相结合等作为基本法律原则。另有学者提出，在平等原则下强调两性平等。还有部分学者提出要从婚姻家庭的角度，特别强调公序良俗原则。

第三，在总体设计方面，有学者提出，婚姻家庭法在民法典体系具有相对独立性，要重视其与民法总则的协调以及各项具体制度的设计和衔接。有学者主张采用法理学上的法律构造学说，用建筑学的原理来进行立法设计，并赞成亲属法编的称谓，认为从亲属法的视角来说，民法典的编纂应当把人身关系放到财产关系的前面，而且要特别关注法律行为制度、代理制度、时效制度的设计。

第四，在具体制度层面，学者们讨论了身份关系能否适用法律行为理论的问题。有学者认为，法律行为应该是可以包含身份关系的。对于婚姻登记，究竟是事实行为还是法律行为，有学者认为当事人有意思表示，追求特定的法定效果，因此是法律行为；但也有学者认为，登记本身是行政确认，进入提出法律行为理论解决不了婚姻领域的问题。

第五，在制度名称方面，有学者提出，婚姻法应当回归民法并正名为"亲属法"。也有学者提出，用"婚姻家庭编"的称谓更加有利于增强民众对婚姻家庭的认同感。

二 亲属通则、监护、收养制度

（一）监护制度在未来民法典中的地位

关于监护制度在未来民法典中的地位，主要有四种观点：第一种观点认为，应在民法典总则中对监护制度做原则性的规定，具体的内容放入人法或亲属编中规定。在制定民法典时可以考虑在总则编自然人一章中专设监护一节，在亲属编中专设监护一章，把监护制度的具体内容涵盖进去。对老年人、植物人、瘫痪者等的监护则可以通过单行法来解决。第二种观点认为，应将监护制度全部放入民法总则。第三种观点认为，应该将监护制度中的原则性规定纳入民法总则，其他具体规定通过制定单行法来进行规定。第四种观点认为，监护纳入亲属编或者单独立法均具有可行性，具体要看民法典要制定多少条。如果要制定一部全面的民法典可以将监护制度纳入其中。如果民法典的总量有限制，监护制度则应该单独立法。

（二）成年人监护制度

有学者简介了美国 2006 年通过的《统一代理权法案》，说明它已取代了之前的《统一持续性代理权法案》。2006 年的新法案删掉了"持续性"的字眼，但是该法案第 104 条明确规定，除非有相反规定，否则法案中的代理权为持续性代理权。因此，统一代理权的适用的对象主要是老年人，以保障老年人在逐渐衰老的过程中的意思能力能够得到持续保护，体现对老年人人权的尊重，以应对老龄社会所带来的问题。持续性代理权制度是成年人监护的替代制度，是指成年人在自己有意思能力时为自己选择代理人，在自己未来丧失意思能力时对本人的人身和财产做出的提前安排。因代理权可以在被代理权人丧失意思能力后持续有效，因此被称为持续性代理权。作为监护的替代制度，持续性代理权优先于监护被适用。

有学者认为，成年人的监护具有社会法的性质，如果与民法典相结合则需要进一步的讨论。现代民法与传统民法有了很大的区别，传统民法把行为能力欠缺作为监护发生的原因，现代民法已经切断了行为能力与监护的关系。有行为能力的当事人也可以设立监护，如委托监护。关于行为能力的规定可以划为总则，监护可以划为亲属编或者可以单独立法。如日本的民法的体例可作为参考。日本的民法只在总则中对监护、保佐做出了简要规定，具体的内容都在亲属编中，对监护进行了专门立法。

关于成年监护制度，两大法系均由监护和监护的替代性措施构成。德国包括监护和照管制度，美国包括监护和持续性代理权制度，日本包括监护和保佐辅助制度。其中，照管、持续性代理权和保佐辅助均是监护的替代性措施，这种区分的目的是尊重当事人的自主决定权，充分利用其残缺能力，也在必要的情况下包括对当事人欠缺的能力进行补充。德国法由此创设了必要性原则和限制原则，首先德国将自然人的能力划分为合同、遗嘱、婚姻、医疗自主决定和自我照顾等方面。对当事人行为能力的划分不再以年龄和精神状态为标准。而是以描述的方法来决定当事人的上述能力是否欠缺，欠缺哪个方面的能力则补充哪个方面的能力。根据个案进行判断，而不是以年龄和精神状态做出判断，这是一个立法上的重大改变。

关于行为能力的分类，德国采取的是一级制，即成年人均为完全行为能力人，除非法院做出欠缺行为能力的判决。日本采取两级制，即完全行为能力和限制行为能力人。我国台湾地区、瑞士、韩国等也采取两级制。不少国家的立法基本上取消了成年人无行为能力的类型，立法的出发点是承认成年人在某种程度上均有一定的行为能力，这种立法的改革对成年人的保护更为全面，因为无行为能力人从事法律行为的后果是无效的。而限制行为能力人从事法律行为的后果是可撤销，从而给当事人法律行为的有效性提供了可能。

关于监护人的范围，现代民法与传统民法也有很大的区别。现代民法将身体有障碍的人也纳入了保护的范围，如视觉、听觉、语言等有障碍的人也可以适用监护制度，但他们不是被称为残疾人而是被称为障碍人。这种改变强调社会设施的不健全给当事人带来的障碍，而不是强调人自身的生理缺陷，更体现了对当事人的尊重。

有学者简介了近年韩国的监护制度改革。2013年7月1日开始施行的《韩国民法典》修正案，对监护制度进行了全方位的改革，除被监护人的财产管理外，重视对人身方面的监护。韩国监护制度的改革主要内容有：一是扩大成年监护的范围；二是保护被监护人的身份利益；三是扩大监护的种类与内容等。通过新设任意监护制度和特定监护制度，将原有的法定监护中限治产与禁治产制度改变为限定监护制度和成年监护制度，以达到完善成年监护制度的目的。

（三）未成年人监护问题

有学者提出，应当重视保护留守儿童的合法权利。有学者认为，如果让母亲留在家里照顾孩子，不如让父母把孩子带出去，留守儿童的问题也许能够解决。有学者则认为，如果让父母把家人都带到打工地，这会给接受地带来很大的人口压力。此外，还有学者提出应当注意未成年人的早育问题。

三 结婚制度

（一）中国同性婚姻合法化问题

对于中国同性婚姻合法化问题，主要有二种观点：第一种观点认为，中国同性婚姻合法化，弊大于利。中国同性婚姻一旦合法化，将给中国社会带来很多问题：一是破坏了男女结合的中国传统伦理，二是破坏中国家庭传宗接代的基本功能，三是影响青少年的健康成长，四是导致同性恋人数剧增，引发婚姻形式完全自由化的"多米诺效应"。依据历史传统和基本国情，中国尚不具备同性婚姻合法化的现实条件，如果贸然立法，将会给社会造成巨大的负面影响。第二种观点认为，随着文化价值观日益多元化以及同性恋群体权益保护的呼声越来越高，中国也终将无法回避面临同性婚姻这一问题。而中国通过立法实现同性婚姻合法化也仅仅是一个时间问题。但同性婚姻合法化在现阶段条件还不够成熟，理由在于：一是同性恋群体中尚未普遍存在较为稳定的共同生活关系；二是社会其他民众尚未普遍平等看待同性恋群体；三是社会其他民众尚未普遍认同同性的共同生活关系；四是社会其他民众尚未普遍认同同性婚姻。只有当同性恋者的法律地位得到认可和保护，同性共同生活关系得到大众普遍认同，社会保障体系更加完善之后，同性婚姻法的制定就可以进入立法议程。届时，我国应当单独制定同性婚姻法来规范婚姻状态中的同性关系。该法应当对婚姻做出新的定义，该法的适用主体是同性恋群体，因此该法的具体内容制定应由该群体本身进行设计，才能充分保障该群体在婚姻法上的权利，同性恋配偶才能积极履行他们的义务。同性婚姻是同性结合，因此，与现行婚姻法相比，应该强调双方的平等关系，不需要在立法上倾向保护某一方，应多以任意性规范为主，强调配偶双方的意思自治。

（二）结婚条件制度

关于婚姻的成立要件，有学者认为关于禁婚亲的范围，应明文禁止拟制直系血亲和直系姻亲结婚，即使这两种亲属关系消除也不得结婚。禁止4亲等以内不同辈分的拟制旁系血亲和旁系姻亲结婚，而无4亲等以内血缘关系的同辈拟制旁系血亲和同辈旁系姻亲允许结婚。关于禁婚疾病，一方面应集中具体列举禁止结婚的疾病，另一方面即使患有相关疾病，只要采取了有效的措施，就应该尊重当事人的结婚意愿。关于结婚年龄，可以继续维持现有的法定婚龄，但建议删除"晚婚晚育应予鼓励"的规定；没有必要再对结婚能力单独作出规定。没有进行结婚登记的三种情形分别称为"事实婚姻"、"同居关系"和"非法同居关系"。事实婚姻应采用狭义的概念，具有合法的婚姻效力，同居关系应为效力待定，非法同居关系为无效婚姻关系，不具有法律效力。应恢复强制婚检制度和增设结婚公告制度。

另有学者认为，我国有关禁婚亲的法律规定为直系血亲和三代以内的旁系血亲禁止结婚。禁婚亲制度设计的原则应该遵循婚姻伦理原则、婚姻自由原则和公序良俗原则。在我国对中表婚不应解禁，理由是：中表婚运行的社会制度的基础已经变迁；现行的中表婚禁婚制度得到了人们的认可；中表婚解禁后面临堂兄弟姐妹之间的婚姻是否解禁的伦理难题；已做绝育手术的表兄弟姐妹之间的婚姻也应该被禁止。此外，我国立法无须明确禁止直系姻亲结婚，因为，婚姻权内涵于个体自由；现代核心家庭结构为直系姻亲结婚提供了社会基础；直系姻亲禁婚应该属于伦理道德调整的范围；从我国婚姻法的历史和比较法的立法潮流来看，对直系姻亲的禁婚限制有放松的趋势。直系拟制血亲和三代以内的旁系拟制血亲应该禁婚，直系拟制血亲解除后仍应禁婚，但拟制旁系血亲解除后无禁婚的必要。

（三）无效婚姻制度与可撤销婚姻制度

1. 疾病婚与早婚的效力

有学者认为，疾病婚与早婚主要涉及的是个人私益，不会对社会造成很大的危害，故可将它们纳入可撤销婚姻的行列。如果有人甘愿和患有不应当结婚的疾病的人缔结婚姻，即使该病不能被治愈并因此不能生育子女或不能进行正常的夫妻生活，其也愿意共同生活、行使夫妻间的其他权利义务，那么法律就没有理由去横加干涉，宣告其婚姻无效。另外，英国和我国台湾地区的立法也有类似的规定。

2. 可撤销婚姻的范围

有学者认为，婚姻行为虽与其他行为相比具有一定的特殊性，但其本质上属民事行为，其首先需满足的条件就是双方意思表示真实。婚姻法规定的可撤销婚姻的唯一的法定事由为胁迫，但意思表示不真实并不仅仅只包括受胁迫这一种情形。在当今世界有不少国家都缩减无效婚姻并扩大可撤销婚姻外延的趋势下，这显然不符合国际发展潮流。所以宜把欺骗婚、虚假婚和基于重大误解而订立的婚姻也归入可撤销之列，因为它们都是意思表示不真实的体现，都违背了婚姻法规定的结婚需男女双方自愿的原则。根据一些外国婚姻家庭法的规定，重婚、未达法定结婚年龄、违反近亲结婚限制、未经法定代理人同意、因欺诈或胁迫结婚、因精神或生理缺陷而结婚，均可成为婚姻被撤销的法定事由。

3. 无效婚姻的申请主体

有学者认为，婚姻法规定婚姻无效的申请主体是婚姻当事人和利害关系人，但除了以重婚为由申请宣告婚姻无效的主体范围规定比较合适外，以另三种事由申请婚姻无效的主体范围规定都过窄，应当把基层组织也规定为请求权人。对于可撤销婚姻的请求权人范围为：以没有达到适婚年龄为由申请撤销婚姻的，为当事人、未达法定婚龄者的近亲属及监护人；以有疾病为由申请撤销婚姻的，为当事人和与患者共同生活的近亲属；以意思表示不真实为由申请撤销婚姻的，为当事人。只有适当拓宽申请宣告婚姻无效的主体范围，才能真正实现对无效婚姻的监督与纠正，保护当事人的合法权益，使婚姻法更好地被贯彻实施。

4. 撤销婚姻案件的主管机关

有学者认为，我国的可撤销婚姻既可由婚姻登记机关也可由人民法院撤销，这与只有国家司法机关才有权确认民事行为效力的规定相违背，也违反了我国社会主义法制建设的要求。婚姻登记机关在性质上应当是进行形式审查的登记机关而不是对实体问题进行处理的裁决机关，显然对属于实体性争议的婚姻效力问题只应由法院来裁决。并且，婚姻无效或被撤销的法律后果并不只是简单的否定或解除双方的婚姻关系，它还关系到抚养子女和分割财产等其他事项，而这些内容都在婚姻登记机关的职权和能力范围之外。此外，将对违法行为的确认权交由法院来处理，也是绝大多数国家的通例。如：菲律宾、日本、俄罗斯等国都将婚姻的撤销权赋予法院。

5. 无效婚姻中所生子女

有学者认为，我国婚姻法对非婚生子女的保护力度远小于对婚生子女的保护。比如说婚姻法第25条规定：不直接抚养非婚生子女的生父或生母一方，应当负担子女的生活费和教育费。这负担的仅仅是生活费和教育费，而并不包括医疗费等其他费用。再者，在实践中，非婚生子女受到的歧视待遇也无处不在，如户口、上学、工作等问题的解决成为难题。要加强对无效婚姻中所生子女合法权益的保护和社会秩序的稳定，将无效婚姻和可撤销婚姻中所生子女认定为婚生子女不失为一个好的出路。

6. 违法婚姻存续期间取得财产的处理

有学者认为，当婚姻被宣告无效或被撤销之后，在分割同居期间所得的财产时，可根据当事人的主观心态，采取以下分割方式：（1）如果双方都为善意，则当事人在同居期间发生有效婚姻的效力，对于这段时间所得的财产可认定为共同共有，双方享有平等的所有权，并参照离婚时夫妻共同财产的分割原则进行。（2）如果一方为善意一方为恶意，则只对善意方发生有效婚姻的效力，对恶意方则不发生。故对善意方而言，同居期间所得的财产应为共同共有，其有权以配偶身份要求分割。（3）如果双方都为恶意，则婚姻被宣告无效后，自始无效，当事人不具有夫妻关系，在此期间所得的财产，实行按份共有，在分割时要考虑财产的来源、双方所做贡献等因素。

7. 无效婚姻损害赔偿制度的构建

有学者认为，在增设无效婚姻损害赔偿制度时可以从以下几个方面入手：一是对损害赔偿请求权的行使，应由无过错方向过错方请求赔偿，若双方皆有过错，则依"过错相抵原则"处理；二是损害赔偿的范围，包括物质和精神损害赔偿。有学者认为，对于无效婚姻的精神损害赔偿，一般应当以加害人的侵权行为致他人精神损害，且造成严重后果为前提。

另有学者认为，无效婚姻损害赔偿制度应当契合婚姻自由原则与公平正义的法律理念、应有助于保障人格尊严、呼应离婚损害赔偿制度。因婚姻被确认无效或者撤销，造成无过错一方生活困难的，无过错方可以要求无效婚姻或撤销婚姻过错方向无过错方支付一定数额的扶养费或经济帮助，以此弥补在婚姻中从事家务劳动较多的女性一方，缓解其生活困顿状态。

四　夫妻关系制度

（一）夫妻财产制研讨

1. 婚姻家庭财产法的基本理念

在婚姻家庭财产法领域，长期存在着团体主义与个人主义的理念与制度之争。现代法律逐渐将规制的中心由家庭而转向个人，同时通过婚姻关系的立法规制，以处理婚姻中的个人之间的财产关系。有学者认为，我国当代家庭法尤其是家庭财产法及其司法解释采纳的是个人本位式的民法逻辑，无视家庭法特殊性与相对独立性。因此，我国的夫妻财产关系法应采用家庭本位观处理家庭财产问题，重视家庭成员的整体利益，扩大家庭共有财产的范围，以保障家庭功能的实现和弱势家庭成员利益的保护。

2. 夫妻个人财产的婚后增值之归属

有学者认为，《婚姻法解释（三）》第 5 条、第 10 条对困扰司法实务多年的夫妻个人财产的婚后增值归属问题作了规定。这无疑具有贡献，但也存在缺陷。根据现行婚姻法，夫妻个人财产的婚后增值应一律属于夫妻共同财产。而该解释第 5 条、第 10 条因与现行法不一致，故在立法论上应予废除，而在解释论上应予重新解释。即该解释的第 5 条应理解为夫妻个人财产的自然增值在一定条件下可以成为夫妻共同财产。该第 10 条应当蕴含如下一般规则：若夫妻一方取得、改良或维护属于其个人财产的某特定财产时，获得了夫妻共同财产的经济支持（即投资），且夫妻双方就该经济支持的性质未达成约定，那么在该特定财产嗣后产生（被动）增值时，夫妻共同财产有权按照其投资比例获得相应增值；在夫妻一方个人财产向夫妻共同财产或者夫妻另一方个人财产提供经济支持的情形下，该规则亦相应适用。

3. 夫妻房产约定的法律适用

夫妻之间房产约定纠纷日益增多，此类纠纷应适用《婚姻法》关于夫妻财产约定的规定，还是适用《合同法》关于赠与合同的规定以及两者适用的法律效力是否存在差异，这些问题在学界仍存有争议。

首先，对于夫妻房产约定的性质，有学者认为，夫妻之间关于房产的约定，性质上属于财产法律行为，但并不意味着当然适用财产法调整，而是必须界定该行为是否属于附随身份的财产行为，即是否属于夫妻财产约定。夫妻房产约定只有在不属于夫妻财产约定的情形下，才能适用《合同法》的调整。夫妻约定房产变动虽然具有无偿移转财产的特点，但并不能等同于赠与行为。只有在当事人明示赠与，即明确表达了财产移转与身份无关，即使无身份存在或身份消灭也同样移转的情况下，才能视为赠与行为。

其次，关于夫妻房产约定的法律效力，有学者认为，就夫妻房产约定而言，如夫妻约定一方婚前所有房屋归夫妻双方共有或归对方所有，即使该房屋未经产权变更登记，也已发生物权变动的效力，但该约定不能对抗第三人。夫妻一方可以要求对方协助变更房产登记以达到公示目的，也可以在离婚或对方死亡时直接主张对该房屋的共有权或所有权。

4. 夫妻共同财产的新类型

随着 2013 年 10 月北京出台的"京七条"，我国的房屋权属体系又增加了一个新的类型——自住房。而自住型商品房是否属于夫妻共同财产的范畴，理论界一直存有争议。有学者认为，依照《婚姻法》规定，我国的夫妻财产是由婚前和婚后财产组成的，其类型包括动产和不动产。自住型商品房政策的推行，这使我国法定夫妻财产制下的夫妻共同财产多了一个新的不动产类型。其因有限产权的特性、相对较低的价格满足了特大城市部分刚性需求，但其对完善现行夫妻共同财产制之不动产制度也提出了新问题。

（二）夫妻人身关系制度

1. 夫妻身份权的法律规制

夫妻身份权作为一项重要的亲属身份权，理应由法律加以规制。有学者认为，应从社会性别平等视角分析夫妻身份权，为立法规制夫妻身份权提供一种全新的思路。夫妻身份权应以社会性别平等为设立宗旨，以国家适当干预婚姻领域为设立前提。另有学者认为，夫妻身份权遵循的基本原则包括：社会性别平等原则、公权力介入婚姻领域原则和注重两性群体差异和婚姻个体差异原则。

2. 夫妻人身方面的权利义务

第一，在夫妻姓名权方面，有学者认为，我国现实生活中，已婚妇女使用自己的姓名已蔚然成风，为巩固反封建成果，婚姻法只需规定"夫妻双方都有各用自己姓名的权利。夫妻双方也可确定一个共同的婚姻姓氏"。

第二，在婚姻住所决定权方面，有学者认为，考虑到我国国情与风俗习惯，为鼓励男女平等原则，对于婚姻住所决定权可以保留现行婚姻法的规定：根据双方的约定，女方可以成为男方家庭的成员，男方也可以成为女方家庭的成员。

第三，在夫妻同居和相互帮助义务方面，有学者认为，我国婚姻法应当把夫妻同居义务规定为夫妻人身关系的内容之一，即立法应以义务为本位。对于一方不履行同居义务的法律后果，可认定为遗弃行为，构成离婚的原因。同时，还应规定夫妻同居义务之免除事由，如在异地出差、身体健康不允许、事实分居或提起离婚诉讼后等。

第四，在配偶权和夫妻忠诚义务方面，有学者认为，我国婚姻法不宜用配偶权这一概念指称夫妻之间的权利义务，或用配偶权特指夫妻忠实或性的权利与义务，以免在内涵和外延上引起混乱。我国婚姻法仍应继续倡导"夫妻应当互相忠实"，而不是确立"夫妻忠实义务"。与此同时，对于夫妻忠诚协议的效力应当有限制地予以承认。对此问题我国短期内还不具备立法的条件，以不写进婚姻法为宜。

第五，在夫妻就业权、家庭事务管理权方面，有学者认为，有必要继续坚持《婚姻法》第9条的规定："夫妻双方均有选择职业，参加工作和参加社会活动的自由"。同时还规定夫妻平等的家庭事务管理权和承认家务劳动的价值。

第六，在夫妻日常家事代理权方面，有学者认为，我国婚姻法引入日常家事代理权制度非常必要，但对于日常家事的范围不宜作过于具体的规定。在这一问题上赋予法官一定限度的自由裁量权是明智之举。夫妻一方对日常家事代理权的行使，凡在日常家事的范围内，就应当被推定为代表夫妻双方所为的行为。对于夫妻一方对权利的滥用行为，夫妻另一方得予以限制，但不得对抗善意第三人。

第七，在夫妻生育权方面，有学者认为，我国婚姻法第 12 条应当确认夫妻有平等的生育权，并将重点放在行使生育权的冲突的解决上。并且可以将《婚姻法解释（三）》第 9 条的内容写进婚姻法。

（三）农村家事纠纷解决机制

有学者认为，为了充分发挥人民调解在解决农村家事纠纷中的作用，应做到以下几点：第一，明确人民调解在解决农村家事纠纷中的作用；第二，建立诉调联动机制；第三，提高人民调解员的积极性和自身素质；最后，应保障经费的充足。

五 亲子关系制度

（一）儿童最大利益原则

儿童最大利益原则，在世界上许多国家已经成为处理儿童问题的首要准则。与会人员普遍认为，我国亲子法应当建立儿童最大利益原则。最关键的问题是如何保证儿童最大利益原则在实体法和程序法上得到落实。

关于儿童最大利益原则的判断标准，有学者认为，要具体问题具体分析，不能以要件结果论来判断儿童最大利益原则的构成。应当进行个案考量，整合社会资源，请求社工或社会公益组织提供访视报告或者社会调查报告，为法官判断儿童最大利益原则提供依据和参考。

为更好地保护离婚家庭的儿童权益，有学者指出，根据儿童最大利益原则，需要对现有离婚制度进行修改。具体建议包括：凡有未成年子女的父母离婚，不能采用登记离婚，而只能采用诉讼离婚；如有两岁以下子女的，法院不能判决离婚；关于父母离婚后对子女的抚养方式，应该鼓励采用轮流抚养的方式，以促进双亲养育和满足父母双方的情感需求；在离婚财产分割时，直接抚养子女的父母一方可以直接取得家庭唯一住房的居住权，以保障未成年子女的生活所需。

（二）家事审判与儿童权益保护

有学者认为，解决家事纠纷的家事诉讼程序是民事司法的特殊领域，家事审判要遵循特殊的程序法，适用特殊的程序规则。为了保护家事诉讼中儿童利益，应该确立儿童最大利益原则，确立儿童的诉讼主体地位，保障儿童表达意见的权利，充分保障儿童诉讼参与权，确立法官对涉及儿童家事案件的职权探知原则。

（三）探望权制度

关于探望权，有学者指出，由于我国现行《婚姻法》对探望权的规定比较粗略，存在主体范围有瑕疵、探望权内容匮乏和探望权限制不明确等问题，导致探望权在司法实践中适用率偏低。改进的建议包括：第一，明确规定父母子女间有相互探望的权利；第二，扩展权利主体，去除"离婚父母一方"的限制，赋予所有父母子女同样的权利，同时还应该增加第三人为权利主体；第三，明确权利内容，应规定探望权行使的时间、地点、方式等内容；第四，细化限制条件，当探望行为影响或将要影响探望对象的正常生活时，应被限制。

此外，针对有学者提出的将成年子女对老年人父母的精神赡养纳入我国探望权制度的观点，有多个学者提出反对意见，认为这一做法与我国婚姻法规定探望权制度的立法目的不符。

（四）儿童遭受家庭暴力的防治

有学者认为，未成年人遭受家庭暴力的防治在我国尚未引起足够的重视，现有的立法规定缺乏针对性。其提出防治针对未成年人家庭暴力的对策建议：第一，广义地界定针对未成年人的家庭暴力行为，增加施暴的主体范围，并将身体暴力、精神暴力及性暴力行为都纳入家庭暴力范围；第二，将"儿童最大利益"原则、"原生家庭养育"原则及"无条件司法干预"原则作为防治针对未成年人家庭暴力的立法及司法原则；第三，加大施暴者的法律责任；第四，完善未成年人遭受家庭暴力的强制报告制度；第五，多途径解决遭受家庭暴力的未成年人的监护问题；第六，加大对遭受暴力的未成年人的心理干预。

关于家庭暴力的行为方式，有学者持不同意见，认为家庭暴力应该有身体上的接触，抑或以身体伤害相威胁而让受害人心里害怕，而经常不理睬、疏于照顾、经济控制等"冷暴力"不属于家庭暴力的形式。同时，家庭暴力的认定并不完全以损害后果为准，其与损害后果没有必然联系。

（五）父母监护人资格的撤销

当父母不履行监护职责或者侵害未成年子女的合法权益时，法律通过撤销父母监护人资格来保护未成年子女的利益。有学者指出，父母监护人资格撤销的类型，在理论上可以划分为主动撤销与被动撤销、部分撤销与全部撤销、停止与终止等。从《民法通则》到《未成年人保护法》，再到《关于依法处理监护人侵害未成年人权益行为若干问题的意见》，有关撤销监护人资格的制度有了进步，但欠缺撤销未成年人父母监护资格后的后续措施与救济。因此，我国立法应该根据监护权停止或终止的情形，具体规定父母与未成年子女间的权利义务关系。

六　离婚制度

（一）离婚制度的立法与习俗之间的关系

有学者认为，立法须妥善处理立法和习俗的关系，立法应当在尊重的基础上对习俗适当引导，而不宜随意改造。例如，以《婚姻法解释（三）》第10条为例，男方出资购房，女方出资装修，这是许多地方可以见到的民间习惯。有些情况下，装修款和购房款金额差不多，甚至前者更高。但是随着时间推移，房屋价格上升，装修价格下降。离婚时，女方只能获得房屋所有人对装修给予的补偿，这不公平，当事人也很难接受。从性别视角出发，这种结果对女性不利。其提出对策建议，一是彻底改造《婚姻法解释（三）》第10条的规定，不能仅以购房的首付款的支付和房屋登记作为确定房屋归属的核心要素，而应当将非购房方（往往是女方）就房屋装修或家具购置方面的出资也加以考量，均属于对该房产所做出的"贡献"，从而确定该房屋为夫妻共同财产；二是在坚持《婚姻法解释（三）》第10条规定的前提下，在房屋补偿的计算中考虑非购房方的上述"贡献"而增加补偿金的数额。

关于嫁妆与彩礼，有学者认为，关于离婚时的彩礼及嫁妆之处理，女方给嫁妆与男方给彩礼一样，这是日常生活中很常见的事。当前的司法解释，仅提到彩礼的处理，却没有规定嫁妆的处理。在离婚时，男方有可能拿回彩礼，女方则不大可能拿回嫁妆，这显然不公平。这也会让本来想资助女儿的女方父母陷入困境。所以，对嫁妆与彩礼应当予以规定，嫁妆应当作为附条件的赠与。

（二）登记离婚制度

关于登记离婚制度，有学者建议增加登记离婚的限制，在登记离婚中引入第三方协助服务、婚前咨询机制、公益律师。另有学者提出，应当强化登记离婚的形式要件的要求，以减少有悖当事人本意的情形。

（三）诉讼离婚制度

1. 判决离婚的标准

有法官提出，法院判决离婚，除了法定标准，还会比较多地考虑信访、执行等因素。有些当事人已经第五次起诉离婚，都不能得到法院的支持。其主要是因为夫妻另一方的生活不能自理，一旦离婚其将无人照料。有的离婚案件，因为双方都不愿意抚养子女，法院让当事人双方先妥善解决子女抚养问题再离婚。有法官提出，婚姻本身有社会责任，当前的法定标准值得反思。另有学者指出，个体责任有其限度，当近亲属已经尽力了，其余的应考虑国家救济。有学者认为，信访因素影响判决虽有其一定原因，但实际上是不正常的。当事人信访的可能性及相应的考核机制，都不应影响离婚的执行。有法官认为，司法实践中普遍存在的起诉第二次才判离婚现象，这说明当前婚姻制度对法院审判支持不足。有学者认为，第二次才判离婚，这给当事人以修复婚姻的机会，发挥了某种减少轻率离婚的功能。此外，还有学者提出，离婚率高被关注。但是离婚率高并非一定坏事。而需要特别考虑的则是为了规避或迎合某种政策的离婚以及草率离婚，所以，建议设立别居制度。

2. 诉讼离婚当事人的子女抚养问题

关于诉讼离婚时当事人对子女直接抚养权之归属，有学者指出，应当把心理评估加入离婚过程中，以确定究竟由谁抚养对孩子更有利。有法官提出，司法实务中，抚养权判决的执行比较困难。有时候不得不把执行纳入判决的考量因素。

关于诉讼离婚后子女的共同监护和轮流抚养问题，有学者指出，从比较法上看，共同监护制度的出发点，是要在离婚时实现两个利益平衡：子女从父母离婚中解脱出来，子女想跟父母保持联系，让父母中不跟子女一起生活的一方参与子女的生活。轮流抚养作为共同监护的实现方式之一，有利有弊。有利之处包括，轮流抚养让子女保持跟父母双方的联系；子女经历两个家庭的培养可以获得更强的能力；父母任何一方的抚养负担都得以减轻。其弊端是，轮流抚养需要父母间的相互协助，当这种协助存在障碍时，会给子女带来困扰；经常改变住所，对孩子有不利影响；如果父母发生冲突也会给孩子带来困扰；父母都再婚时，因为加入了继父继母的因素，孩子面临的困扰会加剧；特殊情况下，父亲还可能借共同抚养之名，逃避给付抚养费的责任。因此，轮流抚养之是否选择，法官需要在个案中综合各种因素做出判决，关键看是否有利于子女利益的最大化。

3. 诉讼离婚中对夫妻共同财产的分割及债务处理

关于新型财产在诉讼离婚中的分割问题，有学者认为，对于一方婚内所获得的引进人才过渡房、安置费、科研经费配套奖励等，离婚时该怎么处理的问题应引起重视。在根据政策当事人一方确定可以取得相关奖金，但还没有实际发放时，应当在离婚财产分割中予以考虑。

关于诉讼离婚中对夫妻共同债务的认定及处理问题，有学者指出其在司法实务中的认定标准比较混乱。建议应适用双重推定规则：一是夫妻关系存续期间的债务常态下推定为夫妻共同债务，这是基于我国法定夫妻共同制为前提的。二是推定时将举证责任分配给举债方，举债方若不能证明债务为共同生活所产生，就推定其为欺诈，由举债方个人承担债务。同时，债权人在借款过程中也应当承担一个通知对方当事人配偶的义务。如此，才能避免同案不同判，保护夫妻一方尤其是女方的利益。另有学者指出，对夫妻一方名义所负债务，不宜在执行程序中依《婚姻法解释（二）》第24条追加配偶为被执行人，否则会形成对被追加的配偶的程序权利的剥夺。有学者还指出，执行应当限于生效裁判文书中确定的内容，而不宜增加内容。

4. 离婚经济帮助制度的司法适用问题

有学者指出，在司法实践中，法院判决确定的离婚经济帮助金额一般比较低。然而，如果法官发现当事人之间的利益失衡时，一般会通过调解的方式，以"补偿费"的形式来实现离婚双方当事人的财产分配利益之平衡，而不会直接适用法律规定的离婚经济帮助规则。另有律师指出，有些案件中，法院为了平衡男女双方在财产处理上的利益，把经济帮助作为一种对因为执行其他规则处于不利地位的当事人的救济手段，这时的帮助金额可能会比较高。还有学者指出，我国现行离婚经济帮助的条件过于严苛，严重制约了该制度功能的发挥，建议要么放宽条件，允许当事人在相对困难的情况下获得离婚经济帮助，要么用其他制度来替代之。

防治家庭暴力　　促建和谐家园
——评《我国防治家庭暴力情况实证调查研究——以我国六省市被抽样调查地区防治家庭暴力情况为对象》

林　英[*]

当今世界，越来越多国家和地区的人们关注家庭暴力问题，关注对受暴妇女的保护。国际上，1979 年联合国通过了《消除对妇女一切形式歧视公约》；1996 年联合国经济与社会理事会人权委员会第 52 次会议通过的《家庭暴力示范立法框架》，为各国制定家庭暴力防治法提供了重要指导；1999 年 12 月 17 日，联合国大会正式通过决议，将每年的 11 月 25 日定为"国际消除家庭暴力日"等。在国内，2001 年修正后的《婚姻法》、2005 年修正后的《妇女权益保障法》、2006 年修正后的《未成年人保护法》、2012 年修订的《老年人权益保障法》等均对禁止家庭暴力做了明确的规定，但由于当时我国尚无一部防治家庭暴力的专门法律，学术界和实务部门对制定一部全国性的防治家庭暴力的专门法律呼声很高。

2014 年 5 月，由西南政法大学民商法学院博士生导师陈苇教授担任课题负责人主持完成的著作《我国防治家庭暴力情况实证调查研究——以我国六省市被抽样调查地区防治家庭暴力情况为对象》由群众出版社出版。

---

[*] 林英，女，西南政法大学民商法研究生。主要研究方向：婚姻法、继承法。

它是陈苇教授负责主持的 2012 年度中国法学会部级法学研究课题"我国防治家庭暴力情况实证调查研究"的结项成果［证书编号：CLS（2012）D512］。全书共计 29 万余字，共分六章，第一章至第六章分别为重庆市、吉林省、湖南省、海南省、贵州省以及云南省防治家庭暴力情况实证调查研究报告。该六省市实证调研报告的主要内容都包括五个部分：被调查地区防治家庭暴力实证调查概述；被调查地区防治家庭暴力实证调查情况的统计分析；被调查地区防治家庭暴力工作的成效和经验；被调查地区防治家庭暴力工作存在的不足与困难；推进防治家庭暴力工作的对策建议。笔者认为，此专著的出版具有如下特点和学术价值：

第一，它建立在实证调查的基础上，其所获数据具有真实性和科学性。根据全国社会经济发展情况的差异性，此次实证调查分别选取我国东北部吉林省、中部湖南省、南部海南省和西南部重庆市、贵州省和云南省作为被调查地点，在六省市抽样选择部分基层人民法院、妇联和司法所作为被调查对象，并基于不同被调查对象防治家庭暴力工作的特点，制定不同的调查方案，最后对各调查对象处理涉及家庭暴力案件或纠纷的情况进行数据统计，并制作成图表分析和研究调查数据，相当地直观，说服力强。因此，该调查报告具有真实性和科学性。

第二，它直观地展现了六省市家庭暴力的现状，系统性地分析了六省市防治家庭暴力工作的情况。本书通过统计图表的形式向读者直观清晰地展示了被调查六省市家庭暴力的现状，其中我们可以知道，施暴者 90% 左右的都是男性，受害者 90% 左右的都是女性，而未成年受害者在一些被调查地区也占有一定比例；涉及家庭暴力纠纷主体的年龄集中在 26 岁至 35 岁以及 36 岁至 49 岁的年龄段；家庭暴力的主要原因有家庭琐事、经济纠纷、性格暴躁、草率结婚、赌博、酗酒等，而施暴者的文化程度大多较低，初中文化水平占据 2/3 以上等。本书把握实地调研情况，总结了六省市防治家庭暴力工作的成效和经验，并对其中存在的不足与困难进行详细的分析。这些现状的统计分析以及对防治家庭暴力工作存在的不足与困难的总结，为我国防治家庭暴力工作提出有针对性、可操作性的对策建议奠定了坚实的基础。

第三，它前瞻性地提出了推进防治家庭暴力工作的对策建议，为制定

《中华人民共和国反家庭暴力法》提供了可借鉴的建议。目前，我国的反家庭暴力法草案正在修改之中，本书提出预防和制止家庭暴力，必须贯彻"预防为主，惩罚为辅"的方针，其对推进我国防治家庭暴力工作提出的对策建议，具有一定前瞻性和创新性。2015年11月25日，《中华人民共和国反家庭暴力法（征求意见稿）》公布，开始公开征求社会各界意见。草案中对家庭暴力的预防，家庭暴力的处置以及人身安全保护裁定等方面在本书中均可以找到相应的建议。

　　当然，本书也存在某些不足，如个别省的调研对象选取的数量还不够多，在有的论述中论证还不够深入等。但笔者认为，瑕不掩瑜。这是一本了解我国被调查地区防治家庭暴力情况的重要参考书，也是一本有重要理论参考价值的研究文献。

图书在版编目(CIP)数据

家事法研究.2016年卷/夏吟兰,龙翼飞主编.--北京:社会科学文献出版社,2016.9
ISBN 978-7-5097-9714-3

Ⅰ.①家… Ⅱ.①夏…②龙… Ⅲ.①亲属法-研究-世界-丛刊 Ⅳ.①D913.904-55

中国版本图书馆CIP数据核字(2016)第223109号

家事法研究 2016年卷(总第12卷)

主　　编／夏吟兰　龙翼飞
执行主编／陈　苇

出 版 人／谢寿光
项目统筹／刘骁军
责任编辑／关晶焱　王雯雯

出　　版／社会科学文献出版社·学术资源建设办公室(010)59367161
　　　　　地址:北京市北三环中路甲29号院华龙大厦　邮编:100029
　　　　　网址:www.ssap.com.cn
发　　行／市场营销中心(010)59367081　59367018
印　　装／三河市尚艺印装有限公司

规　　格／开　本:787mm×1092mm　1/16
　　　　　印　张:17.5　字　数:272千字
版　　次／2016年9月第1版　2016年9月第1次印刷
书　　号／ISBN 978-7-5097-9714-3
定　　价／68.00元

本书如有印装质量问题,请与读者服务中心(010-59367028)联系

▲ 版权所有 翻印必究